武汉科技大学马克思主义学院学科建设基金资助

武汉科技大学马克思主义学院学术丛书

湖北省社科基金后期资助项目"中国互联网信息服务协同治理：应然模式与实践路径"
项目批准号：HBSK2022YB275

·网络舆情与网络社会治理研究丛书·

◎ 陈 希 著

中国互联网信息服务协同治理：
应然模式与实践路径

华中科技大学出版社
http://press.hust.edu.cn
中国·武汉

图书在版编目(CIP)数据

中国互联网信息服务协同治理：应然模式与实践路径 / 陈希著. -- 武汉：华中科技大学出版社，2024.10. --（网络舆情与网络社会治理研究丛书）. -- ISBN 978-7-5772-1064-3

Ⅰ.F492.6

中国国家版本馆 CIP 数据核字第 2024AR7573 号

中国互联网信息服务协同治理：应然模式与实践路径　　　陈　希　著
Zhongguo Hulianwang Xinxi Fuwu Xietong Zhili：Yingran Moshi yu Shijian Lujing

策划编辑：杨　玲	
责任编辑：唐梦琦	
封面设计：原色设计	
责任校对：余晓亮	
责任监印：周治超	
出版发行：华中科技大学出版社（中国·武汉）	电话：(027) 81321913
武汉市东湖新技术开发区华工科技园	邮编：430223
录　　排：华中科技大学出版社美编室	
印　　刷：湖北恒泰印务有限公司	
开　　本：710mm×1000mm　1/16	
印　　张：13.5　插页：2	
字　　数：245 千字	
版　　次：2024 年 10 月第 1 版第 1 次印刷	
定　　价：68.00 元	

本书若有印装质量问题，请向出版社营销中心调换
全国免费服务热线：400-6679-118　竭诚为您服务
版权所有　侵权必究

内容提要

党的二十大报告指出:"健全网络综合治理体系,推动形成良好网络生态。"内容治理是中国互联网治理的核心要义,集中体现为互联网上流动的"信息"。互联网信息服务协同治理是指网络信息生态系统中各主体聚焦于向上网公众提供的与信息相关的服务活动及信息的采集、生产和传播等环节,通过具体协同行动达成协同治理目标的治理过程。治理目标是避免治理碎片化,提升治理效能,维护网络安全,为公众提供高质量的互联网信息服务。

本书立足治理实践,通过抽丝剥茧式的深入调研与参与式观察,从最初对中国互联网信息服务治理的"碎片式发包"现状及问题描摹的表层关注,适时地转变为对从价值、主体、过程和保障等维度实现"全要素协同"的立体式研判。结合协同治理的相关理论视角,在借鉴SFIC模型及其拓展模型的前提下,构建了"价值—主体—过程—保障"的四维协同模型。以应然层面的中国互联网信息服务协同治理模式审视既有实践可以发现,理论层面的协同优势与实践层面的协同惰性存在裂隙。欲实现中国互联网信息服务协同治理的理想模式,应以协同动力接续与集聚模式升级对治理主体结构进行优化,以问题为导向,从决策阶段、落实阶段和产出阶段三方面,对协同过程进行矫正。

目 录

绪论 ·· (1)
 第一节 选题缘起与研究意义 ································· (2)
 第二节 研究思路与研究方法 ································· (8)
 第三节 研究创新点与不足之处 ···························· (14)

第一章 核心概念、理论资源与分析框架 ····················· (17)
 第一节 核心概念 ·· (18)
 第二节 理论资源 ·· (26)
 第三节 分析框架 ·· (39)

第二章 追根溯源：中国互联网信息服务治理的历史进程 ········ (47)
 第一节 政府"有为式"的监管时代(20世纪90年代初—
     21世纪初) ·· (49)
 第二节 政企二元"中心-边缘式"的管理时代(21世纪初—
     党的十八大) ··· (51)
 第三节 协同要素"理念—机制"浮现的治理时代(党的十八大至今) ··· (54)

**第三章 从"碎片式发包"到"全要素协同"：中国互联网
    信息服务治理现状及协同出场** ······················· (59)
 第一节 "碎片式发包"：中国互联网信息服务治理现状 ········ (60)
 第二节 "全要素协同"：中国互联网信息服务协同治理的出场 ········ (76)
 第三节 现实性关切：中国互联网信息服务协同治理的实践价值 ······ (87)

第四章　应然模式：中国互联网信息服务协同治理的理想形态 …… (97)
第一节　中国互联网信息服务协同治理的价值前提 ……… (98)
第二节　中国互联网信息服务协同治理的主体结构……… (105)
第三节　中国互联网信息服务协同治理的运行过程……… (121)
第四节　中国互联网信息服务协同治理的保障…………… (139)

第五章　现实困局：中国互联网信息服务协同治理面临的约束条件 ………………………………………………… (143)
第一节　主体层面：协同动力有待凝聚与集聚模式内卷 …… (144)
第二节　过程层面：决策、落实与产出阶段运行偏差……… (146)
第三节　保障层面：信息维度"共享—研判"机制支撑不敷 …… (152)

第六章　实践路径：中国互联网信息服务协同治理的实现………… (155)
第一节　主体结构整合：协同动力接续与集聚模式升级 …… (156)
第二节　运行过程改进：决策、落实与产出阶段的对标矫正 …… (163)
第三节　协同保障加强：夯实制度、组织与信息支撑……… (177)

结语 …………………………………………………………………… (187)

参考文献 ……………………………………………………………… (191)

附录：访谈纲要 ……………………………………………………… (209)

绪　论

第一节 选题缘起与研究意义

一、问题提出

（一）整体态势：中国互联网信息服务发展及其治理成效

随着互联网技术的发展及网民规模的不断扩大，国家、社会层面将网络安全置于高度重视的战略地位，中国互联网信息服务行业亦蓬勃发展。"截至2023年6月，我国网民规模达10.79亿人，互联网普及率达76.4%；数字基础设施建设进一步加快，万物互联基础不断夯实；各类互联网应用持续发展，多类应用用户规模获得增长"[①]，10亿多网民，创造了巨大的互联网信息服务市场空间。近年来，互联网信息服务行业作为互联网行业的主要分支，因其涵盖了网络游戏、直播和短视频等在线娱乐服务的主要场景，一直是互联网行业总收入的重要贡献领域。基于上述分析，互联网信息服务行业已经成为重要的经济增长点，在信息流动、电子政务、文化建设和社会治理等方面发挥着愈益重要的作用，影响力日益增强。作为互联网治理的重中之重——互联网信息服务治理成效如何，很大程度上决定了我国网络强国建设的最终成效。

党的十八大以来，在以习近平同志为核心的党中央的领导下，中国互联网信息服务治理取得了显著成效，互联网信息服务质量大幅提高。党的二十大以来，《互联网上网服务营业场所管理条例》（2022年修订）、《未成年人网络保护条例》等相关政策法规陆续颁布并施行，显而易见，对网络生态的重视程度自上而下不断增强。在显著的治理成效背后，是中国互联网信息服务治理在治理理念、组织领导、制度建设等方面的不断革新与优化。在治理理念方面，党对中国互联网信息服务治理的领导不断加强，形成了关于建设网络强国的思想体系，其中蕴含着"形成党委领导、政府管理、企业履责、社

[①] 10.79亿网民如何共享美好数字生活？——透视第52次《中国互联网络发展状况统计报告》[EB/OL]．（2023-08-28）[2024-01-01]．https://www.gov.cn/yaowen/liebiao/202308/content_6900651.htm．

会监督、网民自律等多主体参与，经济、法律、技术等多种手段相结合的综合治网格局"①，捍卫国家层面的网络安全、信息基础设施安全和公民个人信息安全相结合的网络安全，以及构建全球"网络空间命运共同体"的宏伟蓝图等一系列战略部署，为建构具有中国特色的互联网信息服务治理模式提供了价值引领和行动方向。在组织领导方面，中国于2014年成立了中央网络安全和信息化领导小组，并于2018年升格为中国共产党中央网络安全和信息化委员会，各省市亦建立了类似机构。为改变互联网信息服务治理中政府各职能部门"各自为战"的弊病，全国各级网信办主任均由属地党委的宣传部部长"高配"兼任，以党的组织领导协调、整合各项治理资源。而在制度建设方面，围绕中国互联网信息服务治理的现实需求，以早期的《互联网信息服务管理办法》等文件为基础，相继出台了《网络信息内容生态治理规定》《互联网信息内容管理行政执法程序规定》《互联网直播服务管理规定》等一系列制度规定，既包括较高位阶的部门规章，亦包括较低位阶的规范性文件和政策文件，既含纳统领性、原则性的制度规范，亦内蕴覆盖微博、直播等具体信息服务领域的专门性、细致性规定，形成了层次较为合理、功能较为完善、覆盖领域较广、兼具实体与程序的制度体系。具有中国特色的互联网信息服务治理模式发挥出的治理优势，为持续推进我国网络治理工作提供了理念指导和经验借鉴，并成为新时代背景下"中国之治"的重要组成部分。

（二）制约因素：中国互联网信息服务治理碎片化及其协同回应

在取得令人瞩目的成就的同时，亦应注意到互联网信息服务治理事项凸显出信息服务的巨量性、信息内容的庞杂性和利益诉求的复杂性等特质，暴露出现阶段治理过程中的一些制约因素。互联网信息服务治理是一项系统工程，不仅要紧密结合国家和社会发展趋势，更为关键的是坚持问题导向，即应高度重视当前中国互联网信息服务治理领域面临的最为突出的问题——治理碎片化问题。具体而言，当前传统的治理模式已经逐渐暴露出"治理失灵"的问题，如有限的资源和行政化手段对复杂治理情境与任务的不适应、政府各职能部门"九龙治水"导致效率降低、互联网平台企业自律机制失灵、自媒体时代网民大量且难控的二次制作和传播等，并最终导致互联网信息服务治理的碎片化、成效不彰等后果。在全球互联网治理形势纷繁复杂、国内互

---

① 习近平在全国网络安全和信息化工作会议上强调：敏锐抓住信息化发展历史机遇 自主创新推进网络强国建设[N]. 人民日报，2018-04-22 (1).

中国互联网信息服务协同治理：应然模式与实践路径

联网信息服务治理现实需求凸显的当下和未来，如何建构科学、高效且契合中国国情的互联网信息服务治理模式，并提出具有可操作性的治理路径，成为关系到中国互联网治理成效和网络强国建设的重大现实命题。

构建、发展具有中国特色的互联网信息服务治理新模式，需要借鉴满足需求的理论视角和理论资源。随着治理理论的发展，多中心治理、网络化治理、合作治理和整体性治理等治理理论推陈出新，形成了适用于不同治理事务和治理情境的理论体系，并越来越多地被应用于国家治理的各个场域中。在治理理论中，协同治理是协同理论与治理理论相结合和发展的产物，是学界公认的针对治理碎片化的"特效药"，不仅是一种以协同为内核的治理理念，更发展出一套较为成熟的治理模式。协同治理理论强调政府以外的行动者以平等、民主的地位加入治理中，亦关注为达到共同的目标，各行动者所进行的共同努力[1]，并且凸显出协商共治、相互依存、利益协调和合作共识等特质。协同治理理论的衍生和发展，是立足于部分治理场域中治理碎片化现象而生成的，协同治理呈现出阶段性特征，其在发起、运转与达成等阶段展示出了不同的现实特征[2]，继而在各主体平等互动、民主协商的基础上，破解治理碎片化现象带来的负面效应。基于此，协同治理是与治理资源浪费、治理碎片化及多元主体协作低效等问题高度契合的因应之道。

在互联网领域中，对精细化、高效化协同治理模式的呼声久已有之，并且学界已经形成了关于互联网领域协同治理的理念原则、运行机制的初步探讨和研究成果，这些都为互联网信息服务协同治理这一命题的深入挖掘奠定了基础。从实践层面分析，近年来国家、地方陆续出台的政策文件中，"协同""联动""协调""合作"等关键词出现的频次逐年提升，政策意图逐渐清晰，即强调多元主体的协同治理，互联网信息服务协同治理已然成为中国互联网信息服务治理的必然选择和未来趋势。然而，一方面，对既有互联网信息服务协同治理研究的审视可知，除零星研究阐述了该领域合作治理的意向和协同治理的理念外，几乎未有专著系统深入地对互联网信息服务的协同治理进行理论研究，难以满足建构、发展和应用互联网信息服务协同治理模式的现实需求；另一方面，在当前互联网信息服务治理实践中，缺乏"协同治理"涉及的多元合作、相互依存、互惠互利、平等协商、资源互补和功能整

---

[1] 田培杰.协同治理概念考辨[J].上海大学学报（社会科学版），2014（1）：124-140.
[2] 张贤明，田玉麒.论协同治理的内涵、价值及发展趋向[J].湖北社会科学，2016（1）：30-37.

合等要素，互联网信息服务协同治理在建构理论模型的基础上，需要尽快转化为契合现实需求、具有可操作性的治理举措和实践机制。

中国互联网信息服务治理迫切需要发展出一种新的治理模式，使各治理主体都能更好地履行自身责任，以破解现实问题、提升治理效能。基于现实困惑、理论考量及对已有研究得失的体悟，本书着重回答如下研究问题：为什么在国家投入大量人力、物力和财力的情况下，中国互联网信息服务治理依然存在低效、反复等问题，如何通过优化和完善治理模式，更好地提升治理效能？针对该问题，本书衍生出如下子问题：如何从公共管理学科的视角去深入认识该问题？如何依托公共管理学科的理论和范式，系统构建新的治理模式？该治理模式是如何破解现实问题，提升治理效能的？如何根据实践现状，更好地推动该模式的"落地"与治理目标的实现？

基于上述分析，围绕研究问题，本书拟针对当前中国互联网信息服务治理的碎片化问题，结合协同治理等理论资源，系统建构互联网信息服务的协同治理模式，使各治理主体更好地履行自身责任，并提出推动该模式在实践中更好地落实的实践路径，以期通过治理模式的优化和完善，破解现实问题、提升治理效能。

二、研究意义

（一）理论意义

第一，在互联网信息服务概念领域完善与理论体系构建方面，本书厘清了既往关于互联网内容治理研究中"纷乱"的概念域，并围绕互联网信息服务治理这一概念构建了相应的理论体系。概念是思维形式最基本的组成单位，是构成命题的要素，鉴于此，在研究命题前必须首先探讨概念。[①]但互联网内容治理的概念域稍显"纷乱"，充斥着"互联网内容治理""互联网信息治理""互联网信息内容治理""互联网信息服务治理"等概念，其内涵与外延交织重叠，这无疑为互联网内容治理带来了较大的难度。本书从互联网信息概念"一体两翼"之信息内容与信息行为的分野出发，赋予了互联网信息服务包含内容与行为在内的更为丰富的内涵，并以此为基础，从治理主体、治理对象

---

① 华东师范大学哲学系逻辑学教研室. 形式逻辑[M]. 4版. 上海：华东师范大学出版社，2009：15.

等要素的角度对互联网信息服务治理这一概念进行了解构，使其更符合当下互联网治理实践发展的特点及其对理论建构提出的需求，在一定程度上使互联网内容治理的概念域变得更加清晰。本书围绕"互联网信息服务治理"这一核心概念，构建了相应的理论体系，丰富了互联网信息服务治理的研究谱系。

第二，在协同治理理论模型创新与实践素材充实方面，本书总结了既有互联网信息服务领域协同治理实践，并在创新协同治理理论模型的基础上将其与互联网信息服务领域协同治理实践深度融合，对于协同治理理论在"中国之治"场域中的发展贡献了鲜活的理论资源。协同治理理论自引入中国本土学术研究以降，被应用于社区治理、应急管理和跨域环境治理等场域，其在回应治理主体碎片化、"孤岛化"等现实问题中表现出了较强的理论解释力与穿透力。在互联网信息服务治理领域，实践中大政方针的顶层设计与各治理主体的实践探索均指向"协同"。本书旨在围绕这一实践导向进行理论建构与学理解释，在将协同治理理论与互联网信息服务治理实践相结合的过程中，构建了"价值—主体—过程—保障"的分析框架，这一框架脱胎于协同治理的 SFIC 模型等理论源流，但又更契合于治理实践。此外，互联网信息服务协同治理具有鲜明的"中国之治"的特点，作为超大规模的公共领域，对于这一领域的理论建构可以极大地丰富协同治理理论的实践资源，有利于这一理论分析工具的进一步完善。

第三，在学科壁垒的贯通与学科视角的强化方面，本书旨在从公共管理学科的视角，以其对于主体及其关系的关切、对于运行机制的重视为切入点，贡献公共管理学科在互联网信息服务治理领域中的智慧力量。公共管理学科通过融合多学科的理论资源，可以清晰地呈现出互联网信息服务治理中公共权力的作用过程、主体的公共责任、政府的政策导向、绩效的评估管理和社会力量的参与等运作逻辑和规律，能够为深入探析互联网信息服务治理这一重要的公共事务提供有效的理论视角。当前，公共管理学者对"互联网信息服务协同治理"这一议题重要性的认知是较为明晰和确定的，但立足自身学科视角的研究仍呈现出"熟知而非真知"的状态，一方面概念谱系与理论模型的构建仍有待完善，另一方面研究的关注点较为碎片化，研究的深度与系统性不足。本书则立足于此，汲取各学科已有研究范式与研究成果，并将其融汇至公共管理学科视域下，以公共管理的视域为其贡献智慧力量、丰富研究视野。

（二）实践意义

第一，就服务于中国互联网信息服务治理的目标而言，中国互联网信息服务治理的终极目标是实现网络安全，国家层面实现总体国家安全观下国家的信息安全，社会层面实现社会信用体系建设下的信息流动安全，个人层面实现为社会公众提供安全、高质的互联网信息服务。本书构建的协同治理模式从以下四个方面帮助中国互联网信息服务治理实现目标：价值之维度有利于在这个"争议远大于共识"的领域帮助各主体实现"共识最大化"；主体之维度有利于使各主体明确自身角色，科学运用自身治理工具参与到互联网信息服务治理的过程中；过程之维度为实践层面协同治理的运行提供科学的程序引导与制度规范；保障之维度则直接、明确地指出现实中的协同治理需要哪些供应与补给。

第二，就公权力部门而言，对于互联网信息服务协同治理的探讨，有利于其以更科学、系统的方式优化互联网信息服务治理实践。科学的理论对于实践具有重要的指导与前瞻意义，在现阶段互联网信息服务治理的实践中，宏观层面的"协同"思维已达成共识，但中观层面协同机制的开展与微观层面协同主体间的互动尚未明晰，理论指导的缺憾使协同治理实践产生了一定程度的"协同惰性"。本书设计的基于"价值—主体—过程—保障"的分析框架首先对标协同治理理论层面，检视既有协同治理实践中存在的问题，再相应地提出对策建议，能够对中国互联网信息服务协同治理的实践起到一定的借鉴作用。

第三，就互联网平台企业而言，对于互联网信息服务协同治理中政府与互联网平台企业间互动关系的探讨，有利于互联网平台企业以更好的履责状态参与到互联网信息服务协同治理实践中。在互联网信息服务协同治理实践中，政府与互联网平台企业间的关系是影响各主体参与协同治理效能的重要因素之一，同时二者间的关系亦是复杂和多样的。本研究通过采用访谈、观察等研究方法赴字节跳动（抖音）、今日头条和趣头条等多个互联网平台企业，"直击"政府与互联网平台企业互动的现场，总结了政府与互联网平台企业博弈的多重样态，并分析其风险表现与优化策略，以期对未来互联网信息服务协同治理中政府与互联网平台企业间良性关系的发展发挥有益效用。

第四，就互联网行业协会与社会公众而言，对于互联网信息服务协同治理中激发主体参与动力的探讨，有利于指导其稳定、持续地参与到互联网信息服务协同治理中。在互联网信息服务协同治理中，互联网行业协会与社会公众频频出现参与动力不足的现象，影响了互联网信息服务协同治理效能的长远持续性发展。本书提出的激发相应主体参与动力与协调各主体利益关系的理论预设与操作策略，将着重于厘清互联网行业协会与社会公众的参与动力来源、持续性不足的原因与持续激化策略，使互联网行业协会与社会公众主体可以稳定、有序地参与到互联网信息服务协同治理中。

第二节 研究思路与研究方法

一、研究思路

本书以中国互联网信息服务治理实践中检视出的现实问题为逻辑起点，将其概括提炼为"碎片式发包"治理模式。为克服这一治理模式的约束条件、改进中国互联网信息服务治理效能，本书借鉴协同治理理论、信息生态理论和资源依赖理论，在此基础上析出"价值—主体—过程—保障"的分析框架，并据此框架构建了中国互联网信息服务协同治理的四维模式，以此为基础，对标中国互联网信息服务协同治理中存在的问题，并相应地构建了破除协同惰性、实现协同优势这一价值追求的进路。

本书主要包括以下几部分内容（见图0-1）：

绪论部分从研究背景和研究意义论证探讨了中国互联网信息服务协同治理的重要性，明晰了研究问题与研究目标，论述了本书的研究内容和行文结构、所运用的研究方法与数据来源、创新点及不足之处。

第一章为构建互联网信息服务协同治理厘清了概念域，奠定了理论基础。此章厘清了互联网信息服务的概念内涵及特征，梳理了互联网信息服务协同治理的基本概念与关键要素。从信息生态理论、资源依赖理论和协同治理理论三方面为互联网信息服务协同治理的探讨奠定了理论基础。在借鉴已有模型和结合实践的基础上，析出了互联网信息服务协同治理"价值—主体—过程—保障"的四维分析框架。

第二章追溯了中国互联网信息服务治理的变迁历程。从时间维度审视，20世纪90年代初至21世纪初，中国互联网信息服务治理处于监管时代；21世纪初至2012年党的十八大，中国互联网信息服务治理处于运用各类政策

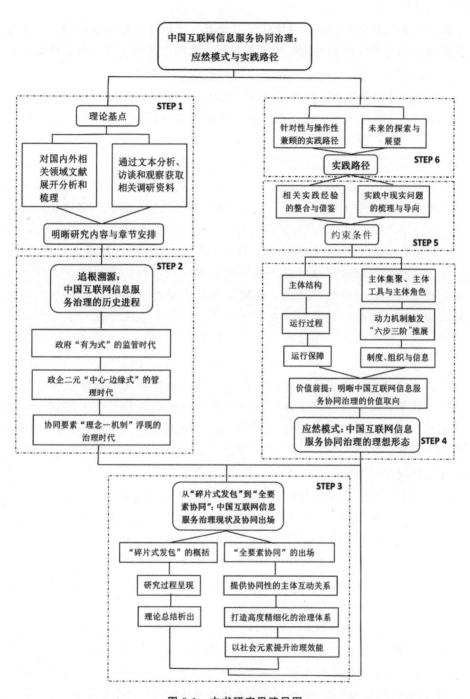

图 0-1 本书研究思路导图

（资料来源：作者自制）

工具、政企二元发挥主要作用且社会力量有一定程度提升的管理时代，可概括为政企二元"中心-边缘式"的管理时代；党的十八大至今，逐渐形成了更加注重党的集中统一领导、多元主体协同治理的治理格局初步形成的治理时代，可概括为协同要素"理念—机制"浮现的治理时代。

第三章提炼了当前中国互联网信息服务治理的特点——"碎片式发包"，并从"全要素协同"的角度论述了借鉴协同治理理论资源可以对这一模式的优化带来的效用。本书通过文本内容分析，使用 Nvivo 11.0 软件，对相关主题新闻报道进行三级编码，描绘了"碎片式发包"现象及其内在特点，有针对性地阐述了协同治理理论破解此类问题的理论优势，并从理念维度、能力维度和战略维度总结了中国互联网信息服务协同治理的实践价值。

第四章从应然层面构建了中国互联网信息服务协同治理模式，从价值、主体、过程和保障四部分对其进行解构。在价值方面，主要描绘了四对可能存在价值冲突的价值组，四对价值关系的平衡构成了互联网信息服务协同治理得以存在的价值前提。在主体方面，论述了主体集聚、主体工具与主体角色三部分内容：主体集聚是各主体参与治理过程的方式，包括自愿式、引导式与压力式；主体工具则是主体在治理过程中发挥作用的依托，主要对所发掘出的各主体治理的特质进行赋予，并对此类治理资源进行组合；主体角色对于各治理主体在治理场域中扮演的角色进行了厘定。在过程方面，协同治理的过程是通过内部、外部动力机制双向触发的，具体过程分为决策、落实与产出三阶段。同时，本书从制度、组织和信息三方面构建了协同保障。

第五章从现实层面对标中国互联网信息服务协同治理的理想模式，通过理论推演、文本梳理、实地调研和访谈，从主体、过程与保障三方面总结剖析了中国互联网信息服务协同治理存在的约束条件：主体层面主要存在协同动力有待凝聚与集聚模式内卷的双向问题；过程层面则总结了互联网信息服务协同治理在决策阶段、落实阶段与产出阶段存在的不同程度的不畅；保障层面主要是信息层面均存在支撑不敷的现象。

第六章则运用理论资源的提炼与实践经验的总结（访谈所得），旨在重塑互联网信息服务协同治理。具体而言，以协同动力接续与集聚模式升级重构协同治理的主体结构，以决策、落实与产出阶段的对标矫正重塑协同治理的运行过程；以夯实制度、组织与信息支撑重塑协同治理的信息保障。

结语部分，本书揭示了互联网信息服务协同治理是一个具有探讨热度、深度与广度的前沿议题。在理论层面，厘清了互联网信息服务治理的概念域，构建了互联网信息服务协同治理的四维分析框架；在实践层面，本书在理论框架的引导下，对各个要素实践中的痛点问题进行了剖析。同时，在互联网信息服务具体样态的研究、治理过程中，笔者锚定对"政企"关系的描摹与治理效能的评价等方面，这些方向还有继续探索的空间。

二、研究方法

（一）文本分析法

文本（text）与信息（message）均是由带有不同意义的符号组成的结构体，不同之处在于此类结构往往有不同的表现形式，如语言表达、法律描述或影响呈现等。而文本分析即从文本中抽离出关键词，通过量化等方法来转译、表达文本信息。

文本分析法主要是指根据研究问题的需求，对各类文本进行归纳、提炼，在这类资料中发现规律性的问题并对其进行描述的方法。具体到中国互联网信息服务协同治理的研究中，本书利用的文本资源主要包括三方面（如表0-1所示）：一是涉及中国互联网信息服务治理等的公开发行的统计数据、年鉴和蓝皮书等资料；二是与研究主题相关的各级别法律法规、政府工作报告等文本；三是如百度、小红书、字节跳动（抖音）和新浪微博等大型互联网平台企业的"用户协议""管理规定""治理条例"等文本。

表0-1 本书数据的部分文本来源

公开出版数据来源	蓝皮书与出版类年度报告	《2016—2017年中国互联网产业发展蓝皮书》、《中国网络社会治理研究报告》（2018）、《中国网络社会治理研究报告》（2019）等
	白皮书	《网络与信息安全产业白皮书》（2015年）、《移动互联网白皮书》（2015年）、《互联网发展趋势报告（2017—2018年）》等
在线文本数据来源	在线类年度报告	第35—47次《中国互联网络发展状况统计报告》、《2015年中国互联网企业100强》、《2019年全国未成年人互联网使用情况研究报告》、《2020年我国互联网网络安全态势综述》、《2019年中国互联网网络安全报告》等

续表

在线文本数据来源	在线新闻报道	中央网信办（国家互联网信息办公室）网站、人民网、新华网、澎湃新闻等与研究主题相关的报道等
	政策法规	法律、行政法规、部门规章、司法解释、规范性文件、政策文件等
	工作报告	中央网信办网站、各级政府门户网站中的政府工作报告等
	互联网平台企业的用户协议、管理规定和治理条例等	百度、小红书、字节跳动（抖音）和新浪微博等大型互联网平台企业的"用户协议""管理规定""治理条例"等文本

（资料来源：作者自制）

这一研究方法在本书中的运用主要体现为：首先，在互联网信息服务治理的历史进程部分，通过对近年来互联网信息服务治理的各类统计数据、法律法规与政府工作报告等进行梳理，归纳出中国互联网信息服务治理模式的演进脉络；其次，通过对1407篇主题新闻报道的文本内容分析，本书发现当前中国互联网信息服务治理模式在政企二元主体发挥显著作用的"类发包"模式下，呈现出明显的碎片化特征，并以此提炼出当前中国互联网信息服务治理的"碎片式发包"模式；最后，在检视互联网信息服务治理实现协同的梗阻中，政府与互联网平台企业的关系是一重要切入点，互联网平台企业出台的各类规定、协议将在某种程度上呈现出其参与互联网信息服务治理的意愿、方式、强度及其中存在的问题。

（二）访谈法

访谈法指的是研究者通过与研究对象、相关人员的交谈或询问获取信息，并基于这类信息厘清研究问题、完善研究框架和得出研究结论的研究方法。作为科学研究方法的访谈法，需要具备相对明晰的指向与目标，在此前提下，可将访谈法分为无结构式、半结构式与结构式。本书针对互联网信息服务治理政府部门、互联网平台企业、行业协会和公民等目标主体制定了访谈提纲，具体采取了半结构式访谈的方法。具体而言：第一，就研究主体方面，可以使研究者直观地抛出所研究的相关问题，表达自身的访谈预期与迫切程度，同时半结构式的访谈有利于研究者的自我发挥；第二，就研究客体方面，在反复被访谈的过程中，可以使研究客体提高自我角色意识与认知水平；第三，就研究过程中的信息获取方面，通过访谈获取的信息完整度与可信度均较高。

具体到本书的研究中，笔者赴 H 省网信办、Y 市委网信办、T 市（县级市）委网信办及部分头部互联网平台企业进行调研，通过多轮访谈，内容方面主要围绕各主体在互联网信息服务治理中实现协同的困境、表现及其成因。笔者对相应主体进行了询问并展开探讨，所获得的访谈资料，主要在两方面发挥作用：一方面，为理论层面模型的逻辑建构提供了线索与修正，这类资料获取于正式调研前的预调研，可以引发对于四维协同模型建构的思考；另一方面，为现实层面问题的析出提供了佐证，部分程度上帮助打开了中国互联网信息服务治理协同困境的"黑箱"。

（三）观察法

观察法作为适用于特定研究对象的研究方法，是指研究者通过自身感知或依托相关设施，在主观上对某些社会现象产生感知和反应后，对其进行记录，并将这类记录作为事实材料的方法。笔者自 2019 年 3 月起，采用团队调研的方式，利用个人假期时间陆续赴北京、深圳和武汉等城市，对百度、小红书、字节跳动（抖音）、新浪微博等互联网平台企业中的相关人员进行访谈，并通过参与式观察对互联网平台企业信息服务治理日常进行研究，通过非参与式观察对互联网平台企业与政府、行业协会等举行的联席会议等协作方式进行观察。前者形成了较为翔实的文字材料，本书的大部分访谈也在这一阶段完成；后者则吸引笔者通过观察参与者的神态、语气与语言等内容形成了描述性的文字，这种主观的感知与体验为本书部分理论观点的延展与印证提供了思路。

第三节 研究创新点与不足之处

一、研究的创新点

第一，在研究议题和理论建构方面的创新点。中国互联网信息服务协同治理模式是相关领域的研究热点与前沿，同时也与当前中国互联网信息服务治理实践紧密结合，紧扣中国互联网信息服务对协同治理模式和提升治理效能的现实需求。中国互联网信息服务协同治理模式是一项在理论和实践层面均极具前沿性的公共管理学科研究议题。从研究议题的核心要件审视，如前文所述，随着中国互联网领域实践的发展，学界关于互联网领域的相关研究呈现出快速产出的趋势。但是，互联网领域相关的既有研究存在着大量将网络空间、网络信息、网络社会、网络内容、互联网信息服务等诸多概念混淆甚至混用的情况，而且普遍存在着对互联网信息服务及其治理的核心内涵、构成要件、运作逻辑和具体外延等界定不清晰、探讨不深入的情况，且在学位论文方面，尚无以互联网信息服务及其治理为议题的专门性、系统性研究，这些都对深入探讨互联网信息服务治理形成了阻碍。从互联网信息服务的协同治理层面审视，虽然互联网领域的既有研究呈现出提出合作治理导向、构建协同治理模式的明显趋势，但以互联网信息服务协同治理为研究议题的专门性、系统性研究极为不足，未能契合互联网信息服务的实践需求。本书对于互联网信息服务相关理论内涵的阐释，以及对于互联网信息服务协同治理模式的系统探讨，不仅可以为我国互联网信息服务的深入研究打下坚实的理论基础，而且可以借助协同治理理论的专业化视角型构较为系统的协同治理模式，更可以在此基础上建构新时代背景下我国互联网信息服务协同治理的具有高度可操作性的实践路径，从而深化对该议题的理论研究。

第二，在研究视野和分析视角方面的创新点。党的十八大以来，以习近平同志为核心的党中央高度重视中国互联网治理事业。特别是在党的二十大之后，在以习近平同志为核心的党中央的坚强领导下，更多相关的法律法规相继出台，中国互联网治理迈入了新阶段。互联网信息服务治理作为互联网治理事业的重要组成部分，其理论发展状况与治理成效如何，不仅对中国互联网健康发展和人民美好生活至关重要，亦对"中国之治"模式在国际的话语地位产生着重要影响。诚然，关于互联网信息服务治理在中国学界已经形成了部分成果，其中不乏真知灼见，但研究成果不仅整体较为薄弱，偏重于从静态维度阐述互联网信息服务治理的基本内涵、构成要素和实践路径等内容，缺乏动态视角的理论审视，而且部分研究侧重于政策阐释和政策宣传，呈现出泛泛而谈、缺乏问题意识、缺乏理论深度的特征。在政治生态内部诸要素之间以及政治生态与外部环境之间的互动过程中，信息与能量不断进行动态交换是其内蕴的典型特征，此即政治生态的动态性特征。[①] 只有借助合适的理论视角，基于"静态+动态"的分析视角，才能够全面、系统地对互联网信息服务治理展开理论分析，而协同治理理论即提供了最为适当的分析视角。具言之，协同治理对于价值、主体和保障等静态要素给予了高度的关注，同时注重于依托静态要素的动态协同过程。此外，理论源于人类的思辨智慧与现实经验，基于理论视角的阐述可以深化对问题的认识。协同治理这一成熟理论资源的引入，能够深化对互联网信息服务治理这一命题的研究，提升其理论深度，真正实现理论与实践的高度结合。基于此，本书结合协同治理这一理论体系，并从"静态+动态"的分析视角展开系统探析，以期有效弥补既有研究的不足，并对研究议题进行全面、深入的理论探讨。

第三，在研究内容和理论建构方面的创新点。在互联网信息服务及其治理中，主体行为、主体角色、主体间关系和外部环境等是重点研究对象，互联网信息服务协同治理更是迫切需要建立起主体间功能互补、资源共享和稳定有序的协同关系。可以说，互联网信息服务治理中主要主体的角色功能和协同关系，应当是该议题研究领域的重点内容。例如，互联网信息服务中的公民扮演着多重角色，既是信息服务的接收者和评价者，又是信息服务的潜在监督者，亦可能是信息服务的二次生产和传播者。那么，如何在互联网信息服务的背景下界定、引导和形塑其角色行为，并推动其整合至协同治理的环节中，就成为研究应当关注的重要内容。再例如，互联网信息服务中的政企关系，即为主体间关系的重要组成部分。如何在复杂的互联网信息服务治理中厘清政企关系，并引导其向高效协同的目标发展，就成为研究应当关注的核心议题之一。互联网信息服务治理尤其是其协同治理模式非常复杂，只有聚焦其中的核心议题和重要内容，才能做到主次有序、去芜存菁，这也是协同治理要求主次有序的治理结构的内在体现。但是，既有研究虽然在其部

---

① 刘京希. 政治生态论——政治发展的生态学考察［M］. 济南：山东大学出版社，2007：12-13.

分章节对一些主体角色和主体间关系有所涉及，但或泛泛而谈、不求精细，或未能覆盖到上述核心性内容，总体来说对核心内容的聚焦及重点内容的突出性有待提升。本书针对既有研究之不足，运用信息生态理论、行政法等相关理论对政企关系、公民角色等重点内容展开学理分析和系统阐述，并结合研究设计将其纳入整体性的理论架构之中，这不仅真正从主次有序的维度契合了协同治理的理论内核，有助于更好地厘清协同治理的理路并构建相应的治理模式，而且真正做到了直面现实核心问题、坚持研究的问题导向，有利于从现实问题出发，展开更为精细化和深入性的理论研究。

二、研究的不足之处

研究的不足之处，主要体现在以下两方面。

第一，互联网信息服务存在诸多形式，如微博客信息服务、直播信息服务、短视频信息服务等不同样态，明晰这一点对于理解中国互联网信息服务及其治理具有重要现实意义。鉴于各类互联网信息服务的信息传播特质与治理关注要点等方面有较多相通之处，亦囿于篇幅所限，本书将其以案例、举例等形式灵活地贯穿文中，并未列取章节进行专门性探讨，这也是笔者未来需要不断探索的课题。

第二，互联网信息服务治理是一个"常议常新"的研究主题，因为它的生长伴随着互联网信息技术的推陈出新与受众信息服务需求的弹性变化。本书聚焦于当下中国互联网信息服务治理中呈现的核心问题及主要矛盾，所提出的理论观点虽植根现实、指向未来，但仍不可避免地受到时效性的限制。针对未来可能出现的治理模式调试的实践需求及由此衍生的理论研究增长点，笔者将持续跟进，并不断深入探索。

第一章
核心概念、理论资源与分析框架

相较于中国互联网信息服务实践层面的快速发展，中国互联网信息服务治理的理论研究整体较为薄弱，难以满足实践的现实需求。尤其在中国互联网信息服务场域亟待系统构设治理理念和治理模式的当下，可以从互联网信息服务协同治理的核心概念、理论基础和分析框架等方面对"互联网信息服务协同治理"这一议题的理论内涵进行系统阐释，从而为我们对中国互联网信息服务协同治理的理论内涵、要素构成、呈现形式、基本功能和现实意义等的理论认知奠定基础。

第一节 核 心 概 念

一、互联网信息服务

（一）互联网

所谓互联网，又称国际网络、因特网，一般是指 internet，即由若干计算机网络相互连接而成的网络。因特网始于1969年的美国，是美军在 ARPA 制定的协定下的产物，其最早运用于军事领域。在经历了 TCP/IP 技术、PC 技术、HTTP 协议技术、网状结构通信网络技术及 HTML 技术等的发展后，因特网真正具备了"全球互联"的能力，并且经由移动互联网阶段，开始迈向未来万物互联的"物联网"时代。正是由于互联网相关技术的快速发展，当前国际网络已经具备了比现实世界更为丰富多元的构成元素，并形成了包罗万象的"网络空间"。"网络空间"，发展为相对于陆地、海洋、天空和太空的"第五空间"，是指一种由计算机信息系统所产生的虚拟空间。[①] 基于网络空间的内涵释义和现实形态，"互联网"当前更多表征的是场域性理念，即在网络空间内产生的现象，如网络社会、网络信息等。"互联网信息服务及其治理"作为网络空间场域内的重要现象，所有理念、要素、过程和目的都是依托于"互联网"这一宏观概念和实体基础之上的。基于此，本书将互联网视为互联网信息服务协同治理的背景性概念，即为互联网信息服务协同治理提供背景性知识、技术和方法的概念。

[①] 蒋耀平．我国网络空间安全评价指标体系的研究［J］．管理世界，2005（4）：1-4，11．

（二）互联网信息

互联网信息也称网络信息，是构成"互联网信息服务协同治理"的核心性概念之一。根据《现代汉语词典》释义，"信息"一般指音信、消息，或者信息论中指用符号传送的报道。① 互联网信息一般选择"信息"的后一个释义，是指在由国际计算机网络相互连接而成的网络内以特定符号形式传送的报道。网络信息是一个多义词，泛用性很强。在学界的既有文献中，它包括了以下内涵，并被运用到相应主题的文献之中：① 强调网络信息的时代背景和技术；② 指代整个网络空间；③ 强调网络信息内容；④ 描述网络信息的流动过程。互联网信息作为特定的信息形式，主要有以下三方面功能，包括信息作为互联网物质世界的重要组成部分，与技术空间、交往空间相互作用形成的"泛在的信息世界"的功能和特性，信息作为互联网虚拟空间和现实社会之间能量交换载体的功能和特性，以及信息作为社会公共产品的功能和特性。② 互联网信息包括互联网信息内容和互联网信息服务两大范畴。其中，互联网信息内容是指"以网络为中介或借助网络载体传播的信息所包含的实质或意义，即在网络产品、网络传播和网络交流中所传递的文字、图片、音频、视频等信息符号的容纳之物"③，细化了互联网信息的概念内容，也是对互联网信息研究的深化。该概念与互联网信息服务构成了互联网信息概念域的"一体两翼"，是互联网信息服务的基础性和相近性概念，二者的辨析对于明晰"互联网信息服务"这一概念大有裨益。由于本书将在下文对"互联网信息服务"概念进行剖析，为保证阐述和论证的连贯性，本书将对"互联网信息内容"和"互联网信息服务"二者的概念辨析置于互联网信息服务的概念界定之后。

（三）互联网信息服务

互联网信息服务是互联网信息领域中较为前沿的研究议题和新兴概念。"服务"的词典释义，是指"为集体（或别人的）利益或为某种事业而工

---

① 中国社会科学院语言研究所词典编辑室. 现代汉语词典［M］. 修订本. 北京：商务印书馆，1996：1404.
② 张东. 中国互联网信息治理模式研究［D］. 北京：中国人民大学，2010.
③ 何明升. 网络内容治理的概念建构和形态细分［J］. 浙江社会科学，2020（9）：64-72，158.

作"①，在学理层面，不同学者对互联网信息服务的基本内涵进行了理论界定，如：毕强等学者将互联网信息服务的内涵界定为"针对用户的信息需求，以现代信息技术为手段，依托计算机通信网络，向用户提供原始信息以及经加工整理的有效信息、知识与智能的活动，分为传统信息服务在网络环境下的应用和新型的网络信息服务"②；刘霞等学者认为互联网信息服务的内涵是指现代信息服务机构通过国际互联网络所进行的一切与信息有关的服务活动，主要是指在网络上从事的信息获取、存储、处理、传递及提供利用等服务工作。③ 从既有研究的内涵界定审视，学界关于互联网信息服务的内涵界定基本都涉及"以互联网为基干""互联网信息服务多样化内容""信息加工和传递""为用户传递和提供信息服务"等内涵要件。④ 在此基础上，国内学者魏娜等人从集前者大成的角度，对互联网信息服务的内涵进行了界定，即"互联网信息服务提供主体（个人或组织）以互联网为依托（移动互联网和固定互联网），通过对信息的采集、生产、开发、处理、传播等形式，向上网公众提供的与信息相关的服务活动的总称"⑤。因为其概念内涵的全面性和系统性，本书拟采用这一概念界定。与互联网信息内容相比，互联网信息服务包括了部分信息内容，"但又不仅限于此，还囊括了对信息的生产、收集、运输、传播等内容，例如信息的报道与发布服务、信息咨询服务、信息检索服务等"⑥。作为互联网信息研究精细化的体现，互联网信息服务在互联网信息内容的概念基础上更进一步，更加聚焦于对信息的加工、传播、接收和反馈过程中主体角色、主体作用及主体关系等要素的探讨，虽然与互联网信息内容具有内在联系和接续关系，但总体来说探讨的侧重点并不相同。"互联网信息服务"概念能够更好地描述互联网信息的加工、传播、接收和反馈等具体过程，鉴于此，互联网信息服务及其治理被单独析出作为独立的研究议题，并加以专门性、系统性的理论探讨，具有重要的现实意义（见图1-1）。

---

① 中国社会科学院语言研究所词典编辑室．现代汉语词典 [M]．修订本．北京：商务印书馆，1996：386.
② 毕强，史海燕．网络信息服务现状分析 [J]．情报科学，2003（5）：452-454.
③ 刘霞，邱均平．信息资源网络化对信息服务业的影响分析 [J]．图书情报工作，2000（2）：57-60.
④ 王勇．网络信息服务产生的背景及其分析 [J]．图书情报工作，2006（7）：89-91，38.
⑤ 魏娜，范梓腾，孟庆国．中国互联网信息服务治理机构网络关系演化与变迁——基于政策文献的量化考察 [J]．公共管理学报，2019（2）：91-104，172-173.
⑥ 魏娜，范梓腾，孟庆国．中国互联网信息服务治理机构网络关系演化与变迁——基于政策文献的量化考察 [J]．公共管理学报，2019（2）：91-104，172-173.

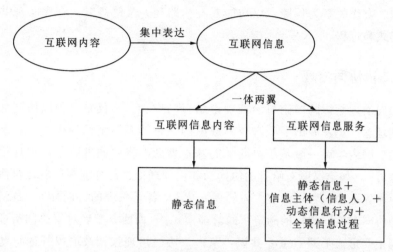

图 1-1 互联网信息服务概念导图
(资料来源：作者自制)

二、协同治理

(一) 协同

从词源释义来看，"协同"是指"各方互相配合或甲方协助乙方做某件事"[①]，一般包括多方主体、协作与合作、共同目标等要素。在各类典籍中也有关于"协同"的释义，如"卿父劝吾协同曹公，绝婚公路""咸得其实，靡不协同"，均呈现为协助、会同之意。学术研究中的协同主要是指主体间的一种协调、合作（或同步）的特定关系模式，正是在多方主体以共同目标为引导、以合作关系为保障、以功能互补为路径的协同过程中，整个系统才能实现"1+1＞2"式的有序发展。由于协同学是一门研究普遍规律下的多元主体协作和系统整体性的科学，其"具有明显的方法论意义，成了连接不同学科的桥梁和纽带，从而得到了广泛的应用"[②]。特别是在公共管理学科领域，协同学与治理理论的有机结合，形成了当今公共管理领域的重要范式——协同治理。鉴于此，我们可以借鉴协同学关于"协同"的概念界定，将"协同"内涵界定为：多方主体围绕共同目标，以"部分之和大于整体"理念为引导，

[①] 中国社会科学院语言研究所词典编辑室. 现代汉语词典 [M]. 修订本. 北京：商务印书馆，1996：1392.

[②] 李汉卿. 协同治理理论探析 [J]. 理论月刊，2014（1）：138-142.

以协调、合作关系为保障，以功能互补为路径，最终高效、有序实现共同目标的形式和过程。

(二) 协同治理

协同治理是协同理论与治理理论结合的产物，不仅是一种以协同为内核的治理理念，更发展出了一套较为成熟的理论体系乃至治理模式。在基本内涵方面，国内学者一般基于协同学的基本理念，将协同理论与治理理论结合起来探讨[①]，如李汉卿对哈肯的协同学和治理理论进行分别探讨后，将协同治理的内涵界定为包含"治理主体的多元化""各子系统的协同性""自组织组织间的协同和共同规则的制定"的治理模式。[②] 而西方学者对于协同治理的理解，则主要形成了两点重要共识：第一，协同治理强调政府以外的行动者加入治理中；第二，协同治理强调为达到共同的目标，各行动者所进行的共同努力。[③] 而联合国全球治理委员会给出了较为权威且具有概括性的概念界定，即指出协同治理是指个人、各种公共或私人机构管理其共同事务的诸多方式的总和，它是使相互冲突的不同利益主体得以调和并且采取联合行动的持续的过程，其中既包括具有法律约束力的正式制度和规则，又包括各种促成协商与和解的非正式的制度安排。[④] 由于该界定涵括了多元主体、利益协调、合作关系、共同目标等协同治理的核心要素，对协同治理的内涵界定最为全面、系统，因此本书采纳其作为协同治理的基本内涵。

通过对相近概念的辨析来明晰特定概念的内涵边界，无疑是深化理解特定概念内涵的有效方式。诚然，协同治理有其独立、具体的内涵与外延，但网络化治理等诸多治理概念的存在和发展，亦会在客观上产生模糊概念间边界甚至导致概念混淆的负面影响。本书拟将协同治理概念与上述治理概念进行内涵界分，以期更为清晰地呈现出协同治理的概念内涵。与协同治理相近的概念，主要包括网络化治理、整体性治理、合作治理等。其中，网络化治理是"一种与等级制和市场化相对的新型治理机制，来自政府、市场和市民社会的参与者在一个制度化的框架中相互依存，并为实现一定的公共价值而展开联合行动"，其主要特征为多元主体在治理中形成了复杂的关系网络，

---

① 田培杰. 协同治理概念考辨 [J]. 上海大学学报（社会科学版），2014 (1)：124-140.
② 李汉卿. 协同治理理论探析 [J]. 理论月刊，2014 (1)：138-142.
③ 田培杰. 协同治理概念考辨 [J]. 上海大学学报（社会科学版），2014 (1)：134-140.
④ 全球治理委员会. 我们的全球伙伴关系 [M] //俞可平. 治理与善治. 北京：社会科学文献出版社，2000：4.

并以协商作为重要互动方式①;合作治理是在国家与社会间以及国家、社会内部建立良性合作机制的一种治理,这既包括主体间的合作,也包括主体内部的合作;既是政府的行政管理与社会自治组织的合作,也是政府的公共服务与市场服务、志愿服务的合作②,其特征主要体现为平等性的集体决策过程、用协商的方法来解决跨域跨部门的公共问题,以及以共识为导向。③ 从上述概念审视,其内涵虽然各有侧重,如网络化治理强调以治理的关系网络为依托,多中心治理强调多元主体的赋权和秩序,合作治理强调互惠基础上的合作与共享关系,但其内在核心要义却共同指向了"多中心主体采用协同合作方式参与治理活动",无论是多元主体、关系网络,抑或互惠合作、要素整合和高效协作,均属于协同治理的核心内涵所在。④ 因此,协同治理作为一种整合性概念,既有高度的包容性,又具备自身独特性,应用范畴也最为广泛。

三、互联网信息服务协同治理

互联网信息服务治理作为互联网治理体系的重要构成,是互联网信息服务协同治理的基础性概念。互联网信息服务治理,是指"互联网信息服务治理主体对互联网信息服务活动的管理、处理、控制等一系列行为和方式的总和"⑤,这一理念是从互联网信息服务监管衍生而来的。互联网信息服务监管的核心是"监督和管理"等要义,即强调政府的主导性地位和全能性作用,突出强制性权力自上而下地控制,以及以行政性指令作为主要的管理手段。而互联网信息服务治理则强调多元主体的平等地位和主体责任、协商和沟通的互动形式、资源与功能互补的作用方式,以及对数据信息技术的充分运用等要义。相较于"监管",互联网信息服务治理更加灵活、高效,也更能满足治理中的价值性诉求。

而由互联网信息服务治理衍生而来的互联网信息服务协同治理,既吸纳

---

① 陈剩勇,于兰兰.网络化治理:一种新的公共治理模式[J].政治学研究,2012(2):108-119.
② 赵守飞,谢正富.合作治理:中国城市社区治理的发展方向[J].河北学刊,2013(3):154-158.
③ 蔡岚.合作治理:现状和前景[J].武汉大学学报(哲学社会科学版),2013(3):41-46,128.
④ 孙萍,闫亭豫.我国协同治理理论研究述评[J].理论月刊,2013(3):107-112.
⑤ 魏娜,范梓腾,孟庆国.中国互联网信息服务治理机构网络关系演化与变迁——基于政策文献的量化考察[J].公共管理学报,2019(2):91-104,172-173.

了互联网信息服务治理的上述要义，又结合了协同治理的核心理念，如协同中的主体角色、合作共识、共同目标、联合行动、制度保障、阶段性样态等，提出了更加具体、可行的互联网信息服务治理样态，从而形成了对互联网信息服务治理的理论发展与超越。例如，在互联网信息服务协同治理中，各主体不能停留在"投币式互惠"和"偶发性合作"的层面上，而是应当在较为成熟的协同制度的保障下，形成较为稳固的协同意识和传统，并逐渐发展出灵活有效的协同机制。而在治理过程维度，互联网信息服务协同治理不局限于互联网信息服务治理的抽象性的"主体间的协商与合作"，而是将该过程细致地界分为启动阶段、实施阶段和评估阶段等具体的协同过程，并对每阶段的运作逻辑进行深入探讨。与此同时，由于借鉴了协同学的相关理念，互联网信息服务协同治理更强调"主次有序"的治理结构，这超越了治理概念从抽象性维度所阐述的"主体间'良好互动'"的理论观点，更为科学、精准地呈现出互联网信息服务的理想治理结构和主体间关系模式。

将互联网场域视为生态系统，并以生态学的角度审视互联网的运作过程，是近年来互联网信息相关研究的重要趋势之一。所谓网络信息生态系统，较为全面的说法是指"由主体信息人和客体信息、信息环境有机组合而成，具有一定的内在调节修复能力，其中主体信息人是信息用户或组织，信息环境包括内部环境和外在环境是系统中对信息人产生影响的其他因素的融合"[①]。从该定义中我们可以看出，网络信息生态系统无论在系统结构、运作逻辑和关键节点等方面，均具有以下两点特征。第一，协同性。这里的协同性不仅指生态系统内部各要素之间的协调与合作，更是生态系统与环境之间的整体性的协同共生、共进演化。这要求生态系统内各主体在目标、意识、能力和规划等方面形成协同合力，避免互动的碎片化和脱节化。第二，动态性。网络信息生态系统的生态循环是一个动态过程，既包括系统内主体间互动，亦涵括系统与外部环境之间的信息流通和能量汲取等过程。这不仅要求从静态维度明确主体角色、重要资源、生态功能、治理结构等核心内容，亦需要从动态维度生动揭示网络信息生态系统的生态循环过程。

而互联网信息服务协同治理的核心要义与上述网络信息生态系统具有内在契合。首先，互联网信息服务协同治理聚焦治理主体间的"协同"关系，强调网络信息生态系统中各要素之间的资源互补、功能整合、协调共振乃至

---

① 陈为东，王萍，王益成. 基于系统动力学的网络信息生态系统运行机理模型及优化策略研究[J]. 现代情报，2017（7）：9-13.

共治共生，这不仅表征了网络信息生态系统的核心特征，亦揭示了网络信息生态治理的着力重点。其次，协同治理讲求循环而非线性的运作过程，协同治理须经过前期、过程或产出等类别划分的阶段而达成。可以说，互联网信息服务协同治理核心要义与网络信息生态核心特征的内在契合，决定了互联网信息服务协同治理是维护网络信息生态系统生存和发展、保持网络信息生态系统清明和有序的重要举措，正如有学者指出："网络信息生态链协同管理是网络信息生态链协同管理主体对网络信息生态链协同活动进行决策谋划、资源配置、过程调控和绩效评价，从而获得最佳协同效应的过程。"[①]

基于上述分析，我们可以将中国互联网信息服务协同治理的内涵归纳为：中国互联网信息服务协同治理是指以一定治理标准为基础，各治理主体对于向上网公众提供的、与信息相关的服务活动及信息的采集、生产与传播等信息行为的治理过程。具体而言，这一过程的治理主体是指党领导下网络信息生态系统中的各个主体，分别是政府、互联网平台企业、互联网行业协会与网民等。治理方式是围绕共同的互联网信息服务治理目标，依托平等地位，充分履行自身责任的平等协商与互惠合作等互动形式，以优化资源配置、功能整合、整体调控和评估反馈等为重点，在现代信息技术等技术手段的支持下，经过决策阶段、落实阶段、产出阶段等具体的协同过程，最终达成协同治理目标并获得最佳协同效应。

需要注意的是，本书研究的对象是治理负面信息内容及信息行为，具体如下。

中国互联网信息服务治理标准呈现出从"管控负面信息"向"弘扬正面信息＋治理负面信息"相结合的演进脉络，同时对于"负面信息"囊括的范围亦有所变化，传统互联网信息服务治理以"负面清单为基础"[②]，《互联网信息服务管理办法》第十五条规定，互联网信息服务提供者不得制作、复制、发布、传播含有下列内容的信息：（一）反对宪法所确定的基本原则的；（二）危害国家安全，泄露国家秘密，颠覆国家政权，破坏国家统一的；（三）损害国家荣誉和利益的；（四）煽动民族仇恨、民族歧视，破坏民族团结的；（五）破坏国家宗教政策，宣扬邪教和封建迷信的；（六）散布谣言，扰乱社会秩序，破坏社会稳定的；（七）散布淫秽、色情、赌博、暴力、凶

---

① 娄策群，娄冬，程彩虹. 网络信息生态链协同管理概念解析［J］. 情报科学，2017（3）：19-23.

② 何明升. 网络内容治理：基于负面清单的信息质量监管［J］. 新视野，2018（4）：108-114.

杀、恐怖或者教唆犯罪的；（八）侮辱或者诽谤他人，侵害他人合法权益的；（九）含有法律、行政法规禁止的其他内容的。此外，国家互联网信息办公室倡议坚守互联网信息流动的"七条底线"：一是法律法规底线；二是社会主义制度底线；三是国家利益底线；四是公民合法权益底线；五是社会公共秩序底线；六是道德风尚底线；七是信息真实性底线。而2020年发布的《网络信息内容生态治理规定》对网络信息内容生态的治理方面，则强调从如何增加合法、正能量方面的内容供给的角度，对内容制作、生产等提出了正面的、引领性的要求。互联网信息服务治理的标准不再单纯呈现为"管控负面信息"，而是"弘扬正面信息＋治理负面信息"相结合。

由于篇幅与研究范围有限，本书的研究视域着眼于"治理负面信息内容及信息行为"，但本书所研究的中国互联网信息服务协同治理的标准包括但不限于"九不准"与"七条底线"规定中的信息内容及相关信息行为，同时也包括对如"三俗"等不良信息及相关信息行为的治理。

第二节 理 论 资 源

中国互联网信息服务协同治理是一项包含互联网信息、主体关系、协同治理等丰富元素的现实议题。其中，互联网信息是议题的主干，整个互联网信息服务及其治理过程是围绕着网络信息的采集、生产、开发、处理、传播等环节展开的，这表征了网络信息生态系统的运作过程；主体关系是议题的重点，互联网信息服务即强调主体行为及主体间关系，而且协同治理也非常重视主体间协同关系的构建和强化；而协同治理作为议题的核心，不仅蕴含着丰富的价值理念，同时也从启动情境、运作模型、动态阶段、评估标准等方面呈现出互联网信息服务协同治理的内在逻辑和运作模式。基于此，本书选取与上述要素最为契合的阐述互联网信息运作的信息生态理论、阐述核心政企关系的资源依赖理论和阐述协同治理关系的协同治理理论作为理论基础，以期为深入研究互联网信息服务协同治理提供理论视野和分析资源。

一、信息生态理论

（一）信息生态与信息生态系统的基本内涵

王东艳、侯延香认为，信息生态系统是指由信息、人、环境组成的具有一定自我调节能力的人工系统。[①] 无论对于信息生态系统的内涵界定侧重于哪一方面，其理论内核均涵括了信息、主体、技术和环境等核心要件，并着重阐明信息生态系统相关的生态循环过程。鉴于此，在学界既有研究的基础上，我们可以尝试将信息生态系统界定为由信息、人、技术、环境等要素构成的，依赖内部循环以及和外部环境互动的，具有独立地位和生命力的生态系统。与之相近似的，是信息生态链概念。所谓信息生态链，是指"信息生态系统中，不同种类信息人之间信息流转的链式依存关系"[②]，其本质是信息流转过程中信息生产者、信息发布者、信息消费者、信息管理者等信息人之间的链式结构的互动关系，不同的信息生态链盘根错节、纵横交联，共同构成了复杂的信息生态系统。

（二）信息生态系统的理论扩展

1. 信息生态系统中的生态位研究

所谓生态位，即特定生态系统中某主体能够区别于其他主体的显著的身份特征和行为方式，主要体现为特定主体独特的角色定位、掌握资源、行为方式和主体功能等要素。提出信息生态位的重要意义，在于明确信息生态系统运作过程中主体间资源配置、主体间依存关系和主体角色边界及其与信息生态系统平衡稳定之间的重要关系，从而提供了一种解决信息问题的全新思路，并且已得到相关理论与实践领域的高度重视。[③] 基于此，对于信息生态位的研究，以信息流转中主体相关要素为研究对象，对于互联网信息服务及其治理具有重要参考价值。当前，学界对于信息生态位的理论研究，除了基本的内涵界定外，亦在信息生态位宽度、信息生态位重叠等方面进行了扩展性研究，这些文献提升了信息生态位在理论研究中的应用价值。如叶青青、娄策群则聚焦于信息生态位重叠现象，认为狭义的重叠现象是指两个或两个以上信息人的信息生态位全部或部分相同，而广义的重叠现象不仅包括狭义信息生态位，亦涵括两个或两个以上信息人的信息生态位的"完全分离"，并探

[①] 王东艳，侯延香. 信息生态失衡的根源及其对策分析 [J]. 情报科学，2003（6）：572-575，583.

[②] 娄策群，周承聪. 信息生态链概念、本质和类型 [J]. 情报科学，2007（9）：29-32.

[③] 马捷，靖继鹏，张向先. 信息生态系统的信息组织模式研究 [J]. 图书情报工作，2010（10）：15-19.

讨了信息生态位重叠的影响因素，以及信息生态位重叠对于信息人竞争和资源利用的影响。①

2. 网络信息生态系统的理论研究

网络信息生态系统的相关理论研究将"互联网信息"和"信息生态"紧密结合起来，着重于描述网络信息生态系统这一特殊的信息生态系统类型。相对于信息生态理论中其他宏观性、背景性的理论分支，网络信息生态系统的相关理论对互联网信息服务协同治理研究具有更为直接的理论启示和参考意义。

第一，关于网络信息生态系统的运作逻辑。陈为东、王萍和王益成基于系统动力学的分析视角，在明晰网络信息生态系统内涵的基础上，从实现、维持、恢复三种机制一体化的视角归纳网络信息生态系统平衡运行的驱动因子，运用系统动力学，从整体上构建网络信息生态系统的运行机理模型②；而娄策群、庞靓和叶磊则聚焦于网络信息生态系统中的"链链合作"运作逻辑，认为网络信息生态链链间互利合作是指多条网络信息生态链在互惠互利的前提下，由不同链的部分节点代表该链参与基于信息流转与群体之间为达到共同目的、彼此相互配合的一种联合行动，并从网络信息生态链链间信息技术联合、网络信息生态链链间信息资源共享、网络信息生态链链间信息流转业务协作等方面，探讨了网络信息生态链链间互利合作的内容与方式。③

第二，关于网络信息生态系统的系统演化。娄策群、方圣、宋文绩认为，网络信息生态链的协同进化是网络生态系统演化的一种重要形式和演化目标，是指"网络信息生态链为适应网络信息环境的变化，链内信息主体之间、信息环境因子之间、信息主体与信息环境因子之间协调互动、共同发展，整链从低层次平衡向较高层次平衡演进的过程"④；徐越、肖静和李北伟则聚焦于复杂网络视角下网络信息生态链演化过程的仿真研究，将网络信息生态链的

---

① 叶青青，娄策群. 信息生态位重叠探析 [J]. 情报理论与实践，2011 (6)：8-11.
② 陈为东，王萍，王益成. 基于系统动力学的网络信息生态系统运行机理模型及优化策略研究 [J]. 情报科学，2017 (7)：9-13.
③ 娄策群，庞靓，叶磊. 网络信息生态链链间互利合作研究 [J]. 情报科学，2016 (10)：44-48, 60.
④ 娄策群，方圣，宋文绩. 网络信息生态链协同进化方略 [J]. 图书情报工作，2015 (22)：27-32.

演化过程界分为形成阶段、成长阶段、成熟阶段、衰退或更新阶段四个阶段，并对每个阶段的内容和特征进行了理论阐释。[①]

（三）信息生态理论对于中国互联网信息服务协同治理的理论启示和参考意义

随着现代社会的发展，信息的生成、流通和作用成为社会系统运转和发展不可或缺的支撑要素，并且随着涉及要素的增加，发展成为各类信息生态系统，如政务舆情信息生态系统、微博舆情生态系统等。作为重要的信息类型，互联网信息也衍生出了特定类型的生态系统——网络信息生态系统。这主要是因为，互联网信息服务的核心要素之一，即在于"信息"的存在和流通，这与信息生态系统中信息流转和循环存在内在契合；尤其是当互联网媒介成为信息流转的主要载体时，网络信息生态系统在信息生态系统中的地位和影响更是与日俱增。互联网信息服务及其协同治理的研究对象是网络信息生态系统中的信息、信息人、信息环境等要素结构和信息链的运作逻辑，而尤其注重考察主体角色、主体行为和主体间互动关系。而信息生态相关理论亦十分注重信息生态系统中信息人、信息生态位等要素的重要作用，可以为互联网信息服务及其协同治理的相关研究提供理论视角和分析框架。此外，互联网信息服务治理的最终目标，是营造秩序稳定和动态循环的网络信息生态系统，这也是信息生态理论所追求的核心目标——治理信息生态中的污染源，维护信息生态的动态发展。正是因为如此，在互联网信息治理的相关研究中，网络内容治理成为学界探析网络信息生态治理的主要理论进路之一[②]，并形成了大量的研究成果，其主要运用的理论视角和分析框架即来自信息生态理论。由于信息生态理论在价值目标、构成要素、运作逻辑等方面均与互联网信息服务及其治理存在着高度的内在契合，且信息生态理论作为较为成熟、系统的理论体系，已经广泛应用于网络信息生态及其治理等互联网相关研究领域。鉴于此，本书拟结合信息生态的相关理论视角，以期从更为动态、系统的维度对互联网信息服务及其治理展开理论分析。

二、资源依赖理论

资源依赖理论诞生于20世纪70年代美国学者杰弗里·菲佛和杰勒尔

[①] 徐越，肖静，李北伟．网络信息生态链演化过程仿真研究 [J]．情报科学，2015（9）：121-125．

[②] 何明升．网络内容治理的概念建构和形态细分 [J]．浙江社会科学，2020（9）：64-72，158．

德·R. 萨兰基克所撰写的《组织的外部控制——对组织资料依赖的分析》一书，经过理论演进逐渐发展成为当今战略管理等学科领域极具影响力的理论体系之一[①]，并且广泛应用于以政企关系研究为代表的公私合作研究等研究领域。通过理论梳理可知，资源依赖理论的核心观点主要包括以下几个方面。

(一) 资源依赖的基本逻辑起点和核心作用机理

资源依赖理论基于开放系统理论的视野，认为单一组织都是开放系统下的主体，鉴于此，组织生存的关键是获取和维持资源的能力，组织由于获取资源的需求而不得不依赖环境，因而，积极有效的组织才能够生存下去，而这种有效性的获得是对环境的需求进行管理的结果。[②] 由于组织在生存和发展方面需要以有效获取资源为核心目标，组织在面对外部环境时主要考量的即如何更有效地从环境中获取所需资源、如何与其他组织竞争合作、如何改造外部环境等。正是在上述内容的基础上，资源依赖理论提出了核心的四重理论假设：① 所有组织存在和发展的首要目标都是生存，在与环境的互动中，组织自身生存是所有组织考量的核心目标，也是解释组织行为的逻辑起点；② 组织为了生存，需要源源不断地从外部环境中获取各类资源，无论什么组织均无法靠自给自足来获得全部所需资源；③ 在特定环境中，为了从外部获取所需资源，组织间必然要不断进行资源交换和活动，并因此逐渐形成相互依赖乃至相互依存的"资源依赖"关系；④ 组织为了在资源依赖关系中更好地生存，需要提升自身的生存能力，即组织能够更好地调适、控制与外部环境的关系，并且能够对其他组织的组织行为乃至外部环境产生影响。

(二) 资源依赖对组织结构和组织行为的影响

资源依赖理论认为，对于单一组织主体而言，由其他组织、权力结构和资源交互渠道等要素所构成的外部环境，对于组织自身而言具有控制作用，而控制作用的大小及其对于组织的影响程度，则主要取决于以下三方面因素：第一，该项资源对组织生存起到何种作用，一般来说，对于组织生存的作用越趋向于决定性的，组织对外部环境的依赖性越强；第二，该项资源是否具

---

① Hillman A J, Withers M C, Collins B J. Resource Dependence Theory: A Review [J]. *Journal of Management*, 2009 (6): 1404-1427.
② 杰弗里·菲佛, 杰勒尔德·R. 萨兰基克. 组织的外部控制——对组织资源依赖的分析 [M]. 闫蕊, 译. 北京: 东方出版社, 2006: 54-59.

有可替代性,以及可替代资源是否可获取,资源越是缺乏替代品,替代性资源越是难获取,对于依赖组织主体而言就越具备稀缺性,其价值就越大;第三,是指组织能够获取该资源的可能性或者能够使用到该资源的程度,显而易见,越难获取、利用率越高的资源,对于组织而言越珍贵。① 由于不同组织对特定资源的需求程度不同,导致其对于拥有特定资源的组织的依赖程度就有所不同,而这往往导致组织之间因不同的依赖关系而形成不同的权力结构。由于不同组织间形成了特殊的资源依赖关系,被依赖组织拥有大量的、紧缺型的资源,相当于对其进行了"赋权",被依赖组织相对于依赖组织而言,逐渐形成了可支配的权力关系,被依赖组织将获得相应的权力优势,并且加强了其对依赖组织的生存影响,而对于资源依赖关系的管理,也由此变成关于争夺资源控制权的一种权力博弈。② 为了更好地生存并获得权力,组织一方面会试图改造环境,使自身更好地获得生存所需的资源,并减少外部环境的不确定性,另一方面,组织也会有目的性地获取一些稀缺性资源,以推动其他组织对自身形成资源依赖。在上述过程中,资源依赖已然演化成为一种政治过程,各个组织在该过程中均成为政治行动者,而因资源依赖关系形成的组织间权力结构,也对组织目标、组织行为等产生着深远影响。

(三)组织对于资源依赖的应对举措

为了达成获取生存资源和权力优势、增强环境稳定性等目标,组织往往会根据资源依赖关系及其在关系中的位置,制定具有针对性的应对策略和应对举措。

第一,组织通过调适自身的内部结构和组织机能适应环境。"在适应环境的过程中,组织能够改变自己的结构、信息系统、管理和人际关系的模式、技术、产品、价值观和规范或者对环境的定义。"③ 例如,组织可以通过努力获取更多的、高质量的组织间关系网络作为资源积累,以此获得更大的权力优势,进而占据组织网络中的关键位置,并改善整个组织网络的权力结构。同时,组织可以剥离自身一些处于权力劣势地位的边缘业务,以此降低组织

---

① 费显政. 资源依赖学派之组织与环境关系理论评介 [J]. 武汉大学学报(哲学社会科学版),2005(4):451-455.

② Ulrich D, Barney J B. Perspectives in Organizations: Resource Dependence, Efficiency and Population [J]. *Academy of Management Review*,1984(9):471-481.

③ 谭婷. 资源依赖理论视角下党组织权力再生产的逻辑和机制研究——以上海市 L 基层党组织为例 [D]. 上海:上海大学,2013.

对外部环境的依赖性。[①]

第二，组织通过对环境施加影响甚至改造环境来推动环境适应自身。组织作为具有能动性的主体，其不会被动承受环境所带来的种种外部控制，而是会在充分考量自身利益最大化、环境中的有利和不利因素、必须适应的环境要件等因素的前提下，对环境施加影响，进行改造。资源依赖理论认为，组织改变环境的策略主要包括以下几点：① 将外部环境连同资源依赖关系整体吸纳到组织内，进而控制产生依赖的根源，并对相互依赖关系进行重构；② 建立协商一致的组织间集体行动框架，与其他参与者形成良好的合作关系，并共同管理、相互依赖，这是对环境的部分吸收与改造；③ 当组织通过吸纳环境、组织间协商等方式已经无法对资源依赖进行控制和管理时，组织会寻求更广泛的社会系统和具有行政权力的政府来消除困难、提供资源等，从而创造出一个能更好实现自身利益的外部环境。[②]

随着信息技术的发展，组织间沟通、协商和联动的成本愈益降低，而效率却越来越高。在此基础上，资源依赖关系并不是单一组织之间一对一式的"双边关系"，而是由不同的"双边关系"依赖链条形成的多边结构的、错综复杂的资源依赖网络。由于多边式资源依赖关系的形成，为了减少外部环境的不确定性、提高组织目标的实现效率和培育组织可预期的发展图景等因素，组织之间的竞争性资源依赖关系逐渐弱化，通过确立共同目标、互惠互利和长期合作等方式建立起来的共生性资源依赖关系愈益成为主流。可以想见，无论是对于互联网信息服务治理中的政企间抑或其他组织间的资源依赖关系而言，多边合作、多元协同的关系模式是其发展的必然路向，如何系统地建构多元共生性的资源依赖关系，就成为发展、落实互联网信息服务协同治理的重要着力点。

（四）资源依赖理论对于中国互联网信息服务协同治理的理论启示和参考意义

本书选取资源依赖理论作为中国互联网信息服务协同治理理论基础的成因，在于资源依赖与协同合作之间高度的内在契合。单一组织主体若想实现

---

① Provan K G, Beyer J M, Kruytbosch C. Environmental Linkages and Power in Resource-Dependence Relations between Organizations [J]. *Administrative Science Quarterly*, 1980 (5)：200-225.

② 杰弗里·菲佛, 杰勒尔德·R. 萨兰基克. 组织的外部控制——对组织资源依赖的分析 [M]. 闫蕊, 译. 北京：东方出版社, 2006：158-159, 208.

自身生存和发展，自身所具备及可支配的资源一般都是不够的。在这种情况下，单一组织主体需要不断与其他组织主体进行资源交互，这意味着多元组织主体之间需要形成一种相互合作、同频共振乃至依赖共生的紧密关系，彼此间良好的沟通和协作是必不可少的，而这与协同治理重视主体角色、主体行为、主体权责等理论内核存在着高度的内在契合。组织若想通过资源交互和相互依赖实现良好的生存、发展，必然要寻求与其他主体的有效协同。

在互联网信息服务协同治理过程中，党组织、政府组织、企业组织等主体为了更好地生存、发展或实现特定组织目标，必然要努力与其他组织形成资源共享、协同共生的紧密关系。鉴于此，运用资源依赖理论，无疑为审视互联网信息服务协同治理中主体角色和行为动机等要素提供了理论资源和分析视角。与此同时，在互联网信息服务协同治理中，不同主体间协同关系的重要程度是不同的，政府和企业之间的关系可以说是较为核心的关系之一，这是因为，政府在互联网信息服务及其治理中发挥着重要的主导作用，具备左右政策导向、提供行政资源、强制规约主体行为等能力。而互联网内容生产和平台企业作为信息流转中的信息制作者和传播平台，不仅具有信息偏好收集和研判、信息整合和制作、信息载体建构和信息传播、影响和形塑信息用户行为等功能，还有信息筛滤、自律监管、效果反馈等社会责任，在互联网信息服务中扮演着重要角色。从这一方面来看，政府和企业可以说是互联网信息服务中非常重要的两个主体，政企之间的互动环节，不仅关系到关键主体之间的合作，更影响着治理资源整合、治理政策落实、其他主体联动和社会效益。而资源依赖理论作为经济管理和行政管理等管理学科领域的重要理论，其生成渊源即对于企业组织资源获取等组织行为的理论探讨，随着理论发展，该理论更是被广泛地应用于政企关系研究和相关组织行为分析之中。鉴于此，对于互联网信息服务协同治理中"政企关系和政企互动"这一具有核心地位的关键环节，依托资源依赖理论，无疑可以为我们提供更多的理论资源和更为宽广的分析视角。

三、协同治理理论

（一）协同学与协同概念

协同学是德国学者赫尔曼·哈肯提出的关于各类系统的著名理论体系。赫尔曼·哈肯在研究中发现自然现象中的协同现象和规律，并在《高等协同学》一书问世后，形成了体系化的协同学理论。该理论虽然生成于对自然科学领域的审视与思考，但却从系统论、控制论等视角，呈现出关于世间万物的运行规律，并逐渐应用于对社会系统和社会现象的探究当中。协同学在社会科学研究的应用当中，影响最为广泛的概念为"协同"，该概念构成了协同理论重要的理论基石之一。基于对协同概念的理解，协同学主要衍生出如下理论观点。

1. 协同效应

协同学理论认为，自然（或社会）是具有开放性的复杂系统，复杂系统由众多彼此独立但相互联系的子系统构成。各子系统的运动、联系和整个系统的演化，均受到系统"序参量"的影响——决定系统在变化和发展中处于怎样的有序状态、发展出怎样的有序结构和性能、运行于什么样的模式之中、以怎样的模式存在和变化的核心要素的形塑和调节[1]，并且在"序参量"的作用下形成协同关系，达成"1+1＞2"的协同效应。系统在外部环境的能量作用或物质集聚中达到某种临界值，就会推动系统内协同效应和系统有序结构的形成。

2. 伺服原理

协同学理论认为，在复杂系统中，都存在一个慢变量和快变量，其中慢变量即上文所述的"序参量"。在系统的发展过程中，当系统处于临界状态时，整个系统内部将极不稳定，而系统结构也处于变化的临界点。这时，系统中的"序参量"就会迅速占据整个系统的支配地位，并主导整个系统未来的演化趋向和发展路向。这一过程中，其他变量即快变量都要遵循"序参量"的支配，系统中的快变量和慢变量并不是恒定不变的，当外部环境发生变化并通过能量、信息交互影响到系统内部时，各变量的属性和作用就有可能发生改变。

3. 自组织原理

自组织是与他组织相对的概念，其基本含义即在没有外部环境的能量、信息、压力等因素交互的情况下，系统内的各要素和子系统依然会在系统内部依循一定的非正式规则等的引导，并形成新的系统结构。自组织这种内生

---

[1] 王贵友. 从混沌到有序——协同学简介 [M]. 武汉：湖北人民出版社，1987：69-75.

性动力的形成和作用，是各类系统的重要内在特性，也是系统得以存在和发展的重要途径。而系统为了实现有效自组织，就需要各要素和子系统能够进行有机协同，以此推动系统的平稳演化。正是在自组织的作用下，系统能够在整体上不断适应环境变化的同时，保持自身的要素结构、内部运作、系统功能、发展目标等的独立性和特殊性，从而更好地应对来自生存、发展等方面的挑战。

综上所述可以看出，协同学理论虽然源自对自然现象的哲学思辨和对普遍规则的探讨，但其提出的"协同"理念和协同效应等概念，阐明了社会领域各类系统中各主体、各要素和子系统"协同"的基本样态和巨大意义，并以"序参量"等概念，阐明了协同中主次有序的协同结构和可持续发展的协同目标等特征，揭示了协同过程中常见的普遍性规则。而且，协同学理论从系统论的视角阐明了协同的动态性特征，以及协同与系统的内部结构、外部环境之间的内在联系，这不仅为我们审视协同过程提供了整体性视角，更是从系统外扩展了理论视野和研究进路，从而为拓展协同过程的内涵和外延提供了理论思路。

（二）协同治理的基础理论

1. 协同治理的价值取向

协同治理作为一种治理方式，蕴藏着特定的价值理念和价值导向。这种价值不仅呈现为解决问题的工具性价值，亦体现为特定的表达价值。学界普遍认为，协同治理的价值取向主要包括以下三个方面。

一是以成效为导向，认为协同治理能够形成协同优势。协同治理出现的成因，主要是针对公共管理中存在的因治理问题负载而导致的治理资源不足、"条块分割"和信息壁垒等导致的治理碎片化、公共性扩散和后物质时代所带来的权力转移和需求多元化等治理现状，以形成协同优势作为目标和破解手段。协同优势是指协同治理中各参与方因协同达成了某种"创造性"结果，这种结果所实现的目标是各参与方凭借一己之力所无法实现的；而且有些时候，这种协同所实现的目标已经超出了各参与方组织目标的层面，达到了更高的社会层面。[1] 这意味着，协同治理不仅能够破解治理资源不足、治理碎片

---

[1] Chris Huxham. Pursuing Collaborative Advantage [J]. *The Journal of Operational Research Society*，1993（6）：599-611.

化以及权力转移和需求多元化等难题,而且能够形成整个社会层面的协同传统,从而通过有效协同在较好的治理基础上进一步提升公共事务治理的效率与实效。

二是以民主为导向,认为协同治理能够推动民主建设。在公共管理各项事务中,公民参与和民主建设被认为是达成善治的关键性因素。协同治理强调包括公私主体协商、社会主体协商等多元协商形式,认为只有多元主体以平等地位参与到协商当中,充分协调利益关系、整合利益诉求并形成共同目标,才能吸纳作为利益相关者的多元主体在对话、沟通和协商的基础上发展出积极协作、互惠互利乃至共治共生的协同关系,从而推动治理的发展,并降低公共事务的成本。而在此过程中,协同治理的实践经验、集体记忆和制度规范等元素可以持续强化社会主体的参与能力和社会责任。协同治理的"主要表现形式不是政府管制,而是社会自治,即社区、社团、社会组织、企业等各种社会单位、团体和个人对于社会公共事务的共管共治"[1],协同治理过程可以培育治理主体的民主意识和民主能力,从而能在国家和社会二者之间协调政府行为与公民的意愿、选择。

三是以秩序为导向,认为协同治理能够形塑治理秩序。由于公共事务涉及的治理主体较多且存在利益冲突,这容易导致各主体之间难以从整体性的角度审视问题,最终导致治理秩序的混乱。协同治理重视形塑稳定、有序的治理秩序,主要体现在两方面:一方面,协同治理以制度规范为保障,各主体在协同治理中的主体责任、行为空间、利益收益和协同程序等都在制度中有所呈现,这些规定清晰界定了多元主体的行为边界;另一方面,以制度规范为强制力的后盾,各主体必须履行自身在协同治理中的相应责任,不能因一己私利而破坏整体秩序。此外,协同治理中的共同目标则对各主体的行为形成了"软约束"和"内在引导"。协同治理的共同目标是兼容、整合多元主体自身目标的高位阶目标,这既指明了整体利益最大化的方向,又保证了各主体短期利益和长期利益的最大化。这就意味着,如果有任何参与主体罔顾共同目标而只顾及自身私利,不但会导致集体利益受损,而且会殃及自身利益。鉴于此,各主体依循预期的规则和方向展开集体行动,以此保证稳定、协调的治理秩序。

---

[1] 燕继荣.协同治理:社会管理创新之道——基于国家与社会关系的理论思考[J].中国行政管理,2013(2):58-61.

2. 协同治理的运作模型

协同治理的运作模型侧重于从动态维度描述协同治理运作过程的内在逻辑。

首先,描述协同治理运作过程的进阶模型。针对既有模型覆盖要素较少、适用情境较窄等问题,学者安塞尔和加什提出了协同治理的 SFIC 模型。该模型作为描述协同治理运作过程的整合性模型,涵括了参与方的权力、相互信任、学习和领导力等重点议题,而且着重细致探讨了协同治理的过程,以更为复杂的环形结构代替了以往的线性结构,细化了对协同过程这一关键环节的探讨,使得模型覆盖的要素更加系统。SFIC 模型主要包括以下内容。

第一,起始条件。起始条件是指在协同过程中各协同主体所面临的具体情况,这些情况决定了协同治理能否顺利形成、启动。第二,催化领导。协同治理得以形成和持续的条件,在于强有力的领导:一方面,强有力的领导可以有效协调多方利益关系、强化治理规范的权威性、维护稳定的治理秩序;另一方面,有效领导作为重要的能动性力量,能够动态地平衡各方的权力关系,能动地处理各类突发和棘手问题,并不断修订目标,引领各方达成协同共赢的共同目标。第三,制度设计。制度存在的意义在于,制度中具有的程序性可以明确行为规则、利益边界,并不断明晰各种特殊情况的处理方式;制度规定了违背规则所应承担的不利后果,这不仅提升了遵守制度者间的相互信任,同时保障了遵守制度者在博弈中的压倒性优势,维护着遵守秩序的常态化。第四,协同过程。协同过程是 SFIC 模型中最为重要的内容域,安塞尔和加什认为,协同过程主要包括面对面对话—建立信任—对过程投入热情—达成共识—阶段性成果等主要环节,而每个主环节中亦涵括部分核心要素,这些环节和要素之间的互动关系,构成了协同治理运作逻辑的核心组成部分,并最终产出相应的治理结果和作用影响。[①]

其次,描述协同治理运作过程的整合模型。SFIC 模型为全面覆盖协同治理的环节和要素、从抽象维度归纳协同治理完整的运作逻辑奠定了理论基础,但是,该模型依然存在一定问题,如在协同结果方面,未能细致描述结果产出环节的重要意义及其核心要素,对起始阶段的阐述过度侧重于环境中的诸多印象因素,而对于动力机制等驱动因素的探讨极为不足,等等。出于对

---

① 译制并整理自 Chris Ansell, Alison Gash. Collaborative Governance in Theory and Practice [J]. *Journal of Public Administration Research and Theory*, 2008 (4): 543-571.

SFIC 模型等既有模型的不足进行完善的理论构想,田玉麒构建了一般性的协同治理运作逻辑结构,该逻辑结构不仅涵盖了协同治理的构成要素,还提供了各要素的相互关系以及作用方式的动态机制,从而形成了较为全面、系统,且可以适用于不同环境、规模和层级的理论框架和整合模型。[①] 该理论框架和整合模型将协同治理过程划分为三个主要阶段,即系统环境、协同过程和协同效果(如图 1-2 所示)。第一,系统环境。系统环境是指协同治理的启动与运行依存于特定的现实场域。系统环境中包含两大部分要素,即促进、约束协同治理的初始情境和驱动因素。第二,协同过程。协同过程是协同治理的动态化运转系统,是协同治理最为核心的部分,是主体集聚、集体协商、承诺协议和协同行动相互作用的联动机制。第三,协同效果。协同效果是指协同过程所产出的结果和对外部环境的影响。对于协同效果的运用主要包含两方面,即协同效果的评估和对协同结果的监督与问责。

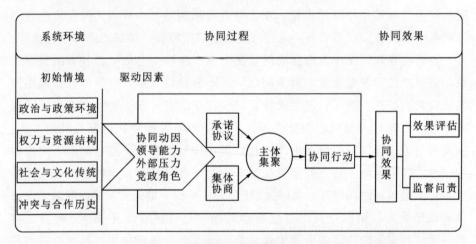

图 1-2 协同治理"系统环境—协同过程—协同效果"三维模型
(资料来源:整理自田玉麒.协同治理的运作逻辑与实践路径研究——基于中美案例的比较[D].长春:吉林大学,2017.)

本书将在后续关于中国互联网信息服务协同治理的分析框架和过程阐述等内容中,以及对上述模型的核心观点充分吸纳、整合的基础上,结合互联网信息服务独特的要素结构和运作机理,对中国互联网信息服务协同治理展开全面、系统的理论探析。

[①] 田玉麒.协同治理的运作逻辑与实践路径研究——基于中美案例的比较[D].长春:吉林大学,2017.

第三节 分析框架

中国互联网信息服务协同治理模式的运作是协同治理理论应用于新场域的实践,其分析框架的形成应脱胎于协同治理理论。本部分在对协同治理理论中关键构成要素进行提炼的基础上,一方面对中国互联网信息服务治理情境下的协同关键要素进行了提炼和厘定,另一方面则结合互联网信息服务的构成要素,归纳、总结并最终整合了中国互联网信息服务协同治理的核心构成要素。基于对中国互联网信息服务协同治理的理论和实践的二维分析,本书认为价值理念、协同主体、协同过程与保障体系四大核心要素可以涵盖中国互联网信息服务协同治理的主要内容,这些要素相互作用、相辅相成,共同构成了影响中国互联网信息服务协同治理最终成效的关键因素。这四大要素表征了中国互联网信息服务协同治理的核心要点、运作逻辑、内在机理与鲜明特征,依托这四大要素构成的"价值—主体—过程—保障"分析框架,可以更为系统、清晰地对中国互联网信息服务协同治理这一研究命题展开理论审视。

一、对协同治理关键要素的进一步提炼

互联网信息服务协同治理的落脚点在于"协同治理",协同治理模式的关键构成要素关系着互联网信息服务协同治理的着力导向,是协同治理得以发起、运作和发展的硬件条件,也是明晰运作逻辑的基础。因此,在比较协同治理模型的基础上,对协同治理关键要素进行进一步提炼,是探析互联网信息服务治理情境下协同治理模式的构成要素,以及建构互联网信息服务协同治理分析框架的重要理论前提。关于协同治理的构成要素,不同学者持有不同见解。如国内学者闫亭豫在对国外协同治理理论进行梳理的基础上指出,协同治理模式主要包含协同治理的背景、协同治理的机制与协同治理的产出三方面要素,其中:协同治理的背景是协同治理启动、运行和发展的重要因素,主要包括多层次的政治、经济、法律、文化和环境等子要素;协同治理的机制作为推动治理"运转起来"的要件,主要呈现为沟通、共识、信任和资源等子要素;而协同治理的产出则主要是指协同要件相互作用的结果,主

要包括协同行动、作用影响和评估标准等子要素。① 徐嫣和宋世明则聚焦于协同治理在中国具体情境中的运用，认为可以从三方面归纳协同治理体系的构成要素，即主体构成、运行方式与机制、适用范围。其中：主体构成要素是指参与协同治理的主体，包括公权力部门、具有中国特色的社会政治团体、事业单位、社会组织、市场部门和公民个人等子要素；运行方式与机制要素是指协同治理的运作载体，包括协商、协调、协作、协同、"自律与信任"、"命令与控制"、"选择与竞争"等子要素；而适用范围要素则表征了协同治理的适用领域，包括国家事务管理、社会事务管理、公共服务供给等子要素。②

从上文的理论基础及相关学者的理论观点审视，虽然各自内容侧重存在差异性，但其核心内容基本一致，均涵括了行动者要素、运行过程要素和外部支撑要素。

（1）行动者要素。行动者要素主要是指协同治理中形成集体行动的各方主体。所谓集体行动，是指为了共享的利益或计划而做出的协同努力。大多数集体行动并非抗争，而是以共同目标为导向形成的集体行为。在以实现协同治理为共同目标的集体行动中，各行动者的行动意愿和行动能力对协同治理具有较大的影响，因此也是重要因素。行动者要素主要包括主体意识、互动网络、协同能力和行为规范等。

（2）运行过程要素。运行过程要素主要是指在各项机制的作用下，协同治理模式得以运转起来的过程。运行过程大致包括以下几个阶段：首先是启动阶段，需要通过动力机制和聚合机制的作用，完成协同治理的问题识别和民主决策等步骤；其次是实施阶段，需要通过协调机制、信任机制和合作机制等机制的作用落实协同过程；最后是产出阶段，也是早期协同治理模型所忽视但尤为重要的一环，主要是指协同治理的结果产出、反馈和修改过程，涉及考核与评估等机制的作用。协同治理追求的不仅是单一的结果产出，也包括对结果产出过程的监督和问责，以及在结果评估的基础上进行的宣传发扬和方案完善。结果产出要素主要包括监督和问责，以及对良好结果的经验总结与发扬、对所暴露问题的反思与完善等。

（3）外部支撑要素。外部支撑要素主要是指影响协同治理启动、运行和

---

① 闫亭豫. 国外协同治理研究及对我国的启示 [J]. 江西社会科学, 2015 (7): 244-250.
② 徐嫣, 宋世明. 协同治理理论在中国的具体适用研究 [J]. 天津社会科学, 2016 (2): 74-78.

发展等诸多环节的外部因素。从系统论的视角审视，协同治理是特定系统中诸多子系统的协同方式，这意味着协同治理若想顺利启动、运行和发展，能否从环境中汲取能量和信息、与环境保持良好的互动，就成为重要的影响因素。外部支撑要素主要包括时代背景下的政策规定和导向、经济发展水平和社会文化环境等因素。

上述构成要素从抽象—具象、宏观—中观—微观等维度全面形成了要素结构，为理解和认识协同模式的运作奠定了基础，其中行动者要素主要指在不同协同场域中的各类治理主体，运行过程要素主要指治理模式运转的过程，外部支撑要素则可以将"保障体系"作为更简练和学理化的表达，基于上述分析及理论资源部分如六维协同模型、SFIC 模型和协同治理整合模型的动态展示，得出行动者、运行过程和外部支撑三个要素是协同治理中的共通性要素。

二、"价值—主体—过程—保障"分析框架的形成与择定

中国互联网信息服务协同治理是由"互联网信息服务"和"协同治理"共同构成的复合型命题，该命题包含了上文谈及的协同治理所涉及的所有关键性要素，亦呈现出互联网信息服务所蕴含的实践特征。鉴于此，中国互联网信息服务协同治理分析框架的形成与择定，主要包含两方面内容：一方面是基于上文提炼出的行动者要素、运行过程要素和外部支撑要素，结合中国互联网信息服务治理的具体情境，厘清互联网信息服务治理中的关键协同要素；另一方面则是结合"互联网信息服务"的构成要素，将其与协同治理的构成要素进行有机整合，提炼出中国互联网信息服务协同治理模式的核心构成要素，并以此作为本书的全文分析框架。下文中分析框架的提出，就建立在两者的结合之上。

一方面，协同治理模式是中国互联网信息服务治理的关键着力点，这意味着协同治理的主体、过程和保障等要素，应当构成中国互联网信息服务协同治理的核心要素。其中：

（1）协同主体是指主导、参与协同治理过程，并发挥重要作用的主体力量。在互联网信息服务协同治理中，协同主体主要包括党组织、政府部门、互联网平台企业、行业协会、公民等。协同关系中的主体不仅具有独立的治理职责和作用，更因嵌入协同关系而被赋予了特殊的协同职责和作用。例如：党组织需要通过联合党建等形式联动不同部门和组织，形成"同频共振"效应；政府部门和互联网平台企业应当实现信息共享、治理联动等。明晰不同

主体的主体角色、集聚方式和治理工具等，对于推动协同的启动、过程和结果等环节的建设均具有较大意义。

（2）协同过程是实现协同治理目标的关键环节。多元主体通过信息共享、沟通对话、民主协商、互利互惠、监督问责、科学考核等方式，完成了协同决策、协同执行、协同运用结果等协同过程，并最终实现协同治理的目标。互联网信息服务协同治理的协同过程亦遵循上述规律，并且呈现出互联网信息服务的内在特征。如在互联网信息服务治理中存在着几对较为重要的协同关系，包括互联网信息服务治理中的政府内部多部门协同、政府行政管理和互联网平台企业自律之间的协同、互联网行业协会和公民协同等。这些协同关系因主体和内容的不同，其影响协同治理成效的方式亦不尽相同，如政府和企业的协同集中于决策和执行阶段，而行业协会和公民的协同集中于执行和结果运用阶段等。厘清互联网信息服务协同治理的协同过程，是明晰互联网信息服务协同治理内在逻辑和应然模式的核心环节。

（3）协同保障是协同治理理论与实践不断系统化、精细化的体现。良好的协同治理，关键在于治理的启动、实施和产出等环节中，贯穿着有效可靠的保障体系。保障体系的作用在于减少协同治理过程的不确定性、降低因意外和谬误带来的风险，最终使治理更加科学化、规范化。制度是参与人博弈的均衡解，其变迁过程可以看作行为人不同的战略选择所导致的由一个均衡解向另一个均衡解的变动。良好的制度体系，是规约、引导治理中主体行为的关键要件。构建以制度规范为核心的科学有效的协同保障体系，是确保互联网信息服务协同治理取得实效的重要路径。

另一方面，"互联网信息服务"内在地决定了中国互联网信息服务协同治理的事务场域和实践情境，前者的实践特征亦为构建本书的分析框架提供了核心要件和可借鉴资源。其中：

（1）价值理念是指协同治理作为公共管理的新范式所蕴含的内在取向。互联网信息服务协同治理作为一项互联网治理领域的新兴理念和模式，其"争议远大于共识"，不仅需要厘清其核心价值、重要价值和根本价值，亦需要化解其内在的价值冲突和价值异化等问题，从而形成核心突出、和谐有序、多元共存的良好的价值体系。只有在良好的价值体系的引导和指向下，互联网信息服务协同治理才能够保证自身建设和发展的正确导向，并在不断适应网络技术发展和实践情境需求的同时，坚守自身最核心的价值立场和治理模式。因此，明晰互联网信息服务协同治理背后蕴藏的价值体系，是明确其应然模式、构建有效路径的关键理论前提。

（2）互联网信息服务及其治理非常强调主体要素。互联网信息服务是指"互联网信息服务提供主体（个人或组织）以互联网为依托（移动互联网和固定互联网），通过对信息的采集、生产、开发、处理、传播等形式，向上网公众提供的与信息相关的服务活动的总称"①，其不仅包括互联网信息内容本身，更重要的是体现互联网信息流转过程中涉及的主体关系和主体行为。这意味着，互联网信息服务治理更加强调对于主体角色、主体行为和主体关系等"主体要素内容"的理论考察。互联网信息服务之所以出现问题，是部分主体出现了主体角色冲突、行为偏差以及主体间关系无序化等原因造成的，例如公民因缺乏义务观念而未能积极监督检举等。基于此，互联网信息服务治理的重要目标，即聚焦各个主体，正向形塑主体角色，将主体行为纳入正确轨道，引导主体共同形成和谐有序的集体行动，这也构成了互联网信息服务协同治理的重要目标。

（3）良好的信息流转过程是互联网信息服务治理的重要目标。网络信息生态循环是网络信息生态系统与外部环境进行有效互动的动态过程，是保证网络信息生态系统的生命力和持续发展的关键。在互联网信息服务中，网络生态系统的生态循环即信息流转的过程。信息流转包括信息流动和信息转化，主要体现为信息在不同主体之间的流动。在信息流转的过程中，以不同的信息生态链为通道，信息能量得到传输、转化，在实现了网络信息生态系统生态循环的同时，保证了系统内部的能量守恒。因此，信息流转过程一直为互联网信息服务治理所着重关注。互联网信息服务治理的重要目标，即确保作为信息流转渠道的网络信息生态链的畅通，避免信息流转出现"梗阻"，并积极促进信息的转化。在互联网信息服务协同治理中，"协同治理过程"和"信息流转过程"的涉及要素、实践内容和作用场域是重合的，即互联网信息服务的协同治理过程，主要就是依托信息流转过程开展的。鉴于此，本书将互联网信息服务的协同治理"过程"和网络信息流转"过程"这两项要素统归到"过程"要素之中，并将其作为影响互联网信息服务协同治理的关键性要素之一。

基于上述分析，协同治理模型中的协同主体要素、协同过程要素和协同保障要素等要素，以及互联网信息服务协同治理呈现出的对价值理念、参与主体和信息流转过程的着重关注，均为明晰互联网信息服务协同治理的关键

---

① 魏娜，范梓腾，孟庆国．中国互联网信息服务治理机构网络关系演化与变迁——基于政策文献的量化考察［J］．公共管理学报，2019（2）：91-104，172-173．

性要素提供了重要的理论借鉴和参考资源。由于参与主体和协同主体要素、信息流转过程和协同过程要素的基本内涵、实践内容和作用场域高度一致，本书将参与主体和协同主体要素整合为"主体要素"，将信息流转过程和协同过程要素整合为"过程要素"。因此，本书最终将互联网信息服务协同治理所包含的核心要素界分为价值要素、主体要素、过程要素和保障要素，并将四大要素整合成为"价值—主体—过程—保障"四维分析框架，以期为探析互联网信息服务协同治理中的基本内涵、应然模式、现实困境和完善路径等重要议题提供系统、全面的分析视角。

三、"价值—主体—过程—保障"分析框架的主要内容

第一，中国互联网信息服务协同治理的价值体系。互联网信息服务协同治理的价值体系，应当是核心价值突出、根本价值鲜明、价值排序合理、多元价值共存的价值体系。互联网信息服务协同治理的核心价值主要包括"互联网信息服务"和"协同治理"两部分构成要件所蕴藏的价值理念，主要包括信息生态秩序与言论自由之间的平衡、主体理性与公共性实现之间的平衡、广泛民主参与和集中权威高效之间的平衡、治理成效最大化与经济诉求之间的平衡、信息技术发展与国家信息安全之间的平衡等价值关系。这些价值判断和价值关系决定了互联网信息服务协同治理的发展路向，直接从协同治理的顶层设计层面对互联网信息服务系统治理产生重要影响。

第二，中国互联网信息服务协同治理的参与主体。互联网信息服务协同治理的主体主要包括主体角色、动力机制和主体关系。其中，主体角色涉及角色定位、主体职责和行为规范等内容。在特定主体角色的驱动和规约下，协同治理中的各主体做出特定行为。动力机制是推动各主体参与协同治理的驱动力，包括内部动力机制和外部动力机制，前者是指从主体内部生成、作用的动力源，后者则是以外部环境中压力、激励等形式对主体进行驱动的动力源。主体关系则体现了互联网信息服务协同治理中主体间基本的关系结构，这将成为协同治理形成的基本框架，并为协同治理的后续发展提供关系基础。

第三，中国互联网信息服务协同治理的协同过程。互联网信息服务协同治理的协同过程主要包括协同治理的协同决策、决策落实和结果运用等环节，这些环节形成了从启动到产出的完整逻辑闭环。多元治理主体基于共同目标，在沟通、协商的基础上，形成了特定的承诺协议和行动方案，并通过功能互

补、平等互惠、协同行动等方式予以落实，同时进行全程监督。而在协同结果产出后，还存在后续环节，包括协同结果的反馈和修正、评估和考核、鼓励和问责等。当然，在互联网信息服务协同治理的协同过程中，正如上文所述，不同主体之间的重要协同过程，在决策、落实和产出等环节中的作用水平和影响效果并不相同，完全以"决策、落实和产出"三分法进行阐述，不仅过于刻板、僵化，而且将割裂协同过程，不利于完整阐述协同过程的运作逻辑。鉴于此，本书以不同主体之间形成的重要协同过程为论述载体，将决策、落实、产出等环节有机融合到上述载体中，从而更为清晰地将互联网信息服务的协同治理过程呈现出来。

第四，中国互联网信息服务协同治理的保障体系。互联网信息服务协同治理的保障体系融于各个协同治理的具体事项中，其作用贯穿于整个协同治理过程。学界在涉及互联网信息服务治理或协同治理的理论探讨中，很少将保障体系作为独立议题探讨。鉴于保障体系对于互联网信息服务协同治理的重要作用，本书将其作为核心要素之一单独进行探讨。结合互联网信息服务协同治理的实践进行审视，该保障体系主要包括制度规范、组织网络、信任水平和信息运用四大构成要件。其中：制度规范是保障体系的核心，制度规范通过实体规范和程序规范的形式，保障协同治理在合法有序的运行轨道内运行；组织网络主要呈现出党领导下联合党建所形成的组织联动效应，也包括协同治理的组织形式等问题；信任水平关系到主体间彼此的认同水平和合作水平，直接影响着协同治理的集体行动的形成、持续和发展；信息运用则是指多元主体协同过程中对于信息这一极其重要的治理资源的运用方式，主要包括信息共享、信息研判和信息储备等事项。

第二章
追根溯源：中国互联网信息服务治理的历史进程

中国互联网信息服务协同治理：应然模式与实践路径

20世纪80年代末期，中国政府开始通过资金、设备等支持方式，推动境内互联网的发展。在1994年中国正式接入国际互联网后，不仅国务院相继出台了《中华人民共和国计算机信息网络国际联网管理暂行规定》等行政法规，一大批互联网企业和互联网尖端人才亦如雨后春笋般涌现出来，网民数量急剧增长，互联网产业得到快速发展。"截至2023年6月，我国网民规模达10.79亿人，互联网普及率达76.4%；数字基础设施建设进一步加快，万物互联基础不断夯实；各类互联网应用持续发展，多类应用用户规模获得增长"①，10亿多网民的受众对象，开拓了巨大的互联网信息服务市场空间。随着中国互联网信息服务产业的快速发展，中国互联网信息服务治理的具体样态也随之变迁，如互联网直播信息服务、互联网微博客信息服务等。通过梳理中国互联网信息服务治理的历程可知，中国互联网信息服务治理的发展历程主要分为三大具体阶段，即政府"有为式"注重政府在场的时代，"中心-边缘式"政企二元的管理时代，以及协同要素渐趋浮现的治理时代。从互联网信息服务治理的发展历程审视，政府"有为式"监管阶段和政企二元"合作式"管理阶段有其存在的必然性和历史意义，且这两个阶段从主体、制度、机制和理念等方面孕育着下一阶段互联网信息服务治理的各项基础要素，在发展过程中呼吁构建更为高效、科学的互联网信息服务治理模式。协同治理模式是针对治理碎片化问题的解决方式，能够通过资源互补、利益协调等手段，整合各治理主体力量，使互联网信息服务治理的各方主体成为有机整体。协同治理模式的引入，无疑能够有效破解当前互联网信息服务治理碎片化的问题。随着政府行政理念的变革、互联网平台企业技术的发展和社会力量的发展，协同治理的各项条件愈益齐备，构建多元主体协同合作的协同治理模式，无疑成为新时代背景下推进中国互联网信息服务治理的可行路径。通过对中国互联网信息服务治理发展历程的梳理和分析，不仅可以明晰互联网信息服务治理的历史经验和发展脉络，亦可以从实践维度系统归纳构建、发展中国互联网信息服务协同治理模式的现实意义与实践价值，为构建、发展中国互联网信息服务协同治理模式提供经验证成。

---

① 10.79亿网民如何共享美好数字生活？——透视第52次《中国互联网络发展状况统计报告》[EB/OL].（2023-08-29）[2024-01-01]. http://www.cac.gov.cn/2023/08/29/c_1694965940144802.htm.

第一节 政府"有为式"的监管时代
（20世纪90年代初—21世纪初）

一、政府介入程度较高

新中国成立后，国家资源匮乏、百废待兴，又因恶劣国际环境的影响，以权威推动政策落实、高效配置各类资源、全力完成核心目标成为治国理政的重中之重。在这种情况下，各项产业发展、社会生活等方面均受到政府行政指令的规约，如城市中单位制社区的建立和发展，即这一时代的典型产物。从学理角度来看，此类型政府是特定时代的产物，符合"全能政府"的特征，即具备政治权力的无限性、政治执行的高效性和政治动员的广泛性等特征的政府类型。[1] 客观来讲，全能政府的存在是有其历史必然性的，尤其在计划经济时代，全能政府为国家重要产业发展、经济实力发展和人民安居乐业做出了不可磨灭的贡献。随着改革开放和市场经济的发展，"全能政府"逐渐向"有限政府"变革，权力的有限性、重视行政责任和注重经济手段等成为政府行政管理的显著特征。"总体来说，在互联网发展初期，治理机构、依据等方面都呈现出路径依赖的特点"[2]，在路径依赖的作用下，互联网信息服务监管初期，政府的网络监管部门强调一定程度的介入和控制，这既有路径依赖效应的影响，也是互联网信息服务监管初期政策工具不完善、监管理念有待革新的体现。如从该阶段的政策工具可以看出，1994—1999年的互联网监管政策中，"安全""规定""管理""保护""保密""审批"等有管制意味的词汇均为高频词[3]（见表2-1）。在该阶段，"政策内容既规定了包括机构、个人用户的互联网接入行为需得到相关部门的审批，同时还对互联网接入业务的经营活动进行了规范和限制。这一阶段对互联网治理的政策手段以审批、法律

---

[1] 席晓勤，郭坚刚. 全能主义政治与后全能主义社会的国家构建 [J]. 中共浙江省委党校学报，2003（4）：15-20.

[2] 李彦，曾润喜. 历史制度主义视角下的中国互联网治理制度变迁（1994—2019）[J]. 电子政务，2019（6）：32-40.

[3] 黄丽娜，黄璐，邵晓. 基于共词分析的中国互联网政策变迁：历史、逻辑与未来 [J]. 情报杂志，2019（5）：83-91，70.

法规和禁止性政策为主,体现出事前控制与强烈的政府高介入性色彩"[1]。

表 2-1 互联网政策高频词表 (1994—1999 年)

主题词	词频	主题词	词频
计算机	143	经营	32
联网	89	办法	29
安全	84	保密	25
规定	79	法律	24
管理	76	机构	22
信息系统	51	审批	22
接入	50	公安机关	21
保护	43	公用	19
互联网	42	使用	18
机关	34	法规	15

(资料来源:黄丽娜,黄璐,邵晓.基于共词分析的中国互联网政策变迁:历史、逻辑与未来[J].情报杂志,2019 (5):83-91, 70.)

二、政策工具以禁止性、限制性和处罚性规定为主

在早期互联网信息服务管理条款中,相关规定以禁止性、限制性和处罚性规定为主。在禁令规定方面,《高等学校计算机网络电子公告服务管理规定》(教社政〔2001〕10 号)规定,BBS 站用户应当遵守有关法规的规定,不得制作、复制、发布、传播含有九类违禁内容的信息。在整改规定方面,《计算机信息系统国际联网保密管理规定》(国保发〔1999〕10 号)规定,"存在明显威胁国家秘密信息安全隐患的部门或单位,保密工作部门应责令其进行整改"。《互联网医疗卫生信息服务管理办法》(卫办发〔2001〕3 号)则规定:"情节严重的,卫生行政部门建议信息产业主管部门关闭网站。"

在这种情况下,互联网信息服务领域从早期的无序乱象逐步变为有序状态。但是早期的互联网信息服务监管缺乏市场经济的思维和手段,为了实现

---

[1] 黄丽娜,黄璐,邵晓.基于共词分析的中国互联网政策变迁:历史、逻辑与未来[J].情报杂志,2019 (5):83-91, 70.

上级政策目标，运动式治理逐渐兴起。运动式治理的大量运用，固然具有周期短、见效快的优点，但其经济性较低等缺点暴露无遗，使互联网信息服务监管受到了冲击。随着互联网信息服务产业的快速发展和网民数量、从业人员的急速扩大，以及"互联网＋"在其他领域的逐渐运用，运动式治理愈发不适应互联网经济的发展，其对于互联网经济空间的挤压作用亦逐渐凸显。在这种情况下，随着中国行政体制改革的持续推进和政府职能的逐步转变，以及"有限政府""责任政府""法治政府""服务政府"等新型政府职能的逐渐形成，调控性、自主性管理手段得到越来越多的运用，中国互联网信息服务治理迈入兼顾行政和市场手段的管理阶段。

第二节 政企二元"中心-边缘式"的管理时代
（21世纪初—党的十八大）

进入21世纪初期，中国行政体制改革逐步深化，政府定位和政府职能向"有限政府""责任政府""法治政府""服务政府"等理念发展。"为政最重要的一个规律是：一切政体都应订立法制并安排它的经济体系，使执政和属官不能假借公职，营求私利。"① 在上述的政府定位下，政府行政行为更为注重权力的有限性、权责对等性，以及注重"依法行政"，更大限度地依托市场手段，并注重以更为平等的方式，与其他主体进行有限的沟通和协商。聚焦到互联网信息服务治理领域，政府的互联网信息服务监管功能逐渐向互联网信息服务管理职能转变，更加注重兼顾运用行政命令和经济手段等方式，领导、组织并协调各方力量实现管理目标。

一、多维度政策工具的综合运用

互联网信息服务管理更强调综合运用各类型政策工具，更多地运用调控型政策工具、自愿型政策工具等。如在调控型政策工具维度，2005年9月国务院新闻办公室、信息产业部发布的《互联网新闻信息服务管理规定》规定，"互联网新闻信息服务单位从事互联网新闻信息服务，应当

---

① 亚里士多德. 政治学 [M]. 吴寿彭，译. 北京：商务印书馆，1965：269.

遵守宪法、法律和法规，坚持为人民服务、为社会主义服务的方向"。在制度规定中，更多地运用"应当""方向"等引导性词汇，以调控性指令规范互联网信息服务相关主体的行为，为主体的生存、发展提供更多空间。而在自愿型政策工具维度，2011年修订后的《互联网文化管理暂行规定》规定，"互联网文化单位应当建立自审制度，明确专门部门，配备专业人员负责互联网文化产品内容和活动的自查与管理"。此类政策工具以形塑政策导向为作用方式，对管理底线的设定更为宽松，制度执行者具备更为灵活的选择空间。

二、实现形式主要依托政企二元结构

在互联网信息服务管理阶段，互联网信息服务管理的主要实现形式呈现为政企二元"中心-边缘式"，即在实际的信息服务管理过程中，各级政府与互联网平台企业作为二元主要的管理主体，政府作为委托方，以类"外包"的形式，将互联网信息服务管理的相关事项及任务发包给作为代理方的互联网平台企业，主要由互联网平台企业对平台用户直接或间接生产的信息、信息行为进行管理，对互联网信息服务进行"自我管理"。而政府网信部门作为委托方，主要通过考核、约束经济收益等形式，对互联网平台企业的行为进行控制。"在涉及公共利益的网络管理领域拥有法定的正式权威，这种正式权威使其能够对互联网企业进行任务发包与结果考核，并且依据考核结果决定奖惩措施。"[①]在这种情况下，政府网信部门让渡部分权力、给予互联网平台企业一定的政策和资源支持，来换取互联网平台企业代行部分监管职责，而非一味采取强制性管控方式来规范互联网信息服务。

三、社会力量参与水平有所提升

随着网民数量的极速增加，中国互联网信息服务管理领域中社会力量的参与水平亦有所提升。自2005年起，WEB 2.0时代到来，网络博客、微博、微信等信息服务平台的发展、成熟，使互联网信息服务用户兼具信息服务的生产者、传播者和使用者等多元角色，网民们可以通过分享信息链接、在微

---

① 于洋，马婷婷. 政企发包：双重约束下的互联网治理模式——基于互联网信息内容治理的研究[J]. 公共管理学报，2018（3）：117-128，159.

第二章 追根溯源：中国互联网信息服务治理的历史进程

博平台辟谣、进行网络监督和举报等多种方式，与其他治理主体形成虚拟连接，并参与到互联网信息服务管理中。网络与电视的区别在于，在使用网络的过程中，网民不仅是被动的信息接收方，网络更是一个交互的平台，是同他人获得连接的窗口。除此之外，网络社会组织快速发展，"截至2015年10月，中国已有546家各类网络社会组织"①，这些网络社会组织在吸纳公民参与、团结社会力量等方面发挥着重要作用。

在互联网信息服务管理阶段，政策工具更趋向多元化、综合化、合理化，而且政府、市场和社会的多元主体合作格局初步形成。

第一，多元主体之间难以形成良好的合作关系，治理效率较低。主体之间难以展开有效合作，依然存在"单打独斗"的问题，如互联网行业协会存在角色冲突、行业自律不健全，以及参与网络治理空间不足、制度和机制不完善等问题，难以与其他主体展开有效合作②；由于公民文化匮乏等原因，公民参与互联网管理的成效严重受限③。由于多元主体间难以形成合理有效的资源配置、功能互补和分工协作的合作共治局面，互联网信息服务管理工作存在无序、低效等治理碎片化现象，整合各方主体功能、提升主体协作水平一定程度上成为阻碍发展的约束条件。

第二，在互联网信息服务管理中，存在互联网平台企业"过度履责"的现象，这严重阻碍了政企这一互联网信息服务管理中最为重要的合作关系的形成与发展。如在《互联网食品药品信息服务管理办法》等制度规定中大幅强化互联网平台企业的监管责任，但是互联网平台企业与制造业企业一样，专精于特定信息技术和业务领域，对于业务领域外的信息缺乏足够的鉴别能力和监管手段。而在实践中，有的平台企业还会面临责权不对等的情况，企业可能会对履行义务获得的收益、无视义务得到的制裁进行利弊权衡，或采取变通手段弱化自身履责，或因惩处过度而影响自身生存发展。这必然会降低互联网平台企业的自律效率，并造成部分平台企业在与其他主体展开合作时表现出抵触态度，显然不利于各主体之间构建良性合作关系。

---

① 鲁春丛．中国互联网治理的成就与前景展望［J］．人民论坛，2016（4）：28-30．
② 王湘军，刘莉．从边缘走向中坚：互联网行业协会参与网络治理论析［J］．北京行政学院学报，2019（1）：61-70．
③ 马长山．网络空间治理中的公民文化塑造［J］．内蒙古社会科学（汉文版），2018（4）：105-109．

第三节　协同要素"理念—机制"浮现的治理时代（党的十八大至今）

党的十八大以来，以习近平同志为核心的党中央十分重视互联网信息服务治理工作。党的二十大报告指出，"健全网络综合治理体系，推动形成良好网络生态"①。面对互联网信息服务管理阶段呈现出的现实问题，以习近平同志为核心的党中央审时度势，中国互联网信息服务治理工作取得显著成效。党的十八大以来，中国互联网信息服务治理主要呈现出以下两方面显著特征。

一、注重党的统一领导与主体资源整合

注重党对于互联网信息服务治理的集中统一领导，将多元主体、资源和事项整合为有机整体。习近平总书记指出，"要加强党中央对网信工作的集中统一领导，确保网信事业始终沿着正确方向前进"②。在互联网信息服务治理中，应当坚持党的领导，通过充分发挥党的领导的"元治理"作用，达成互联网信息服务治理中主体有效合作、利益充分整合、资源合理配置、功能合理互补等一系列治理目标，最终实现互联网信息服务领域的"善治"。具言之，所谓"元治理"，是指以决策制定、强化合作、共同行动的方式应对传统治理模式缺陷的治理理念和治理模式③，而其中发挥最为核心作用的是对于治理的"治理"，是对科层制和市场等治理要素的混合治理模式进行完善的主导者，即元治理主体。在我国国家治理中，党组织是元治理主体，其发挥元治理职能，可以从全局规划、统筹安排参与主体结构、治理资源、事项议程和动态调整等方面推动治理工作，如筛滤具备高度合作意向的主体进行参与，统筹调配资金、互联网人才、技术设备等治理资源，在调研后设定互联网信

---

① 习近平. 高举中国特色社会主义伟大旗帜　为全面建设社会主义现代化国家而团结奋斗——在中国共产党第二十次全国代表大会上的报告［M］. 北京：人民出版社，2022：44.

② 习近平关于互联网的重要论断［EB/OL］.（2019-03-06）［2021-01-03］. http：//www.cac.gov.cn/2019-03/06/c_1124198981.htm.

③ Michael Kull, Pekka Kettunen. Local Governance, Decentralization and Participation：Meta-Governance Perspectives-Introduction to the Special Issue［J］. *Halduskultuur-Administrative Culture*，2013（1）：4-10.

息服务不同层次和阶段的治理目标，并根据互联网信息服务治理决策的实践效果，组织落实政策的调整和完善工作。如2014年，我国成立了中央网络安全和信息化领导小组，各省市亦建立了类似机构，这有利于发挥党的集中统一领导作用、统筹协调各个领域的网络安全和信息化重大问题，制定实施网络安全和信息化宏观战略和重要政策；而且各级党组织的宣传部部长兼任网信办主任，亦强化了党组织对互联网信息服务治理的领导和协调。正如学者郑振宇所言："党要加强统一领导和协调，明确划分党、政府、互联网平台企业、网络社会组织、网民等各治理主体的权力与责任，使各治理主体既能各司其职、各负其责，又能高效合作、良性互动，发挥出治理的整体合力。"①除此之外，各级党组织亦可以将自身组织网络嵌入政策网络之中，依托政治权威组织，动员各方主体力量展开协同合作，并通过党内决策和党内问责等形式，将行政任务转化为政治任务，将政策压力层层传导下去。例如，随着党的十八大以来，两新组织党建快速发展，互联网行业协会党建和互联网平台企业党建亦颇有成效。阿里巴巴、腾讯、网易、丁香园等龙头互联网平台企业均建立了基层党组织、积极发展党员，将"互联网＋"的技术优势与企业党建相结合，开展了丰富多样的组织活动。通过企业党建，部分互联网行业协会和互联网平台企业能够在互联网信息服务治理中贯彻落实党的方针政策，并积极配合其他治理主体实现治理目标。

二、多元主体协同导向、场域与机制渐趋明晰

多元主体协同治理的治理格局初步形成。随着互联网信息服务技术的动态迭代和产品的不断发展，互联网信息服务治理的事项更为复杂。鉴于此，无论各级党组织、政府网信部门、网络社会组织、互联网平台企业抑或公民，各主体均意识到进行分工协作、协同合作的重要性，只有各主体在相互信任、互惠互利的基础上，合理进行资源调配，推动各方功能互补，关切主体合理权益，真正实现"共建、共治和共享"，既有的碎片化治理困境才能得到破解，互联网信息服务治理才能真正实现有效、高效的治理目标。在这种现状下，协同治理成为当下互联网信息服务治理的主要趋势。

具体而言，首先，多元主体协同方向初步形成。现阶段，各类治理主体

---

① 郑振宇．改革开放以来我国互联网治理的演变历程与基本经验［J］．马克思主义研究，2019（1）：58-67．

对于在互联网信息服务治理场域中进行协同治理的合法性已然初步明晰。一方面体现在对各类互联网信息服务进行协同治理是当下情境的理想选择已成共识。在具体的制度规定中，呈现出愈来愈多具备"协同治理"意涵的政策条款，如：国家互联网信息办公室于2019年颁布的《网络信息内容生态治理规定》中第三十三条规定，"各级网信部门建立政府、企业、社会、网民等主体共同参与的监督评价机制，定期对本行政区域内网络信息内容服务平台生态治理情况进行评估"；国家互联网信息办公室于2017年颁布的《互联网群组信息服务管理规定》第五条则规定，"互联网群组信息服务提供者应当制定并公开管理规则和平台公约，与使用者签订服务协议，明确双方权利义务"。这就标示着由政府、平台、公众所构成的互联网社会治理体系逐渐成为新时代中国互联网治理的新趋势，互联网治理从高介入性的"政府管理"正逐渐向多方参与的"共同治理"过渡。另一方面体现在明晰了应当开展协同治理的互联网信息服务场域，即在何种类别的信息服务样态中进行协同治理亦较为清晰。这一点可以从近年来颁行的各类规范性文件中窥斑见豹，如《互联网用户公众账号信息服务管理规定》《网络音视频信息服务管理规定》《微博客信息服务管理规定》《互联网群组信息服务管理规定》《互联网跟帖评论服务管理规定》《互联网论坛社区服务管理规定》《移动互联网应用程序信息服务管理规定》《互联网用户账号名称管理规定》《即时通信工具公众信息服务发展管理暂行规定》中均谈及具有协同意涵的论述，如："鼓励互联网行业组织开展公众评议，推动公众账号信息服务平台和生产运营者严格自律，建立多方参与的权威调解机制，公平合理解决行业纠纷，依法维护用户合法权益"。

其次，各类协同主体在场与运行机制初具形态。一方面，是新型治理主体的入场及边缘型治理主体的在场。各级党组织的宣传部部长兼任网信办主任，呈现了治理时代互联网信息服务治理中党组织的领导作用。此外，在上一阶段处于边缘位置的行业协会主体在这一时期得到了关注，如《微博客信息服务管理规定》中，有如下表述："国家鼓励和指导互联网行业组织建立健全微博客行业自律制度和行业准则，推动微博客行业信用等级评价和信用体系建设，督促微博客服务提供者依法提供服务、接受社会监督。"《关于加强网络直播规范管理工作的指导意见》第十三条中亦提到："发挥行业组织作用。网络社会组织要积极发挥桥梁纽带作用，大力倡导行业自律……为网络直播行业健康有序发展营造良好氛围。"《移动互联网应用程序信息服务管理规定》等同类型规范性文件及政策文件中均有此类表述。另一方面，各主体

第二章 追根溯源：中国互联网信息服务治理的历史进程

共同参与的运行机制有渐趋完善的形态。主要体现在政府部门内部的信息共享、联合执法和会商通报等机制，政府外部各级网信部门与互联网平台企业、社会和网民建立了监督机制与评价机制。如《互联网用户公众账号信息服务管理规定》中谈及，"公众账号信息服务平台应当在显著位置设置便捷的投诉举报入口和申诉渠道……健全受理、甄别、处置、反馈等机制，明确处理流程和反馈时限，及时处理公众投诉举报和生产运营者申诉"，"建立多方参与的权威调解机制，公平合理解决行业纠纷，依法维护用户合法权益"。《网络信息内容生态治理规定》中亦谈及，"各级网信部门建立政府、企业、社会、网民等主体共同参与的监督评价机制，定期对本行政区域内网络信息内容服务平台生态治理情况进行评估"。

综上所述，党的十八大以来，无论是互联网信息服务治理中"党的领导"对主体、资源和功能的协调与整合作用，抑或是多元主体协同治理的治理格局初步形成，均凸显出新时代背景下互联网信息服务治理中各主体协同治理的现实意义和主流趋势。只有在党的领导下，"政府、网络媒体、意见领袖、社会组织和普通网民在沟通、协调、合作的基础上，通过信息资源优化配置和行动能力整合互补，发挥共同作用"[①]，互联网信息服务治理才能实现成效最大化的目标。然而，协同治理体系依然具备较大的发展空间，这也为下一步理论层面的探索提供了切入点。

基于此，本书紧密贴合互联网信息服务治理中"协同治理"的主流发展趋势，构建、完善党领导下的互联网信息服务协同治理的理论模式和发展路径。当前协同的要素已经孕育且趋势明显，如何根据理论指导和现实需求，系统地从理论层面构建互联网信息服务协同治理的模式，并在此基础上实现理论和实践的融合和互促，就成为当前理论界亟待回应与深入研究的理论命题，这也是本书的核心研究议题。

---

① 周毅，吉顺权. 网络空间多元主体协同治理模式构建研究 [J]. 电子政务，2016 (7)：2-11.

第三章
从"碎片式发包"到"全要素协同":中国互联网信息服务治理现状及协同出场

第一节 "碎片式发包":中国互联网信息服务治理现状

一、分析方法

在本部分中,旨在通过对通讯报道的文本内容进行分析,描绘当下中国互联网信息服务治理图景。文本内容分析法是在公开的文本资料中提炼出与自身研究主题相关的理论内涵,并在一定程度上理顺其逻辑。[①] 具体而言,文本内容分析法所使用的基本分析单元是可公开看到的文本,如政策法条、新闻报道等文本;而运用这一研究方法的旨归在于将研究主题相关的本质事实进行展示,并对与事实相关的发展脉络进行描画。[②] 基于上述分析,本书主要运用文本内容分析法,以期从已经获取的通讯报道文本和访谈文本中析出中国互联网信息服务治理的现实境况。

二、数据来源

在大数据背景下,新闻报道以其所承载信息的海量性、即时性等特点,成为社会公众获取所需信息的重要来源。此类信息的"集中点"在某种程度上反映了社会上的"痛点""难点"问题,在此意义层面,此类信息亦被运用于学术研究中。通过对相关研究主题的新闻报道进行数据挖掘及分析,可以较为深刻、全面地展示这一研究主题的现实境况。本部分以中国互联网信息服务治理作为研究对象,梳理了来自人民网、澎湃新闻和搜狐新闻的相关新闻报道。选取人民网、澎湃新闻和搜狐新闻作为文本来源,主要基于以下考量:人民网是由《人民日报》建设而成的网络信息发布平台,在中国重点新闻网站中位居前列;澎湃新闻是时政思想类互联网平台,以原创新闻与时评分析为主要栏目;搜狐新闻是24小时提供时政新闻的专业时事报道门户网站。

[①] 卢泰宏. 信息分析法 [M]. 广州:中山大学出版社,1988:6.
[②] 李钢,蓝石,等. 公共政策内容分析方法:理论与应用 [M]. 重庆:重庆大学出版社,2007:4.

第三章 从"碎片式发包"到"全要素协同":中国互联网信息服务治理现状及协同出场

上述互联网新闻平台中的相关主题新闻报道能较为清晰、直观、全面和高真实度地反映中国互联网信息服务协同治理的现状及问题。

在这三大互联网新闻平台上,对"互联网信息服务治理""互联网信息服务监管""网络内容治理""网络内容监管""网络直播信息服务治理""微博客信息服务治理""自媒体信息服务治理"等内容(为使获取信息的针对性更强,除整体性的互联网信息服务治理的内容,本部分还对具体、典型及呈现问题较多的互联网信息服务样态进行了检索)进行模糊检索,并对检索所得的新闻报道进行采集及筛选。采集及筛选的标准包括两方面:一方面是从主题上看,应高度相关,即不同视角下,该文本与中国互联网信息服务治理是密切相关的;另一方面是从内容上看,相关主题新闻报道的内容应较为规范且完整,检索出的新闻报道涵盖官方媒体报道、学者观点及政府官员时评等类别的内容,均为表意明确、清晰、完整的文本。对于不符合上述二维标准的文本,则予以剔除。

通过采集及筛选,一共获取符合要求的新闻报道文本 1407 份,这些文本的时间跨度是 2012 年至 2021 年,但是大部分集中于 2015 年之后。①

三、研究过程

(一)样本选取

本研究的数据源来自人民网、澎湃新闻和搜狐新闻的 1407 篇新闻报道文本。正式开始编码之前,通过阅读大量的新闻报道文本,了解中国互联网信息服务治理的基本样态及特征,并据此选出 227 份新闻报道文本,对其进行编码。遵循问题导向,在笔者围绕"中国互联网信息服务治理现状及主要问题"进行独立编码后,由另外两名科研人员(研究方向相近的博士研究生两人)针对笔者提取的信息和编码进行筛选、补充和修改,以最大限度地保证编码的客观性和学理性。

---

① 本部分以党的十八大召开后的 2012 年 11 月 15 日为时间节点。党的十八大召开后,国家关于互联网信息服务治理的战略部署、政策方针呈现出较为集中的变化,故以此为节点,可以较为科学地展示出本阶段中国互联网信息服务治理的特点,并最大限度地为后续完善提供依托。

(二) 词频统计

词频统计的作用即最大限度地反映文本的核心思想和主旨呈现。对文本的分析和相关概念范畴的逐层析出具有重要的参考价值,运用 Nvivo 11.0 软件的词频查询功能,在剔除无实质意义的词汇后,将筛选后的高频词汇进行统计,形成如下高频词汇统计表(见表 3-1)。

表 3-1 高频词汇统计表

高频词	频次	高频词	频次
平台	1368	协同	198
企业	732	市场	189
用户	690	审核	183
生态	642	秩序	162
技术	532	法规	144
政府	534	处罚	141
违法	531	执法	132
违规	369	综合治理	114
服务	300	价值	111
举报	294	政策	111
利益	270	理念	105
机制	264	负责人	105
低效	261	监管部门	84
结构	261	规则	78
协作	252	协会	75
制度	240	法治	75
媒体	219	反复无常	33
依法	219		

(资料来源:笔者自制)

第三章 从"碎片式发包"到"全要素协同":中国互联网信息服务治理现状及协同出场

(三)文本编码

在此部分内容中,针对中国互联网信息服务治理的现状问题,基于搜集到的新闻报道文本,通过三级编码过程来进行逐级析出。

1. 编码覆盖率统计

通过对现有文本进行逐行编码,形成初始概念、范畴和主范畴及其内在逻辑。对文本编码进行编码覆盖率统计,较高的文本编码覆盖率可以更大程度上反映文本内容。本部分内容生成的编码覆盖率较高,结构维度为37.55%,过程维度为30.31%,结果维度28.12%,客观因素6.55%(见图3-1)。

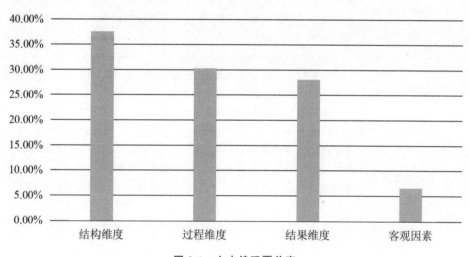

图 3-1 文本编码覆盖率

(资料来源:作者自制)

2. 三级编码

一是开放性编码。开放性编码是指通过对原始资料进行分析和编码,逐步对其进行概念化、范畴化,进而形成初始范畴的过程。具体而言,即通过对导入的文本进行排列、组合、再编码等步骤,形成初始范畴(A1…An)。本书利用 Nvivo 11.0 软件获得编码节点,包括"利益导向""过分倚重平台""信息过度超载与干扰""信息场域置换""高压治理态势"等节点。囿于篇幅限制,本书将部分编码结果进行了整理,展示如下(见表3-2)。

表 3-2 文本开放性编码（代表性部分）

初始范畴	原始文本（代表性表述）
A1 主体推诿责任	"说到底，仍旧是直播平台主体责任失守、责任篱笆松动所致。……大企业要有大企业的担当和样子……如果直播平台和企业真正想管、愿管、努力管，种种乱象完全是可以被扼杀在摇篮之中，或者及时被掐灭的"①； "当前，一些平台利用自己掌握的数据、技术、资本等不对等优势，单方面制定所谓'霸王条款''免责协议'……"②
A5 平台得过且过	"一些头部短视频平台处理'过线内容'反应更快，但另一些大型平台则要求'有一定数量的用户举报才会进行处置'……只要不被监管部门'抓现行'，对能带来规模流量的内容，部分平台宁愿'睁一只眼闭一只眼'"③
A6 利益导向	"浏览器主要靠自身流量吸引广告商来投广告，对广告收入依赖程度大，在打击违法广告方面自然动力不足"④； "涉黄信息流量大，令部分平台和账号经营者'欲罢不能'"⑤
A11 过分倚重平台	"网络内容监管倚重平台的同时，还必须认识到平台能力的局限性。网络内容平台作为看门人缺乏政府机构所具有的权力，如果这使其在履行监管职责中呈现出孱弱的一面，就需要对之进行优化"⑥

---

① 人民网评：乱象频出 直播平台需真正扎稳责任篱笆[EB/OL]．(2019-11-21) [2021-09-01]．https：//baijiahao．baidu．com/s? id=16507548083581550033&wfr=spider&for=pc．

② 明确了！禁止交易买卖！[EB/OL]．(2021-01-26) [2021-09-03]．https：//www．sohu．com/a/446795848_338398．

③ "喝喝喝"的背后，谁在"呵呵呵"? [EB/OL]．(2021-04-09) [2021-09-03]．https：//www．sohu．com/a/459717145_160386．

④ 整治网络"牛皮癣" 互联网平台需主动担责[EB/OL]．(2019-08-16) [2021-09-05]．https：//baijiahao．baidu．com/s? id=1641980388209101270&wfr=spider&for=pc．

⑤ 姜伟超，马希平，田晨旭．部分平台"黄毒"清理难：黑话掩护涉黄交易，有青少年参与[EB/OL]．(2021-04-13) [2021-09-05]．https：//www．the paper．cn/newsDetail_forward_12172311．

⑥ 马秀秀．网络音频社交内容治理困境如何破? 报告提四点对策建议[EB/OL]．(2020-12-03) [2021-09-05]．http：//5gcenter．people．cn/n1/2020/1203/c430159-31953513．html．

续表

初始范畴	原始文本（代表性表述）
A13 传统治理模式遭挑战	"从根本上说，还在于共建共治共享的网络社会治理格局尚未完全形成，'碎片化'管理容易导致网络社会治理失灵……"①；"政府管理模式和技术监管手段较为滞后，难以适应网络内容生产和传播技术的快速进化……"②
A20 倚重专项行动	"如果给这一年的网络生态提炼一个关键字的话，非'治'莫属。这一年，从《网络信息内容生态治理规定》的正式施行，到公安部的'净网'行动、国家网信办的'清朗'行动……"③
A21 头痛医头、脚痛医脚	"网民反映强烈的网络直播'打赏'严重冲击主流价值观等行业突出问题，针对'学而思网校'移动应用程序存在低俗视频、教唆早恋内容等突出问题，相关部门也均进行了依法查处……"④；"治理网络'毒疮'亟待制定规范……"⑤
A23 重事后即时效果	"促进网络传播秩序明显好转，互联网行业会更加风清气正，人民群众将直接受益……"⑥
A30 技术难题反反复复	"受制于机器识别的算法水平，难免有内容的'漏网之鱼'，而人工处理又需要时间……"⑦

---

① 苏慧. 加快推进网络社会治理升级 [EB/OL]. (2020-08-03) [2021-09-05]. http://theory.people.com.cn/n1/2020/0803/c40531-31807333.html.

② 谢新洲. 加强网络内容建设 营造风清气正的网络空间 [EB/OL]. (2019-02-26) [2021-09-05]. http://theory.people.com.cn/n1/2019/0226/c40531-30902020.html.

③ 郝娴宇. 从"净网"到"清朗"，网络内容生态治理仍任重道远 [EB/OL]. (2020-12-30) [2021-09-07]. http://www.banyuetan.org/jrt/detail/20201230/1000200033134991609294376727531615_1.html.

④ 保持高压态势治理网络乱象 [EB/OL]. (2020-10-28) [2021-09-05]. http://media.people.com.cn/n1/2020/1028/c40606-31908507.html.

⑤ 治理"网络毒疮"亟待制定规范 [EB/OL]. (2020-10-27) [2021-09-05]. http://it.people.com.cn/n1/2020/1027/c1009-31907159.html.

⑥ 人民网评：网络治理"亮利剑出重拳"契合民众期盼 [EB/OL]. (2020-7-25) [2021-09-05]. http://it.people.com.cn/n1/2020/1027/c1009-31907159.html.

⑦ 家教机涉黄怎能甩锅了事 [EB/OL]. (2020-07-08) [2021-09-05]. https://m.gmw.cn/baijia/2020-07/08/1301349851.html.

续表

初始范畴	原始文本（代表性表述）
A36 生产者严守底线	"由主管部门牵头制定网络内容生产'红线'标准……"①
A37 划定政治底线和道德底线	"以法律规范清晰划定网络信息的政治底线和道德底线……"②
A39 信息变异	"低俗内容改头换面藏匿深……附着在 App 上的低俗内容，一方面不容易为 App 使用者以外的人察觉，另一方面也更容易'击中'目标对象……"③
A40 信息过度超载与干扰	"……技术化、智能化带来海量信息流，给网络内容治理带来前所未有的困难与挑战……"④； "迅速增长的海量信息和数据，现行的集中化管理手段和跟随型监管技术难以有效满足信息把关和处置需求……"⑤
A41 信息场域置换	"违法内容通常出现在互联网平台的热搜、直播、评论中，网民点击内容进入主页后，'引流'人员……试图将聊天场景转移到私人平台。也就是说，违规内容、行为通常是从公域进入私域……"⑥

---

① 谢新洲. 加强网络内容建设 营造风清气正的网络空间［EB/OL］. （2019-02-26）［2021-09-05］. http：//theory.people.com.cn/n1/2019/0226/c40531-30902020.html.

② 郁建兴. 法律治理是维护网络安全的重要手段［EB/OL］. （2019-08-30）［2021-09-05］. https：//baijiahao.baidu.com/s? id=1643249331522884826&wfr=spider&for=pc.

③ 马立新，丁鲁哲. App 不能成为低俗网络内容的避风港［EB/OL］. （2019-12-04）［2021-09-05］. https：//baijiahao.baidu.com/s? id=1651941492058414390&wfr=spider&for=pc.

④ 谢新洲. 加强网络内容建设 营造风清气正的网络空间［EB/OL］. （2019-02-26）［2021-09-05］. http：//theory.people.com.cn/n1/2019/0226/c40531-30902020.html.

⑤ 谢新洲. 加强网络内容建设 营造风清气正的网络空间［EB/OL］. （2019-02-26）［2021-09-05］. http：//theory.people.com.cn/n1/2019/0226/c40531-30902020.html.

⑥ 治理网络黑产需多方协作［EB/OL］. （2020-12-10）［2021-09-05］. https：//m.gmw.cn/baijia/2020-12/10/1301923253.html.

第三章 从"碎片式发包"到"全要素协同":中国互联网信息服务治理现状及协同出场

续表

初始范畴	原始文本(代表性表述)
A43 高压治理态势	"最严网络信息内容治理规定出台……"①; "形成了高压持久态势……网络传播的方式以及影响范围,都进行了一个立体的肃清……"②; "监管部门坚持从重处罚、顶格处罚、'数罪并罚'……"③
A44 网络乱象反复无常	"屡禁不止、恶意营销死灰复燃等问题依然存在,必须引起高度重视"④

(资料来源:整理自新闻报道的原始文本)

二是主轴性编码。主轴性编码是在开放性编码的基础上,将开放性编码得到的初始概念进行比较归纳,形成范畴并分析范畴的内涵,并厘清初始概念与范畴之间的概念类属关系。本研究将经由开放性编码所得到的节点进行归纳分析,总结出 12 个范畴,展示如下(见表 3-3)。

表 3-3 文本主轴性编码

范畴	初始范畴
B1 有限协作	A1 主体推诿责任
	A2 内生动力缺乏
	A3 主体身份冲突
	A4 严令行政框架
	A5 平台得过且过
	A6 利益导向
	A7 平台履职不当
	A8 平台知法犯法
B2 平台全责	A9 平台主体责任

---

① 王春晖. 人民来论:读懂最严网络信息内容治理规定 [EB/OL]. (2020-03-03) [2021-09-05]. http://opinion.people.com.cn/n1/2020/0303/c431649-31615402.html.
② 保持高压态势治理网络乱象 [EB/OL]. (2020-10-30) [2021-09-05]. https://www.thepaper.cn/newsDetail_forward_9782790.
③ 未成年人网络环境"预报式治理"值得期待 [EB/OL]. (2020-07-16) [2021-09-05]. https://m.thepaper.cn/baijiahao_8309375.
④ 胡一峰. 治理网络营销号须打破流量崇拜 [EB/OL]. (2021-03-08) [2021-09-05]. http://finance.people.com.cn/n1/2021/0308/c1004-32045345.html.

续表

范畴	初始范畴
B3 路径依赖	A10 行政主导模式
	A11 过分倚重平台
	A12 二元对立模式
B4 治理模式滞后	A13 传统治理模式遭挑战
	A14 开展预报式治理
	A15 开展网络综合治理
	A16 开展网络内容生态治理
	A17 加强常规治理与应急治理结合
B5 结果导向	A18 追求短期效果
	A19 治理过程粗放
	A20 倚重专项行动
	A21 头痛医头、脚痛医脚
	A22 快速清除问题达到效果
	A23 重事后即时效果
B6 监管不力	A24 审核监管不及时不全面
	A25 监管部门需加强履责
B7 理念匮乏	A26 以人为本服务理念
	A27 社会主义核心价值观理念
	A28 树立秩序、协同与平衡理念
	A29 创新治理理念
B8 技术困扰	A30 技术难题反反复复
	A31 技术滥用问题
	A32 技术鸿沟
	A33 治理防护漏洞
B9 兜底思维	A34 提高行业底线
	A35 使用者严守底线
	A36 生产者严守底线
	A37 划定政治底线和道德底线

第三章 从"碎片式发包"到"全要素协同":中国互联网信息服务治理现状及协同出场

续表

范畴	初始范畴
B10 治理低效	A38 治标不治本
	A39 信息变异
	A40 信息过度超载与干扰
	A41 信息场域置换
B11 行政维稳	A42 坚持问题导向,加大治理力度
	A43 高压治理态势
	A44 网络乱象反复无常
B12 外在环境	A45 互联网不正当竞争扰乱秩序
	A46 法律法规不健全

(资料来源:作者自制)

三是核心性编码。核心性编码是指在开放性编码与主轴性编码已经形成初始概念与范畴的基础上,总结出主范畴,并分析主范畴、对应范畴和初始概念之间的内在逻辑关系,以及与所研究主题的适配关系。基于上述分析,核心性编码是三级编码的最后一环,亦是最关键的一环,经由核心性编码,各类范畴形成有机整体,共同作用于对中国互联网信息服务治理的现状及问题的理论解释。通过深入分析12个范畴,本研究提炼出结构维度、过程维度、结果维度和客观环境等与研究主题相关的主范畴,展示如下(见表3-4)。

表 3-4 文本核心性编码

主范畴	对应范畴	具体解释
A1 结构维度	B1 有限协作	政府与互联网平台企业间协作的场域、样态、程度与水平有限
	B2 平台全责	由互联网平台企业承担全部或绝大部分互联网信息服务治理责任
	B3 路径依赖	主体间关系依循"强监管时代"或"管理时代"的建构模式
A2 过程维度	B4 治理模式滞后	当前的互联网信息服务治理模式在过程上无法有效回应信息、技术和价值等方面的需求
	B5 结果导向	当前治理过程更强调治理结果,追求即时效果与短期效用

续表

主范畴	对应范畴	具体解释
A2 过程维度	B6 监管不力	部分部门存在不作为或监管乏力的情况
	B7 理念匮乏	当前治理过程缺乏科学、善治导向的治理理念
	B8 技术困扰	当前治理过程面临技术带来的治理挑战与较难克服的技术难题
	B9 兜底思维	不注重过程治理、动态治理，更注重在出现重大问题时的应急治理与专项治理，以达到防止出现重大负面信息事件及不可控效果的目的
A3 结果维度	B10 治理低效	治理效能低下，无法满足互联网信息服务治理效能的需求
	B11 行政维稳	治理结果体现了行政维稳思维
A4 客观环境	B12 外在环境	互联网信息服务治理受到客观环境的影响

（资料来源：作者自制）

四、理论分析

根据编码显示，当前中国互联网信息服务治理虽然取得了较大成效，但是依然存在以下较为突出的现实问题，这些问题呈现了治理中主要的现实需求。

（一）治理结构层面：主体间关系不够紧密

当前互联网信息服务治理主体间的互动，主要呈现为有限协作的方式，导致主体这一治理要素及其附属的治理资源未能被有效运用于治理目标中。各类型的互联网信息服务，均呈现出多主体性的特征，即互联网信息服务中涉及信息的供给者、加工者、传播者和使用者，互联网信息服务治理即上述主体"对互联网信息服务活动的管理、处理、控制等一系列行为和方式的总和"[1]，这表征了互联网信息服务治理注重"主体"的显著特征，诸多治理主体之间的互动构成了错综复杂的治理网络。无论是互联网信息服务强调信息

---

[1] 魏娜，范梓腾，孟庆国. 中国互联网信息服务治理机构网络关系演化与变迁——基于政策文献的量化考察 [J]. 公共管理学报，2019（2）：91-104，172-173.

第三章 从"碎片式发包"到"全要素协同":中国互联网信息服务治理现状及协同出场

的供给者、加工者、传播者和使用者等主体的地位和作用,抑或信息服务治理中网络信息生态系统需要各子系统(主体)勠力同心、维护生态平衡等,互联网信息服务治理强调的核心,都是主体间的互动和相互作用。互联网信息服务治理要求以适当、良好的主体间互动关系作为支撑,这不是偶发性的,而是常态化和可持续的。

文本内容分析中显示的互联网信息服务治理中的部分主体间的互动存在缺乏合作的内生动力、互相推诿责任和追求利益导向等情况,这导致部分主体之间难以就利益分歧进行调解并形成有效共识。由于主体间的互动呈现出离散性、被动性,互联网信息服务中最重要的要素——主体呈现出一定的"缺位",所属的治理要素难以形成合力,导致当前的治理环境难以适应海量的信息服务流量和瞬息万变的网络生态。特别是当大型互联网平台企业——如阿里、腾讯、百度等企业兴起后,由于其能够第一时间对信息流量展开管理,而且具备强大的敏感词过滤等技术,所以"互联网平台企业自律"成为当前互联网信息服务治理的重要方式,这需要互联网平台企业协调好与其他主体的关系。然而从文本内容分析中我们看到,由于过于依赖平台企业"全权负责",而且严格的政策管理某种程度上遏止了平台企业的部分利润来源,导致部分平台企业存在对政府主体阳奉阴违、侵犯网民主体权益等情况,这是主体间关系割裂、难以形成共识的缩影。

(二)治理过程层面:治理过程部分呈现粗放化特征

中国当前互联网信息服务治理的运作模式呈现出特定的逻辑,即在主动发现问题、解决问题方面,一般采取运动式治理形式;而在大部分时间段,治理形式则呈现出强烈的"结果导向"特征。互联网信息服务治理是一项系统工程,需要严格把控不同环节,才能在"输入—过程—输出"的网络信息生态系统的生态循环中更为精准、有效地发现问题、解决问题。特别是在当前强调国家治理现代化的战略目标中,"精细化治理"是一项非常重要的治理导向,也是治理发展的重要趋势。[①] 然而,中国互联网信息服务治理过程中,由于"事前运动式治理+事后结果导向"的治理理念,导致治理过程呈现出资源粗放化使用的特征,这是治理成效不彰的重要成因。

---

① 沈菊生,纪晓岚. 价值、结构与运行:习近平国家治理思想的精细化向度[J]. 华东理工大学学报(社会科学版),2018(5):1-9,20.

第一，运动式治理作为治国理政的重要形式，应当成为常规治理的辅助支持，并且与后者有机融合。但是，当前互联网信息服务治理过于依赖行政约谈、运动式治理等非常规化、非正式性的治理和触发方式[①]，追求短期效果。如在新闻报道文本中大量出现的"追求短期效果""倚重专项行动""快速清除问题达到效果"等，都证明了当前治理中对于运动式治理的过度依赖。之所以本应谨慎使用的运动式治理这一非常规方式"频频登场"，原因即在于主体间缺乏有效合作。

第二，当前"兜底思维"对互联网信息服务治理产生了重要影响，即平台企业等主体将注意力集中于事后阶段，当产生重大舆情、网络群体性事件临近爆发点，甚至某些事项已经产生恶劣后果时，才会动用大量资源投入治理，一切以快速恢复线上线下的稳定秩序为旨归，尽最大可能消除负面影响。文本内容中的"重事后即时效果"和"头痛医头、脚痛医脚"等现象的频发佐证了这一点。互联网信息服务治理作为一项复杂的系统工程，需要统筹考量、安排，乃至有意识地培育治理过程中的各项治理要素，并且依据以发展期、稳定期、衰退期和失效期等互联网信息生命周期规律为代表的互联网信息服务治理的相关发展规律进行精细化治理，以期获得最佳成效。然而，"兜底思维"主导下的结果导向治理模式，将各项治理要素集中配置于治理过程末端，造成大量治理要素的虚置、错置，以致难以实现分阶段的精细化治理目标。

（三）治理结果层面：部分治理效能处于较低水平

国际上最常使用的"4E"绩效评估标准，被广泛地运用于公共管理的绩效评估中。[②]"4E"评估标准主要包括经济、效率、效益和公平四重指标，基于"4E"的绩效评估标准，中国互联网信息服务治理在专项治理后的特定时间段内，获得了较高的效率性和有效性绩效，并且二者随着专项治理的结束，其绩效水平随着时间的推移而呈递减趋势。可以说，当前中国互联网信息服务治理在特定的时间和空间内可以获得较明显的治理成效，但是我们却无法得出"治理获得了较高绩效"或"治理获得了较高效能"的结论，这是因为，从"4E"绩效评估标准审视，中国互联网信息服务治理存在"低经济性"等问题，因此大幅拉低了整体的治理绩效。

---

① 卢超．互联网信息内容监管约谈工具研究［J］．中国行政管理，2019（2）：41-46．
② 刘敏，王萌．3E还是4E：财政支出绩效评价原则探讨［J］．财政监督，2016（1）：59-61．

第一，投入和产出不匹配导致治理的低经济性。经济性指标作为评估互联网信息服务治理绩效的重要指标，其核心机理在于，要求在满足预期目标的条件下使支出尽可能最少，通过优化治理要素投入的结构和体量，可以较好地满足治理的相关需求。中国当前互联网信息服务治理的常规治理和专项治理，都是以巨量的治理资源投入作为支撑的。通过对治理结果的审视我们可以发现，在"专项行动"后的治理成效一般是最为显著的，如大量色情网站、不良直播被迅速关停等。但是，随着时间的推移，部分互联网不良信息又通过其他域名、平台"死灰复燃"。这导致政府和企业每年的巨量资源投入与产出"不成正比"，治理的反复性又加大了政府和企业的额外资源投入，从而导致了"巨量投入—死灰复燃—追加投入"的恶性循环。结合"4E"的绩效评估指标来看，投入与产出的比例失衡，可以被归纳为低经济性，这本身就表明了不同治理要素中的大量治理资源被空置甚至浪费。

第二，供给中的不公正导致治理的低公平性。公平性指标是评估治理绩效的重要指标，主要表征了治理能够将公共服务、公共资源按照公平公正的原则进行分配，以保障弱势群体的合法权益，并促进公共利益的最大化程度，这也是国家治理现代化的内在要求之一。当前互联网信息服务治理主要是以政府和企业的资金、人员、技术投入为主，社会资源并未得到有效盘活。这使得部分社会公众对于互联网信息服务治理的目标、过程、技能等认知程度较低，并持"搭便车"的冷漠态度；而且，由于技术滥用问题、治理防护问题等，在使用互联网信息服务的过程中，互联网平台企业侵犯网民的隐私权、知情权和选择权等权益的情况并不鲜见[1]，这些都使得互联网信息服务治理的公平性受到较大挑战。

（四）对中国互联网信息服务治理现实问题的深入分析

综合上述问题分析可知，当前中国互联网信息服务治理在结构、过程和结果维度均存在较大的现实问题，这也是当前互联网信息服务领域乱象频出的原因。而上述问题最为本质的特征，即显著的"碎片化"特征。具体而言，"碎片化"原意是指破碎、残缺的事物，在作为治理的学术概念时，一般是指治理主体彼此独立、治理方式相互排斥、治理机制不能衔接、治理行为难以互动、治理结果虚化无效等特定的治理状态。正如韦艳等指出，"碎片化是针

---

[1] 陈剩勇，卢志朋. 互联网平台企业的网络垄断与公民隐私权保护——兼论互联网时代公民隐私权的新发展与维权困境 [J]. 学术界，2018 (7)：38-51.

中国互联网信息服务协同治理：应然模式与实践路径

对所研究领域存在问题零散、治理失效、不统一等现象的描述"[1]。通过对治理现状的分析可知，当前中国互联网信息服务治理问题呈现出多重外延，但究其本质，主要问题还是组织、制度、技术和资金等要素配置的混乱，导致治理要素无法形成有效的治理合力，如：在治理结构层面，主体之间的"被动协作"所形成的关系割裂状态，是治理结构碎片化的重要体现；在治理过程层面，在治理粗放化的情境下，单一的主体权力过于集中，使得大量治理要素被强行"主观化"配置，导致治理资源使用的无序化，治理过程呈现碎片化特征；而在治理结果层面，由于低经济性、低公平性等原因，大量治理资源被闲置和浪费，治理绩效的残缺导致治理结果碎片化。这些都是中国互联网信息服务治理中出现种种问题的根本成因。可以说，在当下的互联网信息服务治理过程中，由于主体之间缺乏互动、难以合作，导致治理要素彼此间难以衔接、互动并形成合力，这使得互联网信息服务治理面临着成效不彰甚至虚化失灵等困境，高度契合上述治理碎片化的理论内涵，这也是当前互联网信息服务治理中最为显著的特征。互联网治理在不断摸索中逐渐成形，互联网治理碎片化问题也渐露表征。[2] 基于此，本书将中国当前互联网信息服务治理最主要的问题特征，归纳为涵括上述三方面问题的治理结构碎片化、治理过程碎片化和治理结果碎片化的"碎片化"特征。

中国互联网信息服务治理之所以呈现出显著的碎片化特征，其原因在于当前治理模式的不足。具言之，中国互联网信息服务治理模式的核心运作逻辑，主要是政府网监部门将政策目标分解为行动方案和考核标准，委托互联网平台企业通过严格自律等方式进行落实。在此过程中，政府会给予企业一定的裁量权，并在对企业进行考核的基础上，视治理情况进行奖惩。这种"类发包"模式是政府适应互联网信息服务这一超大规模的公共领域治理的表现，是一种以政府对企业的间接管理来实现互联网信息服务治理的治理模式。有学者将其归纳为"政企发包"模式，"是解释企业在政府治理网络过程中占据主体地位的理想模式，这是一种特殊的行政事务发包形式，是在资源技术约束和产权安排约束下的一种灵活应对机制"[3]。该模式较为清晰、全面地表

---

[1] 韦艳, 吴燕. 整体性治理视角下的中国性别失衡治理碎片化分析及路径选择 [J]. 人口研究, 2011 (2): 15-27.
[2] 赵玉林. 协同整合：互联网治理碎片化问题的解决路径分析——整体性治理视角下的国际经验和本土实践 [J]. 电子政务, 2017 (5): 52-60.
[3] 于洋, 马婷婷. 政企发包：双重约束下的互联网治理模式——基于互联网信息内容治理的研究 [J]. 公共管理学报, 2018 (3): 117-128, 159.

第三章 从"碎片式发包"到"全要素协同":中国互联网信息服务治理现状及协同出场

征了互联网信息服务治理的核心运作过程。透过现象看本质是理论研究的重要使命,透过当前互联网信息服务治理领域问题的表象,对问题形成的内生机理和成因进行理论探讨,是深化对当前治理现状认识的重要渠道。鉴于此,本书借鉴"政企发包"的理论解释,来描述当前互联网信息服务治理中问题的形成机理。

在"政企发包"模式下,虽然在一定程度上解决了治理的技术成本和产权归属问题,使政府通过较为灵活的形式部分实现了互联网信息服务的治理目标,但不可否认的是,"政企发包"模式的内在逻辑是导致上述治理碎片化问题的"罪魁祸首",如在治理结构方面,在"政企互动"主导的逻辑下,各主体关系形成了明显的"中心-边缘式"结构,政企主体在中心,其他主体处于较为边缘的位置,难以有效进入治理的核心运作过程。如有学者指出,在当前互联网信息服务治理中,"一直习惯于现实社会垂直管理模式的政府在网络空间平面管理中很难适应",依旧在扮演着"控制者"的角色[①],主体关系的割裂也就无法避免了;在治理过程方面,"政企发包"由于承袭了行政发包制的治理逻辑,主要呈现为政企间整合性差和多任务下的激励扭曲(部分非重点目标和任务被牺牲掉)[②],从而导致以局部性目标为核心的运动式治理和结果导向治理的泛滥。而有学者指出,运动式治理实际是碎片化治理,呈现出转嫁矛盾、反复冲突、缺乏沟通、公众不满、服务遗漏等特征[③],对此类治理模式的偏好,加重了治理过程的碎片化;而在治理结果方面,在"政企发包"的过程中,政府和企业相对于网民而言,都属于强势群体[④],网民权益受到政府和企业侵害的风险最大。从实践现状分析中可以看出,"政企发包"的治理模式对于网民这一相对弱势主体的保护十分有限,网民的参与难以形成组织化的参与;而且在技术信息不对称的情况下,网民的权益被部分互联网平台企业进行不公平的分配,这些都造成治理过程中社会力量这一重要的治理要素难以被激活,其部分权益难以得到保障,从而导致供需中低经济性、低公平性等情况的出现。

综合上述分析我们可以看出,当前互联网信息服务治理领域采用的"政

---

① 周毅,吉顺权.网络空间多元主体协同治理模式构建研究[J].电子政务,2016(7):2-11.
② 周黎安.行政发包制[J].社会,2014(6):1-38.
③ Perri 6, Leat, Seltzer. *Towards Holistic Governance: The New Reform Agenda* [M]. New York: Pal-grave, 2002: 48.
④ 有学者指出,"在实体法律关系中,公民权利事实上是依附并受制于行政权力的,处于弱势地位"。参考:张世福,李正春.行政权力与公民权利的博弈与平衡——以《行政强制法》为视角的探讨[J].天津行政学院学报,2012(1):87-91.

企发包"模式,是导致治理碎片化的根本成因,这是由该模式中主体间缺乏互动与合作、部分主体权力过于集中、部分主体作用"缺位"等因素所造成的。基于此,我们将"政企发包"的治理模式及其碎片化特征进行整合,提出"碎片式发包"模式,即以"政企间的发包式管理"为治理的核心运作过程、以打破技术和产权双重约束为核心目标、以治理碎片化为显著特征的一种治理模式,以期对当前中国互联网信息服务的模式特征和突出问题进行精练概括。"碎片式发包"模式虽然在推动政府和企业角色转型、打破技术和产权双重约束方面具有重要贡献,但随着治理碎片化问题的日益凸显和治理成效遭遇瓶颈,如何通过优化和革新"碎片式发包"模式来打破碎片化困境,如何发展出各项治理要素高度融合、符合国家治理现代化要求的新治理模式,就成为中国互联网信息服务治理相关领域研究的重要现实命题,这也构成了本书研究的现实前提和逻辑起点。

第二节 "全要素协同":中国互联网信息服务协同治理的出场

针对治理碎片化问题,学界提出了诸多对应性的治理模式。其中对于因主体之间缺乏联系、难以有效合作、彼此割裂孤立而导致的公共管理"碎片化"现象,学界普遍认为,协同治理是最具有针对性、可行性和有效性的治理模式。如张贤明指出,针对主体间协作不畅而衍生的治理碎片化的问题,应当"加强彼此之间的协同关系,形成共同决策、共同行动、资源共享、责任共担、共同回应的良好供给模式"[①];学者Rothstein则认为,协同治理在科层体制和社会力量之间寻求"平衡",通过协同与分工、完善与改革,最终实现对碎片化问题的治理[②];聚焦于互联网信息服务治理领域,亦有学者指出,互联网信息服务领域的政策工具"均强调了……不同政策工具作用主体之间

---

① 张贤明,田玉麒. 整合碎片化:公共服务的协同供给之道 [J]. 社会科学战线,2015 (9):176-181.

② Bo Rothstein. The Chinese Paradox of High Growth and Low Quality of Government:The Cadre Organization Meets Max Weber [J]. *Governance*,2015 (4):533-548.

的协同意义"①。可以看出,探寻互联网信息服务治理"碎片化"的破解之道,必然要求助于协同治理理念和模式的介入。本书将该新模式界定为"互联网信息服务协同治理",即指各治理主体之间以积极主动的态度,进行高度协作、充分合作,实现各治理要素的有机融合,以此对向上网公众提供的、与信息相关的服务活动,以及信息的采集、生产与传播等信息行为进行有效治理的治理过程。

针对在当前互联网信息服务治理实践中暴露的治理结构碎片化、治理过程碎片化、治理结果碎片化的治理碎片化问题,互联网信息服务协同治理模式可以从形成常态化和全过程治理体系、提供协同性的主体互动关系、挖掘社会力量以提升治理绩效三方面予以提升。与此同时,通过实践的不断发展,国家网信部门已经注意到主体间协同合作及资源功能整合的实践价值,并在相关文件中有所体现。将当前互联网信息服务治理领域中孕育和浮现的"协同治理要素"进行提炼、整合和强化,系统构建和完善互联网信息服务协同治理模式,已成为当前互联网信息服务治理的主要发展趋势。当然,互联网信息服务协同治理模式并非另辟蹊径、空中楼阁,而是扎根于现实土壤,以理论构想为引导进行建构的。也就是说,我们并不是要完全抛弃"政企发包",而是对其进行完善与吸收,并且整合互联网信息服务领域正在孕育的各类协同治理要素,结合协同治理等理论框架,最终发展出中国互联网信息服务协同治理模式。通过发挥以下功能,互联网信息服务协同治理模式可以从结构、过程和结果层面推动"全要素协同"治理格局的形成。

一、结构层面:以形塑良性主体关系凝聚力量

"协同治理强调的多元主体间互动与合作的理念,同样适用于公共政策的执行过程"②,协同治理的本质即构建一种协同性的主体互动关系,这是一种结构性的、可持续的主体互动关系。针对当前"碎片式发包"中的主体关系割裂的现实问题,互联网信息服务协同治理模式可以从"形成鲜明的共同目标"和"彰显核心性主体价值"两方面提供协同性的主体互动关系。

---

① 李文娟,王国华,李慧芳. 互联网信息服务政策工具的变迁研究——基于 1994—2018 年的国家政策文本 [J]. 电子政务,2019 (7):42-55.
② 刘伟忠. 我国协同治理理论研究的现状与趋向 [J]. 城市问题,2012 (5):81-85.

（一）整合各方主体利益，形成鲜明的共同目标

在互联网信息服务治理中，各主体利益存在矛盾与分歧，如：党政系统的治理主体着重于不计成本、以强制方式将负面信息内容和不良信息服务从互联网领域中彻底清除；互联网平台企业秉持"逐利逻辑"，虽然部分企业能够意识到自身的社会责任，但依然会以"逐利"作为首要目标，以此维系企业的生存和发展；社会组织秉持"依附逻辑"，即以自身的专业功能作为治理中的"立身之本"，通过服务于政府或企业的目标，以及协调多方关系，来参与治理过程；而网民则主要践行"使用逻辑"，即部分网民因为自身的兴趣点、价值观等方面的不同，在互联网信息服务的使用者（包括不良信息服务的使用者）、治理的旁观者和治理的积极参与者等角色中进行"切换"。上述不同的逻辑，使各主体的主体利益存在较大差异，一般而言，党政系统治理主体以实现互联网空间公共利益最大化为自身利益，互联网平台企业视利润最大化为紧要利益，社会组织以实现"依附—生存—回馈"为自身利益，而网民则以避免不良信息服务侵害与使用良好信息服务为自身利益，各方主体的利益之间难免存在分歧和冲突，这也是当前"碎片式发包"下"主体关系割裂"的重要成因。

实现主体利益是互联网信息服务治理主体特定行为的重要驱动力。互联网信息服务协同治理通过"实现利益联结—形成共同利益—树立共同目标"的过程链条，能够整合各方主体利益，形成鲜明的共同目标。具言之，协同治理的首要目标，在于形成协同效应，即通过各方主体的利益整合，实现"1+1＞2"的治理效果。互联网信息服务协同治理也以实现协同效应为目标，在该治理模式下，主导者十分注重在主体利益整合的基础上形成共同利益，明晰主体利益的"最大公约数"，推动整体利益最大化，形塑主体"私利"与整体"公利"之间的利益联结，并以实现共同利益作为自己的共同目标。在互联网信息服务协同治理中，各主体之间将展开有效的利益博弈，在确保互联网平台企业、社会组织和网民群体的正当利益的前提下，在利益妥协中进行适当补偿、资源共享等，以平衡利益关系，并制定分阶段性的、切实可行的利益调适策略和方案，避免因"急功近利"而激化利益矛盾乃至产生利益冲突，从而引导"零和博弈"走向"正和博弈"，推动利益矛盾向利益整合转换。

（二）强化治理中主体地位，彰显核心性主体价值

主体地位是与客体地位相对应的，是指占据主要部分或为最重要的一方；主体价值则是指主体的价值认知和价值倾向。主体地位和主体价值反映的都是主体的利益需求和在关系中的位置，以及对于尊重、平等、理解、自主等价值的满足。可以说，主体地位和主体价值，是工具理性和价值理性的集合体，它集中体现了主体在特定主体关系中的需求。互联网信息服务协同治理模式将党政系统和其他主体打造成地位平等的合作伙伴关系，强调党领导下的多元主体的平等地位和主体责任、协商和沟通的互动形式、资源与功能互补的作用方式，继而在各主体平等互动、民主协商的基础上，破解治理碎片化现象带来的负面效应[①]，通过重视营造平等的主体地位，致力于彰显主体价值。

第一，互联网信息服务协同治理模式旨在营造平等的主体地位，以及以平等身份进行沟通、协商并形成共识的过程。协同治理的核心价值诉求之一，即"在协同治理体系中，政府、市场、社会和公民处于相互依赖的协同网络之中，并不断寻求联系和互动。在这样的治理结构状态下，除政府之外，市场组织、社会组织和公民都能够平等地表达利益诉求、参与决策制定，并结成伙伴关系协力解决公共问题"[②]，此即互联网信息服务协同治理的"民主"价值导向。在该价值导向中，"民主"及其附带的平等、尊重、包容等价值元素，被作为评判治理是否有效的前提性标准之一。只有多元主体以平等地位参与到协商当中，充分发扬民主精神、落实民主程序，在对话、沟通和协商的基础上发展出积极协作、互惠互利乃至共治共生的协同关系，才能确保治理是"有效"的。对于"碎片式发包"过程中产生的问题，互联网信息服务协同治理模式能够在价值层面及时予以纠偏，及时通过凸显"平等""尊重""包容"等核心主体价值，充分发挥价值引领作用；同时，互联网信息服务协同治理注重以制度规范保障各主体间的平等地位，并积极积累以政企之间集聚的社会资本为重要组成部分的主体间的社会资本，从而建构主体间"平等"地位的互动传统。

---

① Bo Rothstein. The Chinese Paradox of High Growth and Low Quality of Government：The Cadre Organization Meets Max Weber [J]. *Governance*，2015（4）：533-548.
② 张贤明，田玉麒. 论协同治理的内涵、价值及发展趋向 [J]. 湖北社会科学，2016（1）：30-37.

第二，互联网信息服务协同治理模式始终致力于实现主体自主性。互联网信息服务协同治理注重营造松散的网络关系，在这种网络关系结构中，虽有强有力的领导核心，但这种领导核心发挥的是动员与协调作用，理想状态下不会压迫和强制其他主体，即该治理模式彰显的是"自愿"的主体价值而非"强制性"。正如安塞尔等人指出的，"协同治理中的参与基本性质是自愿的，因此重点是了解如何激励参与者"[1]。在互联网信息服务协同治理模式中，政府的互联网信息服务监管功能逐渐向互联网信息服务管理职能转变，其逐渐向灵活的"引领者"角色转化，更加注重兼顾运用行政命令和经济手段等方式，领导、组织、协调各方力量，以实现管理目标。在这种情况下，治理的主导者——党政系统主体将治理参与的主动权和参与策略的选择权交给了各方主体，在治理中更加重视以多元激励的方式，在尊重主体地位和意愿的前提下引导、促进主体参与到治理中来，更加强调主体的自主性。

二、过程层面：以打造精细化治理强化多元赋权

协同治理是将粗放式治理转化为精细化治理的可行途径。为避免单一主体的权力过于集中、对资源的配置过于"主观化"，并在压力型体制下因激励扭曲等因素而产生治理粗放化等现象，互联网信息服务协同治理通过打造常态化和全过程的治理体系，可有效将权力适当分化并赋予多元主体以适当权力（或权利），推动互联网信息服务治理向精细化治理发展。

（一）提升各阶段的精细化水平，型构"全过程"的协同治理

互联网信息服务协同治理模式致力于从"治理启动—治理结束—结果反馈"等诸多环节促进"多元素协同"，相较于当前的"碎片式发包"模式，互联网信息服务协同治理模式将"遗失的过程治理"找了回来，强调"结果—过程"并重的全过程式治理，能够在各个环节及时发现可能危及互联网信息服务的不良因素，并且在各个过程阶段开展协同治理。这意味着，相比于之前只关注终端的粗放式治理，互联网信息服务协同治理可以在治理过程中更为精准地落实治理策略，从而将碎片化的治理过程整合起来。

第一，互联网信息服务协同治理注重决策的前序过程，这是治理的聚集

---

[1] Chris Ansell, Alison Gash. Collaborative Governance in Theory and Practice [J]. *Journal of Public Administration Research and Theory*，2008（4）：543-571.

第三章 从"碎片式发包"到"全要素协同":中国互联网信息服务治理现状及协同出场

和启动阶段,即各项治理要素通过一定的筛滤形成协同的共识后,做好协同的启动工作。一般而言,互联网信息服务治理的各方主体,会根据治理任务、治理目标、治理资源和合作基础等,综合考量开展协同的必要性和降低协同的风险性等因素,并最终做出可行性评估;一旦多方主体确定集聚后,则会开展多方主体表达环节,主要是通过自上而下与自下而上相结合的诉求表达方式,系统构建"政府—互联网平台企业—公民""公民—网络精英—政府""公民—政府"三个维度,可以通过正式或非正式的合法渠道,将社会主体意见和诉求传递上去,使决策者在进行决策前可以有足够的信息储备和业态感知,从而提升决策的科学性。

第二,互联网信息服务协同治理细化了决策的执行过程。在互联网信息服务协同治理的决策形成环节,首要考量的就是通过充分协商来形成治理共识。协商作为一种重要的沟通和说服形式,是形成主体共识、形塑集体行动的重要途径。在决策阶段的协商中,各主体应保持态度坦诚、裁决公正和信息公开,并在这种公平、公正、公开的多主体协商过程中,形成并明确互联网负面信息清单、新型信息服务业态发展、治理工具的使用组合与适用、对治理效果的中段回溯与优化等治理决策,从而在提升各方主体彼此信任程度的同时,能够最大限度地形成主体对决策的共识。而在决策执行方面,互联网信息服务协同治理将决策的执行过程及其分阶段治理进行了进一步的详细划分。围绕信息生命周期中的信息内容及信息行为的流转过程,执行阶段的治理形态一般包括执行前的预防性治理、执行中的实质性治理和执行后的结果性治理三阶段,而且不同的决策执行阶段中,各主体间的协同目标、协同形式和协同侧重等各不相同。

第三,互联网信息服务协同治理优化了治理的善后过程。"碎片式发包"模式注重结果导向,但一般以被动承受负面后果、消除负面信息的影响为主,主动进行有效的专业化评估和治理策略调整的情形并不常见,多数以常规化的年终总结为主。互联网信息服务协同治理模式强调过程评估和结果评估并重,使评估更为科学、有效,并且在评估的价值取向、判断标准、评估主体和结果处置等方面更加注重"协同成效"。在治理的善后过程中,将过程评估的数据与结论充分运用起来,使得过程评估成为执行过程的先在性制约,并以过程评估及时对协同过程进行纠偏;与此同时,由专业评估机构设计、利益相关的企业和网民参与的结果评估,更是与过程评估形成"基准—验证"关系,从而方便决策机构在数据和结论变化中发现、解决问题。

(二) 推动治理的制度与网络建设，强化治理的"常态化"导向

运动式治理策略与常规科层行政并非两种完全对立的运作机制，两者皆可视为中国国家治理的双重过程和有机组成部分。① 互联网信息服务协同治理模式并非要完全取缔运动式治理，而是通过治理的制度化、规范化、网络化治理建设，强化治理的"常态化"导向，弱化治理的"运动式"特征，形成科学、合理的互联网信息服务治理体系。

第一，互联网信息服务协同治理十分注重制度化建设。要跨越运动式治理的陷阱，就需要从"政策之治"转向"制度之治"，完善治理格局的总体制度规划，加强制度监管体系建设，最终由运动式治理转向"制度化治理"。② 互联网信息服务协同治理十分注重关于协同治理的制度建设，力图通过对协同制度安排的有序性，来减少因互联网信息服务复杂的治理情境和运动式治理中较大的自由裁量空间所带来的不确定性，明确了各治理主体在互联网信息服务协同治理中的行为规范③，以此提升治理的制度化水平。互联网信息服务协同治理十分注重制度体系的内在协调性，通过制度要素的高度协同打破碎片化现状。治理的主导者以推动"制度协同"为目标，使各立法立规主体在充分沟通、协商、研判的基础上进行合作，着重在立制前和立制后的审查中，对制度文本中的空白点、冲突点进行梳理，并加快制度更新；针对互联网信息服务新形态的治理需求及时进行制度调适，确保适用于党政系统主体、互联网平台企业等不同主体的不同制度规定之间的无缝衔接，共同形成制度的"密网"；强化互联网信息服务治理领域的制度与其他法律法规之间的紧密咬合，如推动"党政系统内部的人事制度规定"与"互联网信息服务治理的领导体制与人员配置的相关规定"协调一致等。

第二，互联网信息服务协同治理积极构建多元化的政策网络。运动式治理的核心过程，是压力型体制下上级对下级的考核压力而形成的"压力空间"与"压力释放"，一般局限于在科层制内部完成，其影响力基本限于科层制内

---

① 周雪光. 运动型治理机制：中国国家治理的制度逻辑再思考 [J]. 开放时代，2012 (9)：105-125.
② 汪大海，张玉磊. 从运动式治理到制度化治理：新型城镇化的治理模式选择 [J]. 探索与争鸣，2013 (11)：47-50.
③ 道格拉斯·C. 诺斯. 制度、制度变迁与经济绩效 [M]. 刘守英，译. 上海：上海三联书店，1994：4-5.

部，因此导致治理成本过高及可持续性较低。"运动式治理向常态治理转型，需要突破单一科层制运作，以政策网络为基础，构建基层场域不同行动者的相互依赖于利益协调的网络体系，实现社会治理机制创新。"① 从中我们可以看出，将科层制内外碎片化的主体资源整合起来，使"压力空间—压力释放"转化成为多元主体积极合作、高度协同的治理过程，其本质在于通过构建多元化的、有合作传统的政策网络来快速整合资源、协调利益、分化压力，并最终落实政策。互联网信息服务协同治理聚焦于网络化治理。在治理的决策、落实和输出的不同阶段，构建起与科层制内部相协同的政策网络，如：在决策阶段，党政系统主体构建起吸纳利益相关者主体的协商网络；在落实阶段，互联网平台企业、社会组织、网民群体则构建起"落实—监督"的治理网络，各主体在治理网络中发挥不同的作用；而在输出阶段，互联网行业协会和网民群体则承担着领导核心的角色适配。通过不同阶段政策网络的作用，可以有效地将科层制内外的主体等治理资源联结起来，以资源依赖的互动网络弱化政策落实带来的冲击力和破坏力，从而实现运动式治理向常态化治理转化。

三、结果层面：通过积极挖掘社会力量提升绩效

"碎片式发包"对社会力量挖掘的有限，导致作为重要利益相关者的社会主体未能被有效整合到治理过程中，这是治理效能中经济性和公平性缺失的重要成因。充分挖掘社会组织、网民等参与治理，是互联网信息服务治理发展方向的应有之义，更是互联网信息服务协同治理的重要着力环节。互联网信息服务协同治理注重推动网民"转型"和充分发挥网络精英作用，并且强调互联网行业协会等社会组织的积极作用，以此提升互联网信息服务治理的经济性和公平性效能。

（一）推动网民的群体转型，发挥网络精英的力量

互联网信息服务协同治理将原治理模式下处于边缘位置的网民和网络精英（一般处于治理客体地位）转化到治理的中心位置，这为信息筛选和情形研判提供了大量的能动性力量，并且有力引导了网民的角色导向乃至企业的

---

① 潘泽泉，任杰. 从运动式治理到常态治理：基层社会治理转型的中国实践［J］. 湖南大学学报（社会科学版），2020（3）：110-116.

中国互联网信息服务协同治理：应然模式与实践路径

产品取向，使原有资源投入的实际效能呈几何级数增长。社会力量作为一个整体而言，覆盖面积巨大，时间资源充沛，鉴别能力较强，且部分网民掌握了较高的网络技术、法律常识等，这能够弥补人工筛查和技术筛查等方面能力有限的问题。互联网信息服务协同治理模式融入了网民群体、网络精英等社会力量，使得原本有限的投入附加了较高的增益，如在政府和企业投入不变的情况下，社会力量的加入，使得投入结构增加了能动性力量和引导性力量，并且大幅增加了投入体量，可以以"时间补充"和"亲自在场"来弥补既有力量的不足，这相当于通过优化结构和体量盘活了社会资源，从而大幅提升了治理的经济性。

第一，互联网信息服务协同治理重视网民转型。互联网信息服务协同治理注重激发网民参与治理的热情，并推动网民的角色由旁观者乃至"施暴者"转化为"贡献者"。具言之，在协同治理中，党政系统的治理主导者可以充分运用网络空间命运共同体的构念，即"在党政结合的国家主导型统筹框架下实现创新发展，构建政、产、学、研四管齐下的统筹体制，以获取强大的'网络空间能力'，让'网络空间'所链接的国家、组织和个人真正形成开放共享的命运共同体，实现安全有序、共存共生的目的"[①]（国内层面）。将互联网信息服务治理融入日常的网络安全宣传、网站弹窗和声明、网络知识普及教育中，能够让网民深刻认识到自己作为网络治理的一分子，应当在自律的基础上，积极运用举报、监督等治理工具，发挥自身的主观能动性，克服"机器审查"的僵化问题，较为灵活、有效地对抗信息异化所造成的治理困境，从而大幅降低治理成本，并且网民的治理能够为政府和企业带来巨大压力，并倒逼其履行应尽职能、创新治理方式，否则，在"破窗效应"的作用下，网络信息生态的崩坏，迟早会殃及网民自身及其亲人，如"钓鱼"和欺诈横行会侵害人们的利益，"黄赌毒"和不良网络游戏会摧残人们的身心健康等。通过这种方式，数量庞大的网民的切身利益与互联网信息服务治理的最终成效被紧密连接在一起，激发了网民参与治理的内生动力。

第二，互联网信息服务协同治理积极发挥网络精英的作用。"数字化世界是一片崭新的疆土，可以释放出难以形容的生产能量，但它也可能成为恐怖

---

① 罗勇. 论"网络空间命运共同体"之构建 [J]. 社会科学研究，2017 (4)：21-29.

第三章　从"碎片式发包"到"全要素协同"：中国互联网信息服务治理现状及协同出场

主义者和江湖巨骗的工具，或是弥天大谎和恶意中伤的大本营。"① 这呈现出了互联网信息服务"双刃剑"的特点，而对于网络治理的社会力量而言，有一特殊群体将"双刃剑"的特性体现得淋漓尽致，这就是网络精英群体。所谓网络精英群体，是指具有大批量粉丝、可以胜任网络舆论领袖、在本领域具有较大话语影响力的抖音主播、微博"大V"等。他们既可以发挥传播正能量、引领信息服务正向走向和维护网络用户权益等作用，同时又可能成为网络谣言、直播乱象等不良信息服务的"罪魁祸首"。互联网信息服务协同治理着重关注将网络精英"协同进来"，积极扶持、培育以"红色大V"为代表的正能量网络精英，用官方渠道为其"引流"，使其能够成为官方治理平台的治理效能"扩增器"，如：在全国层面，多名微博"大V"入围"五个一百"正能量榜样榜单②；在地方层面，吉林省深入开展"打造'红色网络大V'"工程③；等等。网络精英群体除了在互联网信息服务的常规运作中发挥作用，亦可以充分发挥自身影响力特别是在专业领域的话语权威性，以冷静的态度、客观的观点成为坚持客观公正、避免非理性极端、维护互联网秩序的网民群体的"代言人"，以此配合政府和企业发挥额外的治理作用，提高既有治理举措的经济效能。

（二）积极吸纳公民进入决策过程，发挥社会组织积极作用

互联网信息服务协同治理十分注重通过正式程序将网民吸纳到互联网信息服务治理的决策过程中来，以此保障网民的合法权益。与此同时，通过社会组织的第三方地位和公民组织化参与的形式来打破因信息技术壁垒而造成的权益侵害，也是维护互联网信息服务公平性的重要途径。

第一，互联网信息服务协同治理模式注重实现"主体的诉求表达和有效回应"的善治目标。作为协同治理在特定领域的应用，互联网信息服务协同治理模式以实现善治为终极目标，善治的核心要义之一，就是回应（responsiveness），即公共管理人员和管理机构必须对公民的要求做出及时的和负责的反应，不得无故拖延甚至没有下文。在必要时还应当定期地、主动

---

① 埃瑟·戴森.2.0版数字化时代的生活设计［M］.胡泳，范海燕，译.海口：海南出版社，1998：17.
② 多名微博"大V"入围"五个一百"正能量榜样评选［EB/OL］.（2017-05-09）［2021-08-19］. http：//theory.people.com.cn/n1/2017/0509/c40531-29263639.html.
③ "红色大V"绘出网络社会组织新精彩［EB/OL］.（2019-05-13）［2021-08-23］. https：//topics.gmw.cn/2019-05/13/content_32827219.htm.

中国互联网信息服务协同治理：应然模式与实践路径

地向公民征询意见、解释政策和回答问题。① 这意味着，在互联网信息服务协同治理中，无论是网络企业还是社会主体，均具有在各层次渠道中进行合理表达并获得回应的权利，这为网民表达和实现诉求提供了重要渠道。针对"碎片式发包"中部分主体表达不畅、缺乏回应等问题，互联网信息服务治理模式聚焦"表达—回应"的环节链条，在价值方面倡导"表达自由权利与良好互联网秩序之间的平衡"，让网民在虚拟网络中以合法合理的方式表达诉求与情绪，以期让政府网监部门和企业网监部门及时发现线索、回应诉求。与此同时，"表达"在互联网信息服务协同治理各环节中居首位，通过自上而下、自下而上的三条表达传递渠道，确保多种情形下依然可以为网民提供较为畅通、便捷的表达渠道，并且将表达的信息在"评价"环节整合、在"决策"环节成型、在"执行"环节落实，并在多个环节以意见、结果等方式进行回应，以此确保治理过程整体的公平、公正。

第二，互联网信息服务协同治理保障社会组织的积极作用。在互联网信息服务领域的团体，多以线上的网络社区为组织形态，有正式的章程、规则、组织架构等，网民的参与度较高，议题也较为鲜明。通过社会组织，网民可以实现高度的组织化参与，有充足的"底气"与部分互联网平台企业进行协商，从而打破互联网协议不平等的局面。在互联网信息服务协同治理中，发挥作用的社会组织可以被分为两大类：一是由网民自发组织形成的团体，这类团体是网民组织化参与互联网信息服务治理的重要形式，并且也与企业有一定的合作，如在实质性治理阶段，互联网平台企业主体、公民等主体在互联网信息服务监督中的参与度和协同度均较高，产生了由微博用户选拔组成的微博社区委员会、设立了微博监督员等，这些均是决策执行阶段协同治理的优良案例；二是进行正式备案的消费者协会和互联网行业协会，这些协会联结政府、企业、公民多重主体，既要确保治理政策的落实，又要为企业争取利益，同时亦需要使治理方案和结果最大限度地获得网民认同，处于调适三者关系的中介地位。互联网信息服务协同治理非常重视社会组织与其他主体之间的协同，可以将社会组织作为桥梁，来协调企业与网民之间的关系，并以政府为强制力的保障，从而满足网民的合理诉求，纠正互联网信息服务中的不公平现象。

---

① 俞可平．治理与善治［M］．北京：社会科学文献出版社，2000：10．

第三节 现实性关切：中国互联网信息服务协同治理的实践价值

一、理念维度：践行"以人民为中心"理念的重要路径

以人民为中心，是马克思主义政党一以贯之的根本政治立场，也是党治国理政的核心价值准则。马克思主义理论指出，"人不是抽象的蛰居于世界之外的存在物。人就是人的世界，就是国家，社会"①。作为马克思主义政党，中国共产党坚持人民主体地位，坚持立党为公、执政为民，践行全心全意为人民服务的根本宗旨，把党的群众路线贯彻到治国理政全部活动之中，把人民对美好生活的向往作为奋斗目标，依靠人民创造历史伟业。在互联网信息服务协同治理方面，中国网信事业发展始终把增进人民福祉作为信息化发展的出发点和落脚点，旨在让人民群众在信息化发展中有更多获得感、幸福感、安全感。党领导下的互联网信息服务协同治理，即秉持"以人民为中心"的政治立场，以满足人民的精神文化需求、捍卫人民的治理主体权益为目标，积极推动互联网治理的成果惠及广大人民群众。

第一，营造良好网络环境，满足人民信息服务需求。在信息时代，互联网信息服务嵌入每个人的日常生活中，已成为人们满足精神文化需求、获取知识和技术、参与国家与社会治理的重要途径。互联网信息服务的质量如何，不仅影响着人民的生活质量和生活体验，更关系到广大人民群众的满足感、获得感。"新时代，随着网络的日益发展，人民群众对网络文化的需求日益增加，构建雅俗共赏的网络文化精品、打造人民群众喜闻乐见的新时代主流意识形态网络话语成为网络文化发展的内在要求。"② 是否满足人民群众多元化的信息服务和精神文化需求，是评判互联网信息服务工作的"试金石"，积极健康、丰富多彩的网络信息生态，是互联网信息服务协同治理目标的应有之义。然而，当前互联网信息服务中依然存在着内容形式单一、信息更新停滞

---

① 中共中央马克思恩格斯列宁斯大林著作编译局.马克思恩格斯选集：第一卷[M].北京：人民出版社，2012：1.

② 张改凤，林伯海.以人民为中心的新时代主流意识形态网络话语构建探析[J].思想理论教育，2018（3）：48-52.

中国互联网信息服务协同治理：应然模式与实践路径

等问题，亦存在着信息服务的售后处理和监管不足等问题。在这种情况下，部分低质、不良的互联网信息服务侵害着人民的切实利益，阻碍了人民群众对美好生活的向往，如部分低俗信息对青少年产生了负面影响、部分虚假信息存在诈骗公众的潜在风险等。鉴于此，互联网信息服务协同治理的核心目标，即通过高效率、高实效的协同治理，提供风清气正、丰富多彩的互联网信息服务，成为满足人民精神需求、实现人民美好生活追求的重要路径。具言之，互联网信息服务协同治理，是指在党的领导下，网络信息生态系统中各主体聚焦于向上网公众提供的与信息相关的服务活动及信息的采集、生产、开发、处理、传播等环节，围绕共同的互联网信息服务治理目标，依托平等地位，充分履行自身责任，通过平等协商、互惠合作等互动形式，以优化资源配置、功能整合、整体调控和评估反馈等为重点，在现代信息技术等技术手段的支持下，经过决策阶段、落实阶段、产生阶段等具体的协同过程，最终达成协同治理目标并获得最佳协同效应的治理过程。该治理模式注重主体间的分工协作，强调通过主体间合作来实现信息共享、资源配置和功能互补，破解信息壁垒、资源"孤岛"、主体单一和代理失责等难题，大幅提升互联网信息服务治理的效率和实效。如通过协同治理，互联网信息服务中的政府职能部门更倾向于对外部世界开放，尤其是与公民共享过去一些封闭的资源，提升自身运作的透明度，强调整合的、网络化的组织作用，在互联网信息服务协同治理中更好地发挥主导作用，从而提升互联网信息服务的治理成效。

第二，保障人民利益诉求，凸显人民主体地位。在互联网信息服务协同治理中，以公民为代表的社会力量，在决策形成、政策落实、协同监督、绩效评估等方面具有重要作用，其能够有效弥补互联网信息服务治理中决策缺乏问题导向、利益缺乏协调保障、信息内容筛滤能力不足、绩效评估有失公正等不足之处。通过动员、组织人民参与互联网信息服务协同治理，可以有效彰显人民的主体地位。一方面，在互联网信息服务治理的决策形成和政策落实的过程中，网信部门可以通过举行联席会议、恳谈会、听证会等，吸纳具有影响力的网络"大V"、专业性的社会组织、具有代表性的互联网从业者等社会力量的加入，并有效协调、整合多方利益，实现"分配性共识理想"[1]，使互联网信息服务治理能够真正保障人民群众的利益诉求，成为实现社会公平公正和公共利益最大化的有效路径。除此之外，互联网信息服务协同治理

---

[1] 詹姆斯·博曼. 公共协商、多元主义、复杂性与民主[M]. 黄相怀，译. 北京：中央编译出版社，2006：47.

在协同监督和绩效评估中,亦需要社会力量的广泛参与。公民对于互联网信息服务治理的监督,属于典型的异体监督,由于监督主体和监督客体两者无直接的利害关系和隶属关系,异体监督往往更具监督事项的广泛性和监督形式的多样性,可以展开多方位、全面性的监督,相较于同体监督,异体监督成效更高。[①] 通过同体监督和异体监督的结合,可以有效纠正互联网平台企业"准权力"对人民权益可能造成的侵害,切实保障人民利益;而在互联网信息服务治理的绩效评估中,如若需要绩效评估结果公平、公正,并能发挥结果反馈的重要作用,就必须强化公民参与,通过提高公民评价权重,将公民对互联网信息服务及其治理的评价、反馈引入治理决策和政策调整之中,从而提升互联网信息服务协同治理与人民的利益诉求、接受偏好等的契合度。另一方面,互联网信息服务协同治理是满足人民民主诉求、实现人民民主权利的有效路径。协同治理要求各主体间平等地进行协商,这也意味着协同治理能够推动民主政治进步。同样,互联网信息服务协同治理亦以互联网治理为载体,提供了推动民主政治实践发展和保障人民民主权利的有效路径。"各个协商主体之间的相互承认与真诚合作是展开有效讨论和商量的前提",而"商量是民主协商的基本方式,同时是达成合作的关键手段"。[②] 在互联网信息服务协同治理中,政府和企业必须以平等的地位,通过商讨、劝说等民主协商形式,与社会主体进行沟通;政府网信部门的决策不能脱离人民群众的建议和诉求,必须恪守协商民主的实体要求和程序规定。"目标是通过民主过程,在民主程序中确定的"[③],通过协同治理,人民在互联网信息服务领域的民主权利将得到保障,而科学合理的治理目标将得以形成并最终实现。

二、能力维度:有效提升维护网络安全的国家能力

习近平总书记指出,"必须坚持国家利益至上,以人民安全为宗旨,以政治安全为根本,统筹外部安全和内部安全、国土安全和国民安全、传统安全和非传统安全、自身安全和共同安全,完善国家安全制度体系,加强国家安

---

① 郭文亮,王经北. 同体监督异体化·异体监督实体化——改革和完善我国权力监督机制的路径与对策 [J]. 理论探讨,2010(5):105-108.
② 张卓明. 中国特色协商民主的地位、概念与要素 [J]. 苏州大学学报(哲学社会科学版),2021(2):50-59.
③ 乔万尼·萨托利. 民主新论 [M]. 冯克利,阎克文,译. 上海:上海人民出版社,2009:20.

中国互联网信息服务协同治理：应然模式与实践路径

全能力建设，坚决维护国家主权、安全、发展利益"①。作为总体国家安全观的重要组成部分，捍卫网络安全一直是国家安全工作的重中之重。互联网信息服务作为网络运行的重要载体，是维护网络安全秩序、捍卫国家安全的重要渠道，是应对互联网安全威胁、与网络敌对势力进行斗争的"主战场"。在面临的互联网安全威胁方面，主要包括敌对势力颠覆和恐怖主义渗透等一系列问题。

第一，随着中国的繁荣发展和综合国力的持续增强，部分西方国家已然将中国视为竞争对手，并且从各个方面对中国展开打压和围堵。如2019年美国发动对中国的关税贸易战，即西方国家压制中国的典型案例。在对我国长期打压方面，西方国家还试图通过价值渗透等方式对我国的意识形态和国家政权进行控制乃至颠覆。随着互联网信息技术的发展，通过互联网信息服务来进行价值渗透，就成为部分西方敌对势力的首选。在微博帖子、微信公众号、网络社区等各类互联网信息服务中，"西方国家利用中国社会发展中出现的问题，在网络空间运用大肆炒作、以偏概全、歪曲事实等多样化手段进行舆论诱导，进而混淆视听、扰乱思想、攻击中国共产党和政府机构等"②。这些做法就是希望利用互联网信息服务平台的参与性、辐射性等特征，干扰我国主流意识形态在网络空间的传播和发展，试图弱化人们对马克思主义思想和中国特色社会主义事业的政治认同。

第二，随着中国互联网信息服务市场的扩大、网民数量的剧增，网络恐怖主义也在向我国网络空间进行渗透。网络恐怖主义是指恐怖主义和网络空间结合的特殊恐怖主义形式，其通常被理解为针对计算机信息系统、计算机网络及其存储的信息的非法攻击或威胁，其目的是通过威胁或强迫某国政府或公民来实现恐怖主义发起者的政治目标或社会目标。新时代背景下，我国网络安全面临着多重威胁与挑战，捍卫网络安全成为互联网信息服务治理的重要目标。

互联网信息服务协同治理从多维度契合来捍卫我国网络安全的现实需求，可以有效提升国家应对网络安全威胁的能力。

第一，强化党组织与其他治理主体协同，以党的领导压实应对威胁的政

---

① 中共中央党史和文献研究院，中央学习贯彻习近平新时代中国特色社会主义思想主题教育领导小组办公室. 习近平新时代中国特色社会主义思想的世界观和方法论专题摘编[M]. 北京：中央文献出版社，2023：13.

② 陈联俊. 网络空间中马克思主义认同的挑战与应对[J]. 马克思主义研究，2017（6）：96-103，160.

第三章 从"碎片式发包"到"全要素协同":中国互联网信息服务治理现状及协同出场

治责任。互联网信息服务治理主要涉及网信、公安、财政等多个政府职能部门,这些职能部门在治理过程中各尽其责。作为两新组织的互联网平台企业,也同时作为政府委托互联网信息服务治理事项的"代理人",容易由于权责不对等、信息不对称等原因产生"代理懈怠"等问题,导致网络安全建设陷入困境之中。以习近平同志为核心的党中央高瞻远瞩,高度重视我国的网络安全建设。在当前党领导国家的体制下,无论是各级政府的各职能部门,抑或大中型互联网平台企业、网络社会组织等,均设有相应的党组织,包括党委、党组、党支部等。这意味着,各级党组织形成了纵横交错、连接各治理主体的组织网络,可以强化党组织与其他主体间的协同合作,通过党内监督与问责机制的作用,将相应的主体责任层层压实。无论是精准问责,抑或是集体问责,均将对不同主体的负责人和参与人形成震慑力和约束力,并推动其严格履责[1],从而有效强化国家应对互联网安全威胁的能力。

第二,提升信息和资源共享水平,打造全天候全方位感知能力。由于互联网信息服务所具备的信息巨量性、主体匿名性、流转即时性等特征,对于网络安全威胁的感知本身即存在滞后性的困境。如有数据显示,在被发现之前,互联网的攻击方会在受害方网络平均存在长达205天,即便是对已知漏洞的攻击,受害方及时进行防御和补救也面临重重困难。[2] 这意味着,面对着无时无处不在的网络攻击和严峻的网络安全威胁形势,研发、运用网络信息相关技术,实现覆盖全时段、准实时的有效的网络攻击防御,成为应对网络安全威胁的关键所在。而相关技术的研发、运用,则主要采取以"国家主导、投入,企业落实、发展"为主的战略,即"不仅在各行业和大企业倡导、建设和积极应用态势感知系统,而且在国家层面也要通过完善机制、加强系统建设以提高数据处理能力,深化技术研究,以提高数据、态势感知的可视化能力,坚持不懈地进行态势感知能力建设;同时,要将网络空间安全态势感知作为国家安全防御体系中的重要一环,增强国家在技术、商业、民用和军队战略层面的统一协调与配合,全面提升网络空间安全监视与漏洞分析能力"[3]。当前,阿里巴巴、腾讯、百度等大中型互联网平台企业已经在互联

---

[1] 王里,双传学. 新时代党内问责的制度建构与路径选择 [J]. 科学社会主义,2020 (4):109-114.

[2] Ben Buchanan. *The Cybersecurity Dilemma: Hacking, Trust and Fear between Nations* [M]. New York: Oxford University Press, 2017: 107-108.

[3] 赵瑞琦. 中国网络安全战略:基于总体国家安全观的特色建构 [J]. 学习与探索,2019 (12):57-65.

信息服务领域积累了雄厚的技术研发力量，建立了具备尖端水准的研发部门，如腾讯在2007年便成立了中国互联网首家研究院，主攻数据挖掘、多媒体等六大核心技术[①]。互联网信息服务协同治理模式中的一个重要环节，是型构长期互惠合作的政企关系。通过政府职能部门和互联网平台企业之间的深度协同，可以在政府职能部门的主导下，有效运用、发展企业的网络安全态势感知技术，提升政府职能部门的态势感知能力，从而在治理中更为科学、合理地制定决策，并在决策落实中全天候、实时性、全方位地把握网络安全态势，形成多元主体协同合作的立体式防护网络，对网络安全威胁做到"及早发现，及早处置"，有效地提升维护网络安全、捍卫国家安全的能力。

三、战略维度：为构建网络空间命运共同体奠定基础

随着网络空间技术进入Web 2.0时代，互联网将世界更为紧密地连接在一起，网络安全和信息服务治理成为全世界共同面对的重大现实议题。面对严峻的治理形势，需要动员全球各个国家、各互联网平台企业和国际社会力量积极进行合作，共同提升互联网信息服务质量。然而，当前全球互联网治理中面临着一系列现实问题，这些现实问题降低了治理的成效。

第一，全球互联网治理难以建立起有效的合作关系。美国凭借互联网缔造者们的先发优势和超级大国的雄厚实力，牢牢把握住了网络空间国际治理的主导权，不仅借助媒体舆论为自身的网络霸权"造势"、在网络技术等方面进行垄断，更是依托先进的网络技术大肆侵犯他国信息主权、干扰他国网络秩序、威胁他国网络安全。如以2013年震惊世界的"棱镜门"为代表的一系列事件，就是美国推行网络霸权的具体体现。由于美国"忽略他国感受任性地追求绝对安全，将使全球陷入'安全困境'：一国若欲构建单方面的、不受限制的优势，必然引发他国因安全担忧而采取反制措施，从而引发军备竞赛的循环并对整体安全造成破坏，使所有国家都处于危险之中"[②]。在这种情况下，由于美国的强势控制和肆意践踏，部分国家在全球互联网治理中缺乏话语权，只能唯美国马首是瞻，导致全球互联网治理缺乏分工协作和协同合作的组织力量，技术和资金等资源失衡、地位与责任不匹配成为常态；更有甚

[①] 腾讯成立中国互联网首家研究院 主攻六大核心技术［EB/OL］.（2007-10-15）［2021-03-02］. https://www.tencent.com/zh-cn/articles/80155.html.

[②] 赵瑞琦. 全球网络治理改革：崛起国的路径选择［J］. 学术界，2021（1）：50-59.

者,全球互联网治理的有限合作被异化为美国打压其他国家的工具,严重危害全球的网络安全和稳定秩序。而且,由于美国垄断了全球互联网治理的大部分资源和渠道,在这一治理框架下,许多国家很难"另起炉灶"去构建平等协商、高效协同的合作关系,以致全球各个国家在互联网治理领域开展有效合作的途径被切断得所剩无几。

第二,全球互联网治理中缺乏规则体系,多元主体难以达成共识。当前,美国和欧洲发达国家仍然占据着网络空间的主导权和控制权,如在 IGF 和 ICANN 这两大具有显著影响力的全球互联网治理机构中,实际参与情况表现出明显的差异性,"IGF 由欧洲主导,主要参与者是民间社会团体和技术社群;ICANN 由美国主导,主要利益相关者是商业部门和技术社群"①,这导致无论是少数网络大国之间,抑或发达国家和发展中国家之间,依循的规则体系不尽相同。由于所依循规则的不同,部分主体之间围绕利益分歧难以通过协商达成一致,最终难免造成利益冲突和权利侵害。在这种状态下,各主体彼此之间难以形成高度信任,亦因缺乏互惠规范而彼此之间难以互惠互利。由于各个国家、国际组织、互联网平台企业和公民之间缺乏信任和互惠,几乎无法达成共识,更遑论形成合作传统和长期协同了。针对上述现状,为了更好地协调、整合全球力量开展国际网络空间治理,我国提出了"网络空间命运共同体"这一"中国方案",即"在互联网空间里存在的、基于世界各国彼此之间相互依存、相互联系、共同掌握网络空间的前途与命运特征的团体或组织,包括有形的共同体和无形的共同体"②,具体呈现为基于各个国家、国际组织、互联网企业、技术社群、民间机构、公民个人等多方主体积极参与、协同合作形成的相互依存、集体行动的共同体。正如习近平总书记指出,"国际网络空间治理应该坚持多边参与、多方参与,由大家商量着办,发挥政府、国际组织、互联网企业、技术社群、民间机构、公民个人等各种主体作用。我们既要推动联合国框架内的网络治理,也要更好发挥各类非国家行为体的积极作用"③。

---

① 邹旭怡.全球互联网治理困境与网络空间命运共同体构建的价值取向[J].天津社会科学.2020(2):83-87.

② 林伯海,刘波.习近平"网络空间命运共同体"思想及其当代价值[J].思想理论教育导刊,2017(8):35.

③ 构建网络空间命运共同体 习近平这样表达中国态度[EB/OL].(2021-02-01)[2021-04-15]. http://politics.people.com.cn/n1/2021/0201/c1001-32018936.html?form=rect.

中国互联网信息服务协同治理：应然模式与实践路径

网络空间命运共同体作为一种互联网治理的新理念、新模式，其构成要素、价值诉求、理念内核和实践机制等与互联网信息服务协同治理的内在相契合，都包括主体之间的信任、互惠、合作，以及功能咬合、资源互补等，最终在保障各主体合法利益的基础上，推动公共利益最大化。可以说，网络空间命运共同体在本质上是全球领域的互联网信息服务协同治理。基于此，推进互联网信息服务协同治理，不仅应聚焦国内，强化多元主体协同，更应当结合网络空间命运共同体建设的现实需求，放宽视野、提高站位，将国内互联网信息服务协同治理模式与网络空间命运共同体建设相结合。

第一，发挥中国互联网信息服务协同治理模式的引领作用，凸显我国党领导下互联网信息服务治理模式的独特优势，使国内互联网信息服务治理模式和网络空间命运共同体相得益彰、遥相呼应，提升网络命运共同体的国际话语权与认同水平。互联网信息服务协同治理是党领导下的"中国之治"的重要组成部分，其内在的价值理念、行动方案彰显着党治国理政的先进经验和大国自信，"'中国之治'应为世界各国提供新的治理模式，引领更良善的世界之治"[1]。在我国的互联网信息服务协同治理中，一项基本理念即"合作共赢"，主要的实现途径是"共建共治"，并最终实现"收益共享"。此外，在具体操作层面，如何统筹安排党组织、政府职能部门、互联网平台企业、社会组织、社会团体和公民等主体各司其职、各取所长、分工协作，如何在互联网信息服务治理的不同阶段培育相互信任、实现互惠互利、构建合作网络、形塑联动机制等，均为我国互联网信息服务协同治理的核心内容。在党的领导下兼顾和平衡民主与集中、秩序与自由、实效与效率、成效与成本，实现互联网治理的"帕累托最优"，是我国互联网信息服务协同治理的本质特征和根本优势。只有将互联网信息服务协同治理做好、做强，彰显我国互联网信息服务协同治理及其升华理念——网络空间命运共同体的独特优势，并通过对比，凸显网络霸权、自私自利等错误理念的严重危害，才能真正赢得全球其他国家和国际社会的认同，推动其借鉴、吸纳"中国之治"理念的有益养分，引领全世界各国在全球互联网治理中"积极着眼人类整体发展，在扩大本国利益的同时，兼顾全人类共同利益，大力推动世界边缘的均衡发展，推动国际秩序朝着更加公正合理的方向发展"[2]。

---

[1] 王义桅，张鹏飞. 论"中国之治"的内涵、特点及进路[J]. 新疆师范大学学报（哲学社会科学版），2020（2）：7-15.

[2] 欧阳辉纯，王木林. 从中国之治到构建人类命运共同体——习近平新时代中国特色社会主义思想的政治学意涵[J]. 吉首大学学报（社会科学版），2021（1）：10-18，124.

第二，互联网信息服务协同治理在我国方兴未艾，对于政府、企业、社会组织等主体而言，都是一项新兴事物。受互联网信息服务"管理时代"的影响，我国部分互联网信息服务治理活动依然存在主体单一、缺乏协商等治理碎片化特征，制度保障、组织保障等依然不够完善，协同治理在决策、落实、产出等环节依然存在不同程度的"梗阻"。在这种情况下，我国各主体在互联网信息服务协同治理中的协同意识、协同技能、协同资源和协同经验等方面均亟待提升，唯有各主体在互联网信息服务协同治理中具备充分的意识和能力，能够扮演好自身角色，各主体才能真正在全球网络空间治理中与国外其他主体展开良好合作，网络空间命运共同体才能逐渐形成。因此，推进我国互联网信息服务协同治理的现实意义，不仅在于取得良好成效，更应注重过程导向，即通过协同治理的推进和实践，形塑相关主体参与乃至主导互联网信息服务协同治理的意愿、能力和经验，为参与、引领网络空间命运共同体建设奠定坚实的基础。

第四章
应然模式：中国互联网信息服务协同治理的理想形态

根据本书的"价值—主体—过程—保障"分析框架，可以对中国互联网信息服务协同治理的理想形态进行构建和描述，从而形成关于中国互联网信息服务协同治理较为系统、全面的模式。其中，价值体系是在协同治理中发挥根本性引导和定位的作用，是协同治理的理论前提；主体力量是"互联网信息服务＋协同治理"两方面的关键要素，是模式构成的核心力量；运作过程是协同治理的动态性运作过程，呈现出运作中的规律；外部保障是协同治理中重要的支持要素，也是有成效的必要条件。几个部分相互衔接、相辅相成，共同构成了中国互联网信息服务协同治理的应然模式。

第一节 中国互联网信息服务协同治理的价值前提

中国互联网信息服务协同治理并非仅仅是对既有互联网内容治理的优化与升级，其内在蕴涵着更深切的价值目标追求。就其直接目标而言，毋庸置疑，互联网信息服务协同治理一方面旨在破解互联网内容治理的碎片化难题，另一方面关注静态内容层面之外的信息行为及其背后主体，期待以此提升互联网内容治理的效能。就其终极价值追求而言，中国互联网信息服务协同治理旨在构建"以人民为中心"，关注技术、生态与"信息人"的人本主义互联网信息服务治理模式，使互联网的开放、互联和自组织等内在属性得到最大限度的良性发挥与运用，使网络上的"信息人"及其现实中的投射——人民群众增强获得感与满足感。中国互联网信息服务协同治理价值以体系化形式存在，这一体系可以解构为互联网信息服务协同治理的逻辑前提、合作基础、行动保障与效能追求，分别对应着个体性价值和公共性实现之间的平衡、普遍民主参与和集中权威决策之间的平衡、协同愿景和经济诉求之间的平衡，以及表达自由权利和良好互联网秩序之间的平衡。

一、个体性价值和公共性实现之间的平衡

所谓公共性价值，是指"基于主客体关系基础上生成的对象性存在的一种社会属性或价值属性"[①]。通过公共性的实现，使公共管理过程成为一种公

---

① 张正军. 公共管理论域中的公共性问题——语义分析基础上的哲学诠释[J]. 江海学刊, 2009(3): 104-111, 238.

第四章 应然模式：中国互联网信息服务协同治理的理想形态

共行政道德、行政法治化和公民责任实现的过程，亦满足了社会公共利益和民众福祉最大化的治理诉求。这些对于参与到治国理政中的各方主体而言，主要呈现出的就是主体具备高度的公共理性。然而，从哲学层面审视，与公共理性相对应的，是个体理性。康德认为，理性只能是个体的理性。无论是组织、机构的负责人，抑或是普通民众，其均为"有限理性"个体。随着工具理性在现代社会的泛滥，个体理性衍生出自私自利、急功近利等价值糟粕，进而蜕变为精致利己主义等异化的价值观。但与此同时，现代人作为具备政治人、社会人等多重身份的个体，其生存和发展必然要融入政治过程和社会关系当中才能得以实现，这就需要培育各方主体的公共理性。

过度强调绝对个体理性，等于为精致利己主义的繁衍提供了温床，使其对公共理性中关注公共事务、达成协商性共识、让渡部分利益和维护长期的合作秩序等部分核心议题产生抵触乃至全部否定，从而徒增个体理性与公共理性之间的冲突，无益于二者之间的调和与共存。这种异化的个体理性与公共理性之间的价值冲突及其所形成的内在张力，既包括个体关注自身利益的短期性价值和公共性实现的长期性价值之间的冲突，又包括合作共治实现公共性带来的群体福祉等正面价值和部分个体自私自利等负面价值形成的价值冲突，这些冲突和张力亦鲜明地呈现在互联网信息服务协同治理中。

在中国互联网信息服务协同治理中，主要包括党组织、政府部门、互联网平台企业、行业协会、公民等一系列主体，这些主体均具备自身的主体地位和相应的利益诉求。例如：对于政府部门而言，虽然监管、引导是其重要的公共性责任，但是其作为"理性人"主体，衡量成本和收益、考虑部门关系、追求领导政绩和部门利益最大化等也是其需要考量的重要内容；对于互联网平台企业而言，做好信息"守门人"工作、衔接社会参与与网络治理等是其重要的公共性责任，但企业作为经济人主体，也会着重考量个体性的经济收益和企业发展需求；而公民实现公共性的方式，主要是积极参与到治理活动中，并以自律来切断不良信息的流转渠道，但无论是赚取名利，抑或是宣泄情绪等动因，均有可能导致公民出现侵害公共利益的行为。上述个体理性与公共理性之间的冲突，对于部分互联网平台企业、行业协会和公民个体而言，很可能导致其很难意识到自身在公共性实现方面的社会责任。例如，随着自媒体的发展，能够在公共信息平台制造和传播信息的主体数量及信息体量等爆炸式增长，但由于部分主体片面追求自身利益的最大化，不愿承担自己的责任，造成无序网络营销、劣质信息泛滥和侵害隐私权益等困境,进而导致整个网络信息生态的恶化和"公地悲剧"的发生。[1]

在中国互联网信息服务协同治理场域中,公共性价值有其存在的必要性。公共性价值的培育可以使各方主体在实现理想协同成效与经济诉求间取得恰当、良性的平衡,具体体现为:在主体结构层面,有较强的向心力、稳定性与生命力;在运行过程层面,互联网信息服务协同治理制定的制度安排与协同行动均与公众的诉求有较高的耦合度,但个体理性有其存在的自然根源,无法被消解。鉴于此,互联网信息服务协同治理价值体系中的个体性价值和公共性价值的平衡相对于其他几种价值关系处于统领性与引导性的位置,是这一价值体系存在的逻辑前提。

二、普遍民主参与和集中权威决策之间的平衡

民主与效率作为国家治理现代化的重要价值目标,对于中国互联网信息服务治理意义重大。民主作为保障公正的核心途径,与效率一同构成了矛盾的两个方面。如在西方行政学的传统中,民主和效率作为两大核心价值,一直处于价值冲突和内在张力的状态。随着第二次工业革命的兴起,以效率为至高追求的管理科学亦随之兴起。德国学者马克斯·韦伯指出,现代科层制使得官僚系统成为一部冰冷无情、高效运转的机器,政府中的官员具备高度的专业化技能,能够按照岗位分工高效运作,在岗位上的官员呈现出明显的"非人格化"特征,即成为官僚系统这部高速运转机器上的螺丝钉[2];而行政管理对于"效率"价值的单一性追求,更是随着"政治—行政"的二分化进程而愈益凸显。行政管理由以政府为代表的行政系统和政治系统来具体实现,强调程序精准和高度效率。行政系统相对独立于政治系统,但政治系统对行政系统的控制依然存在[3],二者之间依然存在着职能交叉和权力交互,二者所分别秉持的"民主"和"效率"核心价值之间的价值冲突愈益猛烈。虽然随着新公共行政、企业家政府和新公共服务等行政理念的发展和应用,"效率至上"的传统行政弊端得到一定程度的纠正,但新的行政管理理念依然存在着

---

[1] 代玉梅. 网络微传播的公地悲剧及其向公共福祉转化 [J]. 中国出版, 2013 (12): 13-16.
[2] 马克斯·韦伯. 经济与社会(上)[M]. 林荣远, 译. 北京:商务印书馆, 1997: 278-280.
[3] F.J. 古德诺. 政治与行政 [M]. 王元, 译. 北京:华夏出版社, 1987: 14-25.

第四章 应然模式：中国互联网信息服务协同治理的理想形态

矫枉过正和"新瓶装旧酒"等问题①。互联网信息服务协同治理作为行政管理的重要事项，其亦内在地蕴藏着民主与效率的价值冲突，这种价值冲突既包括民主的理想价值与效率的应然价值的冲突，又包括民主与效率的价值标准模糊所引发的价值冲突。在互联网信息服务协同治理中，上述价值冲突具体表现为治理中普遍民主参与和集中权威决策之间的张力。

具言之，中国互联网信息服务涉及信息制造者、信息加工者、信息发布者、信息接收者、信息使用者和信息服务监管者等一系列主体和行为。信息服务涉及的利益主体众多、利益关系复杂，协同治理中的民主协商和利益协调诉求更是强化了协调利益主体和利益关系的指向性。但是，以民主手段来协调利益关系、整合利益诉求，是一项十分费时费力的过程。如果过于强调互联网信息服务协同治理中的民主手段和形式，很可能将会面临拖沓、低效和治理碎片化的情况，这将削弱我国行政体制高效落实的体制优势，弱化"效率"这一核心价值；而且，互联网治理事项的参与一般采取网络形式，参与主体匿名性、信息巨量性和流转即时性导致民主参与极易蜕变为无序化参与，以至于大幅降低效率，弱化实效性。但是，如果一味强调效率，极可能会导致决策和执行偏颇、丧失公平公正、形式主义乃至侵犯公共利益等情况，亦与互联网信息服务协同治理中各主体民主协商、确保整体公正、共同维护网络生态的目标相左。

在运动式治理等的作用下，我国互联网信息服务治理的集中权威决策和强力监管无疑有其高效的一面，但信息公开不畅、结果反馈匮乏等因一味追求效率而带来的"副产品"也导致治理中往往面临边际效应递减的窘境。

鉴于此，如何调适普遍民主参与和集中权威决策之间的价值冲突和内在张力，将其较好地进行价值整合，以实现互联网信息服务协同治理民主参与和权威决策的平衡，构建互联网信息服务协同治理价值体系的合作基础，是我们需要思考的问题。

三、协同愿景和经济诉求之间的平衡

协同优势是中国互联网信息服务协同治理在成效维度的核心价值导向。其存在的意义是引导协同治理破解治理资源短缺、治理碎片化和多元化需求

---

① 朱仁显，刘建义. 民主与效率：西方公共行政发展的价值博弈 [J]. 行政论坛，2014 (1)：90-95.

等难题，在互联网信息服务领域形成整个社会层面的协同传统，在应然层面尽可能地创造协同优势，并推动协同绩效的最大化。这也是互联网信息服务协同治理中各方主体及其行为的重要导向。

协同治理的最终成效，是主体行为作用、资源投入运用、突发事件处理等因素共同作用的结果。互联网信息服务协同优势和协同绩效的最大化，是一种理想化的政策目标，在现实治理情境下，其绩效受到主体和环境等多重因素的约束。正是考量到治理的理想化目标与实践成效之间的差距，公共管理学界制定了"4E"绩效测评方法，即以"经济"（economy）、"效率"（efficiency）、"效益"（effectiveness）、"公平"（equity）为公共管理绩效的原则性考核指标，也为公共管理树立了价值导向。其中，"效率"和"公平"两项价值的内涵与冲突在上文已经进行了探讨，而"经济"和"效益"之间的价值冲突亦较为严重，对互联网信息服务协同治理的影响也较大。"效益"一般指治理成效，即治理最终呈现出的效果和收益，而"经济"则是衡量治理的成本与收益（投入与产出）之比的指标，聚焦于合理节约成本、提高资源利用率、理性投入资源和以最小投入保障最大产出等关键节点。随着公共管理理念的不断发展，公共管理过程已然跨越了盲目追求单一效果和收益的传统行政管理阶段，"经济"原则已经成为政府编制财政预算、管控治理过程和制定绩效考核指标等十分重视和强调落实的关键性指标，只有契合"经济"考核指标的治理成果才真正具备合法性。正如经济合作与发展组织（OECD）指出，绩效是指实施一项活动所获得的相对于目标的有效性，主要包括从事该项活动的经济性、效率和效力，"经济性"被列为绩效评价的首位指标。

在这一现状下，"经济"和"效益"两大价值之间的冲突愈益明显。正如上文所述，如果在行政决策、政策落实和结果运用等阶段过于忽略经济性指标，不但容易造成成本过高和资源浪费等问题，还容易导致在治理决策和政策落实中造成裂隙，使治理因实际资源不足而难以实现政策目标。然而，如果过度重视经济性指标，很可能导致治理主体忌惮因资源投入过多、资源运用效率较低和回报周期过长而带来的政策结果相关问题，而对由此造成的治理决策合法性和正当性弱化产生隐忧。这种忌惮和隐忧很可能对政府和其他治理主体的行为产生束缚，诱使其对资源投入过大的、资源运用率较低的和回报周期过长的治理事项进行"一刀切"式的否定，以此杜绝可能出现的风险，从而忽视了民众福祉和长远收益等更为重要的治理价值。综上所述，理想协同成效与经济诉求之间的价值冲突和内在张力，既包括理想化的应然性价值和实践中呈现的实然性价值的冲突,又包括"短平快"的短期性价值与"利在千秋"的长期性价值的冲突。

这种价值冲突在互联网信息服务协同治理中的表现十分明显,应引导其实现平衡。在我国互联网信息服务协同治理中,理想形态固然应当是功能高效融合、资源充沛供给、多方高效协同的完美状态,具体表现为各主体各司其职,政府部门积极监管、平台企业严格自律、行业协会积极协调、公民参与监督,各方民主协商、联席决策,推动信息共享与共同研判,针对治理中的"棘手问题"充分联动等。但是,在审核不良信息、排查信息源头、动员意见领袖、引导社会舆情等主体履责和民主协商、信息共享、联动机制等协同治理过程中,各主体均需要承担大量的时间成本、协调成本、资金成本乃至社会网络成本。成本的巨量性和资源的有限性,意味着在现实实践中,诸多理想化状态下才具备的条件实际上是不存在的。例如,政府监管部门和互联网平台企业对于信息筛查的成本投入是有限的,近乎无限的责任和海量的信息等造成的"信息筛滤难"问题难以通过单一的成本投入来解决,而各主体之间若想实现信息的即时储备、共享和研判,则需要投入大量的资金、设备、人才,而这对于经济条件较差的地方和基层治理主体而言也是不现实的。各治理主体可能或一味追求理想化目标而不顾实际条件和经济诉求,造成协同难以为继、虎头蛇尾,或因过度受限于经济性标准而回归传统管控手段的窠臼中,导致协同难以开展,最终导致互联网信息服务协同治理的成效大打折扣。实现协同愿景与经济诉求间的平衡是互联网信息服务协同治理价值体系的行动保障。

四、表达自由权利和良好互联网秩序之间的平衡

对于互联网信息服务而言,"自由"价值最有代表性的表现形式,当属"表达自由"。所谓"表达自由",是指人们通过一定的方式将自己内心的精神作用公之于外部的精神活动的自由。[①] 表达自由不仅体现在传统的新闻出版行业,亦是互联网信息服务中蕴含的一项重要价值。表达自由不仅是信息制造和发布主体的一项基本权利,而且与公民的知情权、参与权和监督权等紧密

---

① 许崇德. 中华法学大辞典(宪法学卷)[M]. 北京:中国检察出版社,1995:52.

衔接。然而,"人类可以无自由而有秩序,但不能无秩序而有自由"[①],自由价值的应用终究有其边界,超越法律和道德边界的"自由"异化终将打破互联网信息服务的稳定秩序,最终导致网络信息生态环境被污染与破坏。异化的表达行为会动摇主流价值认同、引导自利价值取向、异化秩序的本质属性,并在网络场域内形成一系列极端认知,例如规则与秩序是对自由的束缚和侵犯,这种认知可能会导致部分信息主体对网络的秩序和规范表现出叛逆态度和破坏行为,从而最终使秩序这一互联网根本性价值丧失其引导作用和渠道。在这一现状下,国内学者周伟萌将自由与秩序之间的价值冲突列为互联网信息传播中重要的价值冲突,并将其具体表现归纳为互联网信息传播自由与破坏国家信息安全之间的内在张力、互联网信息传播自由与损害公共利益之间的内在张力、互联网信息传播自由与侵害公民权利之间的内在张力[②];而代金平和郭娇则将自由和秩序界定为网络文化传播过程中的基本价值冲突,"网络行为主体对自由的无限追求与网络规范的约束无所不在,导致了网络自由与规范的矛盾,构成了网络文化的基本价值冲突"[③]。可以说,在互联网信息服务中,自由与秩序之间的价值冲突是一项基本的价值冲突,这既包括理想化自由状态的应然性价值和网络有序运行的实然性价值的价值冲突,又包括维护稳定秩序的正面价值与极端自由主义的负面价值的价值冲突。

自由与秩序之间的价值冲突,亦是中国互联网信息服务协同治理所要面对的重要价值冲突。由于互联网信息服务中具备主体匿名性、流转即时性和信息巨量性等特征,极大增加了各方主体协同维护互联网信息服务秩序的难度。具体而言,中国互联网信息服务协同治理的重要目标之一,就是超越过度依赖政府主导的专项治理和委托式治理模式,以多方主体制度化、规范化协同形成的治理模式来推动互联网信息服务形成稳定秩序。但在压力型体制的政策目标和维稳"一票否决"等考核压力下,如果过于强调对信息流转过程的强力规制和渠道阻隔,可能导致少数监管部门和平台企业在形式主义的影响下,不去寻求并解决表达中蕴含的诉求,而一味以

---

① 塞缪尔·亨廷顿.变革社会中的政治秩序[M].李盛平,杨玉生,等译.北京:华夏出版社,1988:8.
② 周伟萌.自由与秩序:互联网信息传播中的法律价值冲突与协调[J].江汉论坛,2016(11):132-138.
③ 代金平,郭娇.自由与规范:网络文化的基本价值冲突?[J].西南大学学报(社会科学版),2009(2):102-106.

限制网络中的表达自由为手段，如少数平台企业"为了删帖而删帖"，或误删、错删部分帖子，这些都是对正当表达自由的一种干扰和否定。尤其随着自媒体的迅猛发展，信息流转早已从早期点对点的单线式发展为点对面、面对面的复杂信息流转网络，公民个体掌握了更多的信息话语权和流转渠道，也就享有了更多实现"表达自由"的机会，表达的形式和内容亦渐趋多样。如果过度忽略公民合理合法的"表达自由"诉求，不仅可能导致互联网平台企业在提供服务、进行监管和主体联动时陷入两难的尴尬窘境，而且可能导致部分公民因维护表达权利等权利需要，弱化对既有治理理念的认同和配合，并不再发挥自身的协同作用。鉴于此，如何平衡好互联网信息服务协同治理中"自由"与"秩序"二者之间的价值关系，化解由于价值冲突而引发的张力，对于参与协同治理的各方主体而言，无疑是亟待处理的重要议题。实现网民表达自由权利和良好互联网秩序之间的平衡，是互联网信息服务协同治理追求的效果之一。

第二节 中国互联网信息服务协同治理的主体结构

协同治理的实现依赖于利益相关者的行动，对于利益相关者的探讨是实现协同治理过程的理论前提与逻辑铺垫。在协同治理实践中，所谓利益相关者，具象化来说，即治理主体。对于某一特定场域协同行动予以展开，其治理主体层面主要涵括三个维度：一是对于主体集聚过程的描摹，主体集聚是各主体凝聚共识进而实现有序行动的重要准备阶段之一；二是对于主体治理工具的梳理，主体作为治理模式中重要的结构要素，是互联网信息服务协同治理功能得以发挥的重要基础，各治理主体所运用的治理工具则是促发功能发挥的枢纽与触手；三是对于主体扮演角色的明确，主体角色的划定、厘清与扮演，是主体集聚后参与协同治理过程的必要阶段，亦是主体的各类治理工具得以组合发挥效用的保障。

一、主体集聚：自愿式、引导式与压力式

主体集聚是协同治理正式运作之前主体意向的整合阶段和主体共识的形成阶段，是各主体在协同治理中自身所扮演角色基础上的协同行为。在各主体以不同方式进行集聚前，应先对何种主体能参与协同行动进行识别，即经

中国互联网信息服务协同治理：应然模式与实践路径

由理论层面的分析与论证，最终允许哪类与协同行动密切相关且具备协同能力的行动者进入协同场域。

既有研究中关于在多主体参与治理的场域中识别核心主体，有不同维度的探讨。质言之，主体身份的识别，主要是从相异的维度来考察主体参与治理的合法性资本（legitimate-stake），是指"可被感知到的参与发展过程的权利和能力"[1]。具体而言，协同治理中参与主体身份合法性的来源主要有三种：一是能力；二是权力；三是历史关系。[2] 协同参与的能力主要是指在参与某种特定协同治理实践活动的过程中，某一参与主体所具有的特殊技能、特定资源和专业知识等方面的内容。协同中具备的权力即指在协同治理实践中更具备话语权和掌控力的主体，这类主体也自然而然地具备参与协同治理实践的合法性资源。所谓历史关系，包括主体自身和主体间关系两个维度：主体自身维度即指参与协同治理实践的利益相关者个体的声誉、能力及其参与协同治理实践的经历；主体间关系维度即指在历史沿革中的主体间关于此类协同治理实践活动的互动模式及其所形成的实践效果。特殊情况下，某一治理主体如仅具备协同治理实践所需的某一特定优势，也可被纳入协同治理实践的主体网络中，具体应视协同治理实践的情况而定。

在理论推演与实践考察的双重作用下，中国互联网信息服务治理模式中的治理主体，主要包括政党、政府、互联网平台企业、互联网行业协会、公民等。

就政党主体而言，中国互联网信息服务治理不仅仅是社会管理的重要组成部分，实际还是执政党、国家和政府对于国家公共事务和社会公共事务的管理，亦包括网络组织实体自身的管理，以及网络行为者的自我约束行为。[3] 政党是国家治理的核心主体与领导力量，互联网信息服务治理作为国家治理在虚拟空间的重要表现形态，政党对于互联网信息服务的治理正是国家治理领导权力的延展，亦是其合法性资本存在的重要前提。

中国互联网信息服务治理模式中的政府主体是主体结构中的最关键节点。想要明确治理模式中政府主体的合法性资本，首先应了解"政府"的概念。关于"政府"概念的界定，呈现出广义与狭义的分野。狭义的"政府"概念，

---

[1] Barbara Gray. Conditions Facilitating Inter-organizational Collaboration [J]. *Human Relations*, 1985 (10): 911-936.

[2] 田玉麒. 协同治理的运作逻辑与实践路径研究——基于中美案例的比较 [D]. 长春：吉林大学, 2017.

[3] 施雪华. 互联网与中国社会管理创新 [J]. 学术研究, 2012 (6): 43-48.

第四章 应然模式：中国互联网信息服务协同治理的理想形态

认为政府仅包括国家行政机关；广义的"政府"概念，即指所有国家用于进行统治、权力执行和管理的机关的总称。中国互联网信息服务协同治理模式中的"政府"概念，立足于广义概念的解读。按照行政层级划分，中国互联网信息服务治理模式中的政府主体主要包括中央政府和地方政府（含基层政府）。

关于互联网信息服务治理领域中所涉及的互联网平台企业，有多种提法，包括互联网平台企业、互联网服务商、网络运营者等，但上述提法在相同的概念内涵中均未体现出各类网络经营者的中介性特征，而互联网平台（网络平台）的提法则在这一意义上使网络经营者的中介性特征进一步得到凸显，从而弥补了缺憾。2011年经济合作与发展组织（OECD）将网络平台（网络中介）定义为"在互联网上聚合或促成第三方当事人之间的交易。他们提供由第三方当事人发起的接入、存储、传输、索引内容与产品及服务，或提供基于互联网的服务给第三方"，并把网络平台分为六大类，包括：互联网接入和服务提供者；数据处理和网站存储提供者，包括域名注册者；互联网搜索引擎和入口；电子商务中介（这些平台不以自己的名义出售商品）；互联网支付系统；参与式网络平台，包括不生产内容的互联网出版和广播平台。① 这一定义及其分类基本涵盖了互联网平台的应用层面与内容层面。本书采用"互联网平台企业"作为互联网信息服务治理中对于市场主体的描述。

在中国语境下，社会组织主要包括行业性社会组织（行业协会）、专业性社会组织等，其具有社会性、非营利性、自组织性与灵活性等特点，可以对政府失灵、市场失灵等起到一定程度的弥合作用。行业协会作为社会组织普遍存在的形式，一方面能促进行业和企业合理利益的最大化，另一方面在一定程度上提供公共服务。互联网行业协会就是为互联网行业的经营性活动提供一定程度服务的行业性社会组织，具体而言，包括行业治理、运营管理、技术沟通、组织互动等。在互联网信息服务治理过程中，与党政系统、企业系统相区别，行业协会可以与其他治理主体建立优势互补的合作关系。

中国互联网信息服务治理中的公民主体，既包括现实社会映射到网络社会中的网民，又包括由网民集合而成的网络团体等。从媒介的意义上讲，网络是技术性实体，网络社会最终指向的是人自身，也即网民。鉴于此，契合

---

① 张小强. 互联网的网络化治理：用户权利的契约化与网络中介私权力依赖［J］. 新闻与传播研究，2018（7）：87-108，128.

于中国互联网信息服务的治理方式，主要体现为对于网民的充分关切，也体现为以网民的视角切入治理的方式与逻辑。

在识别出参与中国互联网信息服务协同治理的主体后，可进一步描摹不同主体的集聚方式。当出现互联网信息服务的事项和需求时，形成主体集聚的主要渠道有以下三种方式，如表 4-1 所示。

表 4-1 中国互联网信息服务协同治理主体集聚方式

集聚类型	要素						
	集聚特点	加入形式	权责分配	制度体系	灵活度	集聚成本	主要集聚主体
自主自愿式集聚	自下而上	自组织	共享共担	信任、互惠	高	低	网民、网络团体
政策引导式集聚	上下合作	政策引导、沟通说服	独立灵活	契约、规范	中	前期较高	大部分互联网平台企业、互联网行业协会，少部分性质特殊、影响力迥异的网民及网络团体
命令压力式集聚	自上而下	政策压力	归属官方部门	政策、法规	低	后期较高	涉网公共部门、互联网平台企业

（资料来源：笔者自制）

（一）自主自愿式集聚

自主自愿式集聚即"自下而上"的集聚方式，往往由于主体通过自组织的形式聚合而成，这种集聚方式灵活度较高，其权责分配形式也是于组织内部共享共担。在激励与问责时，这一方式所遵循的规则体系并非强制性的法律法规等，而是自律性的信任与互惠。在互联网信息服务治理行动中，公民主体通常以自主自愿的方式进行集聚，在对负面的互联网信息内容及信息行为进行治理时，这一方式也较为及时、敏捷。通常情况下，危害程度相对较低、涉及范围相对较小的互联网信息服务多由公民主体先发现并进行处理，互联网平台企业主体、政党主体等的介入往往在后续阶段发生。该聚集方式有赖于数量众多且庞大的网民及网络团体，其优点在于发现负面或不良信息服务的速度快且成本低；但与此同时，由于主体的认同与认知水平不同，有些主体的认同水平高，有些主体则相反，有些主体的认知水平高，有些主体亦相反。

（二）政策引导式集聚

政策引导式集聚，即"上下合作"的集聚方式，往往由政党、政府等公权力主导者以政策引导、沟通说服等形式达成共识，在组织内部，主体间领导权分配方式相对独立，较为灵活，其所遵循的规则体系为规约性层面的契约与规范。在互联网信息服务协同治理行动中，大部分互联网平台企业及互联网行业协会，少部分性质特殊、影响力较大的网民及网络团体，通常采取政策引导式集聚。与自主自愿式集聚和命令压力式集聚方式相比，这种集聚方式具有兼顾规则性与灵活性、秩序性与自主性的特征，不易诱发利益冲突；但由于其涉及公权力类主体与自组织类主体的跨域互动、交流，容易使协同行动在一定程度上陷入低效，同时在协同行动展开的前期阶段付出较高的成本。

（三）命令压力式集聚

命令压力式集聚是"自上而下"的集聚方式，即依靠公权力主体强力聚合其他"非公"主体。当迫切的互联网信息服务治理问题必须得到及时回应时，命令压力式集聚被启动，它可以广泛动员社会资源，打破各主体间的障壁，在一定意义上，这是中国传统政治动员机制的延续。在互联网信息服务治理过程中，最为典型的命令压力式集聚即互联网信息服务治理"专项行动"。这种自上而下的集聚方式，因为党政系统的政策压力是主要动力源，所以行动产出效率高、治理见效快，但亦存在不足之处。这种集聚方式以政策、法规为规则体系，领导权归属官方部门，灵活性较差，容易激化各主体间的角色冲突与利益冲突，并且鉴于各主体参与意愿的不同、参与缘由的差异，部分主体可能缺乏落实意愿，因此具有较高的后期成本。

二、主体工具：治理特质发掘与治理资源组合

在学界关于互联网信息治理的探讨中，政策工具的相关研究并不鲜见，

在情报学、信息管理学的学科视角下，学者多运用文本分析、网络分析等研究方法切入，分析互联网信息服务治理的相关政策；而从公共管理的学科视角介入，其探讨的是公权力部门在互联网信息服务治理中发挥的作用及其与其他治理主体间的关系。例如，何明升、白淑英以政府在互联网信息治理中的介入程度，将其进行网络治理实践的网络政策工具分为自愿性工具、疏解性工具、调节性工具及规制性工具[①]；崔俊杰则聚焦功能主义与规范主义的脱嵌及其弥合，在实践执法案例中分析了政府信息内容执法的新型政策工具[②]。本书关注的则是，在互联网信息服务治理走向对于多元主体介入及其关系的关切与探讨的当下，从多元主体视角出发，基于对各个主体治理特质的发掘及其治理资源的组合，以及其在参与互联网信息服务治理中的主体工具的探讨。

（一）政党主体

既往对于互联网领域主体治理工具的关切，给予政党主体的关注度不足，但从政党主体的角度出发，当代中国政治秩序的核心即执政党对于国家和社会生活的领导权。[③] 鉴于这种领导权的存在，在互联网信息服务治理这一超大规模的公共领域中，政党主体的领导与介入兼具正当性与合法性。就其治理工具而言，主要分为横向的组织化嵌入，以及由此衍生的纵向政治任务发包、政治问责。

1. 政党主体向互联网平台企业与互联网行业协会两大主体横向的组织化嵌入

政党主体嵌入互联网平台企业与互联网行业协会有其经济逻辑与政治逻辑的双重逻辑：从经济逻辑来看，互联网信息服务领域是新兴且极具发展前景的行业领域，政党在其中的组织嵌入，可以引领行业发展，使其收益红利在税收等方面为政府财政收入做出贡献；从政治逻辑来看，政治秩序是现代化的保障要素之一，但新兴领域经济发展促动现代化发展本身又是会对政治

---

① 何明升，白淑英. 网络治理：政策工具与推进逻辑 [J]. 兰州大学学报（社会科学版），2015（3）：72-81.

② 崔俊杰. 互联网信息内容监管工具的实证分析与法治完善 [J]. 中国行政管理，2020（9）：17-22.

③ 国晓光. 秩序、吸纳与权力重构——20世纪90年代以来国家对私营企业主的政治整合研究 [D]. 长春：吉林大学，2016.

第四章 应然模式：中国互联网信息服务协同治理的理想形态

秩序形成挑战的情形之一，政党通过组织化嵌入实现对互联网平台企业主体等相关群体的政治整合无疑至关重要。

具体而言，组织化嵌入主要指原本相对独立的两个组织，经由组织形式的交叉重叠与相互渗透，将一个组织的行动逻辑渗透、内化至另一个组织之中的动态过程。① 在互联网信息服务治理中，互联网平台企业与行业协会中集聚了较多的年轻高知群体和新兴精神生产群体，政党对这一群体的政治吸纳与整合将提升政党的适应性与群体的组织化水平。互联网信息服务治理领域中的组织化嵌入主要指互联网平台企业党建与互联网行业协会党建，以及二者对于政党嵌入的"制度化回应"②，即在互联网平台企业与互联网行业协会中建立党组织，党组织嵌入作用的发挥集中于政治引领、组织强化与服务发展三方面。在政治引领方面，通过政治引领匡正互联网平台企业对信息内容与信息行为的政治方向、舆论导向与价值取向；在组织强化方面，低龄化、流动性强等组织特征使互联网平台企业中党的组织建设面临挑战，但同时也使党组织层次化、网络化的管理方式加强了互联网平台企业人员的组织化水平，进而提升其向心力；在服务发展方面，组织化嵌入可以实现政党建设与企业、行业协会业务发展的互促，如依托党建服务中心、党员嵌入网格等方式。而二者的组织回应，则体现为企业与行业协会通过"模仿"策略③，建立起与党组织相对接甚至趋于同构的组织结构，以更好地衔接政党嵌入与获取资源。

2. 纵向政治任务发包与政治问责

企业组织与行业协会组织中依托党组织形成了重新组合的网络与人员构成，加之既有政党在政府互联网信息服务治理相关部门，如各级互联网信息办公室、公安部门、文化部门、广播电视局与市场监管部门等已有嵌入，政党的政治问责是在组织嵌入的基础上衍生出的重要治理工具。因其党员身份，面对部分各级党员领导干部、普通党员在互联网信息服务治理过程中出现的履责不力或失责等现象，可以采取政治问责工具。政治问责在具体施行过程

---

① 唐兴军. 嵌入性治理：国家与社会关系视域下的行业协会研究——以上海有色金属行业协会为个案 [D]. 上海：华东师范大学，2016.

② 李春霞，巩在暖，吴长青. 体制嵌入、组织回应与公共服务的内卷化——对北京市政府购买社会组织服务的经验研究 [J]. 2012 (2)：130-132.

③ 在迪马吉奥和鲍威尔看来，组织趋同的原因主要包括三个方面：强制、模仿与规范。对于中国社会组织而言，来自权力机构的强制体现在体制嵌入上，社会组织自身的回应则体现在模仿上，而社会组织的规范化努力并不明显。

中,通常以机制的形式存在。在国内外学界对于政治问责机制的要素与着眼点进行的丰富探讨中,墨西哥学者安德里斯·谢德勒作为问责理论的集大成者,其三路径说为探讨政治问责提供了清晰的架构与明确的方向,即在委托-代理的分析框架下,委托人可以对代理人的失责行为进行规制,这一权力的使用应当透明,代理人应当告知及解释其行动。① 经过国内学界的引介与整合,可以将其核心要素界定为控制、透明和回应②:首先是控制要素,通过外部供给的制度奖惩来调控党员个体的行为动机,即完善在互联网信息服务治理行政部门、互联网平台企业、互联网行业协会中的党组织建设的奖惩制度、行为规范等制度体系;其次是透明要素,即对于互联网信息服务治理过程中问责的案件线索、问责过程、处理结果等进行实时的动态化与全过程公开;最后是回应要素,这也与本书在互联网信息服务治理领域所提倡的协同治理,以及所欲达到的协同优势相契合,回应要素强调的是在政治问责的过程中,问责主客体及其他在场主体均应参与在内,从而提升互动程度与水平。

(二) 政府主体

作为最核心的公权力主体,政府对互联网信息服务治理过程承担着重要的监管职责,互联网信息服务治理在体制层面实行分级、属地管理,在运行层面要求各政府部门在一定程度上分工承担职责范围内的监管任务。在政府对互联网信息服务进行监管的过程中,其采取的治理工具主要分为:一方面是政府内部各级职能部门采取的法律规制、行政监管与专项行动等治理工具;另一方面则是由政府通过准"委托-代理"的方式③,将互联网信息服务过程治理中的过程管理、内容审查和软法制定等任务"打包"后分配④给互联网平台企业。

---

① Andreas Schedler, Larry Diamond. *The Self-Restraining State*: *Power and Accountability in New Democracies* [M]. Boulder: Lynne Rienner Publishers, 1999: 14-17.
② 王立峰, 潘博. 党的政治建设中问责机制嵌入的三维路径——基于问责要素的理论视角 [J]. 中共中央党校学报, 2019 (5): 56-63.
③ 李小宇. 中国互联网内容监管策略结构与演化研究 [J]. 情报科学, 2014 (6): 24-29.
④ 于洋, 马婷婷. 政企发包: 双重约束下的互联网治理模式——基于互联网信息内容治理的研究 [J]. 公共管理学报, 2018 (3): 117-128, 159.

第四章 应然模式：中国互联网信息服务协同治理的理想形态

1. 互联网信息服务法律规制工具

互联网信息服务治理过程中政府的法律规制工具，即以行政法规、部门规章和政策文件等不同位阶的法律来规制互联网信息内容及信息行为。具体而言，主要包括行政法规、部门规章、司法解释、行政规范性文件和政策文件。如于2000年首次颁行、于2011年和2021年分别修订的《互联网信息服务管理办法》，为与互联网信息服务治理直接相关的位阶最高的法规，该法规首次提出了互联网信息服务治理"负面清单"的"最初版本"——"九不准"。此外，该法规还首次谈及互联网信息服务提供者应在互联网信息服务治理过程中履行"保存有关记录，并向国家有关部门报告"等义务。上述条款无疑为之后各项规章制度的推行奠定了基础。又如自2016年至今，伴随着互联网信息服务应用场景的变化，围绕应用程序信息服务、互联网直播服务、互联网群组信息服务管理规定和互联网直播营销信息服务等信息服务形态，相关部门颁行了系列规范性文件。信息内容生产和传播方式的变革为规制创新提供了依据，也间接延展了法律规制的效能边界。互联网信息服务治理中的法律规制工具，属于公权力介入程度最强的强制性政策工具，具有规范性、稳定性与可预期性等特点。这一工具在渐趋具备回应性与完备度的过程中也对互联网信息服务治理的对象及主体等进行了应然层面的规定。

2. 互联网信息服务行政监管工具

互联网信息服务行政监管工具是指国家行政机关运用行政措施，对互联网信息内容、信息行为及其背后个体人的行为进行的强力规制。行政监管工具亦属于强制性规制工具，从行政处罚、行政强制等传统监管工具，到信息内容生产、传播方式变革衍生出的约谈、暂停相关业务和下架应用程序等新型监管工具，此类互联网信息服务工具箱中的序列结构设计，符合回应性规制（responsive regulation）理论下强制效力梯度递增/递减的"规制金字塔"（regulatory pyramid）模型。[①] 此类新型监管工具有较强的针对性，在实践中常与传统监管工具一道以"组合"的形式被使用，如：2021年1月，北京市文化市场综合执法总队对"抖音"平台进行了"约谈＋行政处罚"的处理；2018年7月，哔哩哔哩、秒拍等短视频平台因出现违法违规信息内容及信息

[①] Ayres I, Braithwaite J. *Responsive Regulation: Transcending the Deregulation Debate* [M]. New York: Oxford University Press, 1992: 19-26, 35-38.

行为，分别被要求"下架整改一个月""未接到通知不得上架"。新型监管工具存在着应然层面上的合法性争议与实然运用中的合理性欠缺，但传统监管工具的频繁使用存在着抑制互联网信息服务企业活力、使网民陷入"寒蝉效应"等多重风险，新型监管工具对传统监管工具的灵活嵌入以及二者组合使用部分程度上可以消解上述风险。①

3. 互联网信息服务专项行动工具

在互联网信息服务治理领域，专项行动是政府在整治负面信息内容及信息行为与传播此类信息内容及信息行为的互联网平台企业等情形中常规使用的治理工具。在我国互联网信息服务领域各行政部门联合发文的56份政策文件中，20份是关于专项行动的通知与部署。② 治理工具的选择与使用是适应当时治理资源情况的选择。一方面，仅从数量、规模等量化的视角审度，行政部门中直接参与互联网信息服务治理的组织、机构与人员，面对呈几何级数增长的网民规模及快速迭代的互联网信息服务样态，其治理能力有限；另一方面，在由互联网信息办公室负责互联网信息服务治理的过程中，联合发文、行动与惩处的专项行动可以在一定程度上破除各部门合作壁垒，在行动过程中提高合作效率，如2020年6月到10月的"剑网2020"专项行动、同年8月到10月的未成年人网课平台专项整治行动等。不可否认的是，专项行动作为一种运动式治理的治理机制，其在短期内的治理效果是显著的，但过度的使用亦容易使治理陷入一种"有效性"的迷恋中。

4. "代理式"互联网信息服务治理工具

"代理式"互联网信息服务治理工具，即由政府通过"准委托-代理"的方式，将互联网信息服务过程治理中的过程管理、内容审查和软法制定等任务"打包"后分配给互联网平台企业承担。从2000年颁行的《互联网信息服务管理办法》中关于互联网信息服务企业履行信息记录保存义务的规定，到2020年《网络信息内容生态治理规定》中关于网络信息内容服务平台主体的责任强调，"委托"互联网平台企业承担起部分互联网信息服务治理任务，是政府在治理资源约束等条件下的必然选择。

---

① 崔俊杰.互联网信息内容监管工具的实证分析与法治完善［J］.中国行政管理，2020（9）：17-22.

② 魏娜，范梓腾，孟庆国.中国互联网信息服务治理机构网络关系演化与变迁——基于政策文献的量化考察［J］.公共管理学报，2019（2）：91-104，172-173.

（三）互联网平台企业主体

互联网平台企业是现阶段互联网信息服务过程治理中最为重要的非公主体，其治理行为又被称为"代码治理"。在资源限制和产权约束等因素的影响下，互联网平台企业参与互联网信息服务治理的各类治理行为屡见不鲜，这类治理行为具有灵活性、时效性和广泛性等优点，但不同程度上存在合法性争议、价值性冲突及权力滥用等方面的质疑。

1. 互联网信息服务软法治理工具

互联网信息服务治理领域中的软法治理是硬法治理失灵时的重要补充与支持。软法是指一种行为规范，由多元主体制定或形成，各制定主体运用约束力来保障其实施。① 具体而言，作为互联网平台企业治理工具的软法主要包括互联网平台企业制定并实施的章程、规定、原则和倡议等类型的文件：自治章程类，如由阿里、百度、腾讯等6家企业共同发布的《关于"清朗网络环境，文明网络行为"的联合倡议》；互联网平台管理章程类，如《新浪微博社区管理规定》《"抖音"用户服务协议》等。互联网平台企业利用这类软法工具对互联网信息服务内容及行为进行治理，以回应公权力部门的要求及满足自身平台的运转需求。

2. 互联网信息服务过程治理即时监管工具

互联网平台企业最大限度地发挥其技术与资源优势的治理场域，即过程治理阶段。这一过程是指信息内容被生产并进入网络平台，在网络平台上转化为各类信息行为而继续流动、传播直至消亡的过程。在这一过程中，上文谈及的软法治理工具仅在互联网信息服务过程治理的开端发挥较大的效力，在具体运转过程中，互联网平台企业还须运用即时监管中的系列工具。一方面是应对日常管理的常态化审查机制。即在互联网信息内容及信息行为传播的过程中进行公共信息巡查、内容审查、版面页面信息生态管理，核验用户注册及账号管理等。另一方面是应急处置的动态化调控机制。如在信息内容及信息行为传播的过程中出现突发事件，则采用强制用户下线、用户禁言、设置黑名单等退出机制进行实时动态化调控。

---

① 罗豪才. 人民政协与软法之治[J]. 中国政协理论研究，2009 (1)：10-12.

3. 互联网信息服务治理技术嵌入工具

技术是互联网平台企业所仰仗的重要治理工具之一。互联网信息内容分级，是指根据一定的分级体系，把网络信息的内容属性或其他特征分门别类地揭示出来，设置分级标记，并与过滤模板进行比较，以决定是否过滤的信息管理制度。[①] 在互联网信息服务治理技术嵌入的过程中，互联网平台企业主要在互联网信息内容分级的体系构建、分级标记及过滤使用等方面发挥作用。

（四）互联网行业协会主体

互联网行业协会是非政府治理主体的一员，是连接党和政府、互联网平台企业和网民的桥梁与纽带。各类互联网行业协会以其特定的优势积极参与互联网信息服务治理的政策制定、过程治理与事后惩治，引导互联网信息服务相关企业主体自律。具体而言，互联网行业协会主体参与互联网信息服务治理的治理工具主要分为三种。

1. 以互联网行业公约等的制定引导互联网信息服务相关企业自律

行业公约是互联网信息服务治理软法体系的重要组成部分。行业公约的制定与施行可以引导互联网信息服务企业、互联网平台企业强化行业自律。在互联网信息服务领域，从事互联网自媒体信息服务、直播信息服务，以及信息资源的研发、生产与流动过程中维护的团体或组织通过成员组成的共同体或组织，通过制定互联网行业自律公约等规章制度，明晰各类企业在这一过程中的行动范围与底线。

2. 开展互联网信息服务相关企业信用评价

所谓企业信用评价是"以企业信用数据库为依托，以信息化为手段，运用定性与定量分析的方法，按照企业信用监督评价标准，对企业一定时期内依法生产经营情况作出的综合性评价"[②]。互联网信息服务企业亦是企业开展信用评价的重要成员之一。信用评价的结果将通过信息公开等方式成为影响互联网信息服务企业各方面利益要素的重要组成部分。从信用评价的主体出发，以行业协会为代表的社会组织是重要的组成成员之一。具

[①] 黄晓斌，邱明辉. 网络信息过滤中的分级体系研究 [J]. 中国图书馆学报. 2004 (6)：14-16.
[②] 卢玉平，张群. 中国企业信用体系建设之路径 [J]. 河北学刊，2005 (4)：69-72.

第四章　应然模式：中国互联网信息服务协同治理的理想形态

体而言，互联网行业协会主要从事设立信用数据库等内容，有利于互联网信息服务企业的信用评价、结果转化等。自2008年起，中国互联网协会作为重要成员参与到互联网信息服务相关企业的信用评价中，为此中国互联网协会成立了中国互联网协会信用评价专家委员会，负责具体的信用评价，该评价每年一至两次，根据评价结果为互联网企业发放信用标识、证书等，以证明其资质。

3. 联盟组织的形成及联盟倡议

互联网行业协会组织发出的倡议是面向互联网行业整体、互联网信息服务平台相关企业及网民个体的文字性呼告。此类呼告的内容集中于特定时期对于互联网信息服务治理环境清朗的要求、对于某类互联网负面信息内容及信息行为的抵制承诺或对于某项互联网信息服务治理的共识等内容，如：2020年春季，中国互联网协会发布了《中国互联网协会倡议书》；2014年4月，中国互联网协会发出倡议，"共同抵制网络淫秽色情信息，建设清朗网络空间"；2013年8月，上海7家互联网行业协会发出坚守"七条底线"倡议书，达成坚守"七条底线"的共识，共同抵制网络谣言。鉴于此，这一类治理工具在各级、各类互联网信息服务相关领域中皆可运用，其通过声誉机制、信用规制等方法或原理作用于互联网行业自律。该治理工具具有灵活性、广泛性与低成本等优点，但相应地，其治理效果较之于规制性较强的专项行动等治理工具，并未特别突出。

（五）公民主体

公民在互联网信息服务治理过程中主要以网民及网络团体的形式存在。互联网深刻地改变了中国社会，网络社会的形成让中国网民成为一个新兴的、跨阶层的社会群体。[①] 网民个体及由网民集合而成的团体以不同的形式在互联网信息服务治理体系中发挥重要作用。

1. 网民自律工具

网民自律工具指在互联网信息服务治理过程中网民的自主管理功能。网民不仅是互联网信息服务的使用者，在自媒体时代，其本身亦是互联网信息

---

① 熊易寒. 用户友好型政府：互联网如何重塑国家与社会关系 [J]. 广西师范大学学报（哲学社会科学版），2020（6）：21-32.

服务的重要生产者、传播者，以及互联网信息服务平台的使用者、建设者。鉴于此，网民自律工具是公权力介入程度较低但具有基础性与广泛性的互联网信息服务治理工具。网民或网络团体自律的建立，以其自身素质为基础，以软法为规约。

2. 网民个体举报工具

鉴于网民群体的数量庞大，在互联网信息服务流动的过程中，网民也是举报不良信息的重要治理主体，如中央网信办违法和不良信息举报中心主办的中国互联网联合辟谣平台，即为网民提供的举报不良信息的官方途径。但囿于网民受教育程度、认知水平和年龄分布等因素的影响，网民个体举报工具并非总是发挥高效的作用，互联网信息服务相关举报中无效举报情况多有存在。此外，因互联网信息服务企业、平台企业间竞争的存在，恶意举报情况亦时有发生。

三、主体角色：权力-利益矩阵厘定

在多主体参与、协商进而实现治理目标的情境下，明晰各主体角色无疑能使其更快发挥效用、提升效能。既有研究为我们提供了协同治理过程中主体角色集的全观展示[①]，有学者在对既有经典研究进行分析的基础上，认为协同治理中的参与角色包括发起人、赞助人、协调者、拥护者和技术支持者[②]。在此基础上，结合中国互联网信息服务治理主体的结构特点，将其大致总结为以下几种角色设定。首先是组织者。组织者指组织协同治理过程的组织或个人，在流程上，这一角色会发掘某一议题，引导或倡议事情发展方向，并组织动员其他组织或个人参与其中。其次是协调者。协调者一般具备较高的声望，能得到其他主体一定程度上的认可。在协同治理运转过程中，当产生争议或发生冲突时，协调者能在各主体间进行协调斡旋。再次是辅助者。辅助者是指为协同治理运转过程提供必要辅助的组织或个人，

---

① Arthur Turovh Himmelman. On The Theory and Practice of Transformational Collaboration: from Social Service to Social Justice [M]//Chris Huxham. *Creating Collaborative Advantage*. London: SAGE Publications, 1996: 35-37. Kirk Emerson, Tina Nabatchi. *Collaborative Governance Regimes* [M]. Washington, D.C.: Georgetown University Press, 2015: 72.

② 田玉麒. 协同治理的运作逻辑与实践路径研究——基于中美案例的比较 [D]. 长春: 吉林大学, 2017.

这种辅助主要是一种具象化的体现，如空间维度的基础设施与会议空间、技术维度的信息支持，以及资源维度的金钱或物资等。最后是支持者。支持者是指对于协同治理过程中的决议及各项行动高度支持的组织或个体。这一角色强调该群体对于协同治理过程的广泛参与的热情，但并不强调其参与能力。

在中国互联网信息服务协同治理过程中，如何确定不同参与者应扮演何种角色呢？基于利益相关者理论，科林·伊顿提出的以权力多寡、利益需求为二维分析变量的"权力-利益"矩阵提供了较好的借鉴。[1] 这里的权力是指治理主体对互联网信息服务协同治理过程中的诸多环节可施加的影响力，也即该主体在公共地位、资源占有等方面所具备的能力；利益是指这一过程成功与否对于各主体的有形或无形回报，在此前提下，也在一定程度上表征了该主体参与协同治理过程的意愿。有学者在此基础上提出了协同治理的领导者、协调者、拥护者和跟随者角色模型。[2]

结合科林·伊顿的理论模型、国内学者的拓展以及上文对于协同治理主体角色的分析，中国互联网信息服务协同治理实践的各主体角色可以以"权力-利益"为二维模型集中展示，如图 4-1 所示。

（一）高权力-高利益的领导者角色

高权力-高利益型治理主体是指协同治理行动与其自身利益高度相关，参与意愿强烈、具备较大权力或能力、在协同治理过程中承担着领导者角色的主体。具体而言，在中国互联网信息服务协同治理场域中，政党、政府与部分大型互联网平台企业承担着领导者的角色。常规情况下，政党、政府类公权力部门承担着组织建设、制度供给及行动过程方面的领导职责，如：在组织建设层面，公权力部门培育互联网平台企业、社会组织和公民共同参与互联网信息服务治理情境的能力，引导其发挥各自的治理优势；在制度供给层面，则是治理目标和治理最低标准的主要设定者，同时亦是协同治理工作机制的主要制定者。但在特定互联网信息服务协同治理事项中，如涉及平台企业内部机密信息或特定信息技术场景时，互联网平台企业也会承担起领导者

---

[1] Colin Eden. The Stakeholder Collaborator Strategy Workshop—the Northern Ireland Case [M] //Chris Huxham. *Creating Collaborative Advantage*. London：SAGE Publications，1996：47-50.
[2] 田玉麒. 协同治理的运作逻辑与实践路径研究——基于中美案例的比较 [D]. 长春：吉林大学，2017.

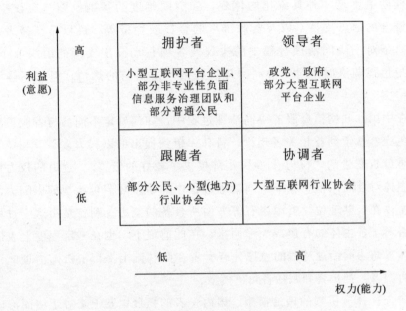

图 4-1 中国互联网信息服务协同治理主体"权力-利益"矩阵
(资料来源：作者自制)

角色，大部分呈现为大型头部互联网平台企业，如百度、今日头条、小红书等，此类互联网平台企业在其所在的互联网信息服务领域中，掌握着更多的技术层面的壁垒与信息。

(二) 高权力-低利益的协调者角色

高权力-低利益型治理主体是指协同治理行动与其自身利益关联度较低，参与意愿亦较低的主体，但这类主体又具备较大的权力或能力，因此在协同治理过程中一般承担着协调者角色。协调者角色具有中立性、低利益关涉性，既可以公平地分配资源或任务等，又具备调和冲突的能力。具体而言，在中国互联网信息服务协同治理过程中，与互联网信息服务治理相关的大型互联网行业协会，就承担着协调者的角色。其协调者角色的发挥既包括对于互联网信息服务协同治理的环境、资源与协作模式的协调与评判，又包括协同治理行动前、行动中对各治理主体间利益关系的协调。

(三) 低权力-高利益的拥护者角色

低权力-高利益型治理主体是指协同治理行动与其自身利益关联度高，参

第四章　应然模式：中国互联网信息服务协同治理的理想形态

与意愿亦较高的主体，但这类主体参与能力有限，故而承担着拥护协同治理行动的角色。拥护者角色因其与协同治理事项的正向或负向的高利益关联度，故而其对于协同治理过程的态度倾向性明显，这类主体通常密切关注、支持协同治理过程，但囿于能力有限，无法在各类事项中发挥更为突出的作用。在中国互联网信息服务的现实情境中，小型互联网平台企业、部分非专业性负面信息服务治理团体和部分普通公民扮演着拥护者的角色。互联网信息服务协同治理结果将影响部分互联网平台企业的发展走向甚至"存亡"。这类组织无论专业与否，它们的形成即表征着其对负面信息治理有着高度热情，部分普通公民参与治理的热情较高，但受学历、知识水平等的限制，无法发挥根本性效用。上述几类主体是互联网信息服务协同治理的"忠实"拥护者。

（四）低权力-低利益的跟随者角色

低权力-低利益型治理主体是指协同治理行动与其自身利益关联度低，且影响其他主体能力亦较低的主体，此类主体在协同治理中扮演着跟随者的角色。跟随者角色在协同治理过程中，因其自身利益与协同治理事项关联度低，故参与意愿不高，且有着较低的利益诉求。在中国互联网信息服务治理情境中，部分公民、小型（地方）行业协会扮演着跟随者的角色，即相对被动地参与到互联网信息服务协同治理过程中。

第三节　中国互联网信息服务协同治理的运行过程

价值要素与主体要素是互联网信息服务协同治理的重要结构性要素，为互联网信息服务协同治理功能的发挥与动态的运转奠定了基础，本部分从协同动力机制、协同运行过程两部分阐述互联网信息服务协同治理过程的动态运转。具体而言，运行过程包括决策、落实与产出三个阶段，涵盖了评价、表达、决策、执行、评估与问责六大环节；决策阶段包括评价、表达和决策三个环节；落实阶段包括执行环节；产出阶段包括评估与问责环节（如图4-2所示）。

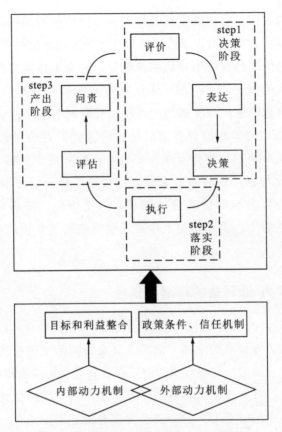

图 4-2 中国互联网信息服务协同治理"六步三阶"过程

(资料来源:作者自制)

一、协同动力机制:运转过程的双向触发

(一)内部动力机制

内部动力机制即在主体自身需求的促动下,使各治理主体参与协同治理行动。协同治理实现的根本,在于调节不同治理主体之间的关系,破除协同惰性,实现协同优势。因此,在互联网信息服务协同治理中,目标和利益整合是首要且重要的结构要素。

1. 合法性与执政需求下的政党主体

党的十八大以来,政党嵌入国家治理的程度益深,党的领导在国家、社

第四章 应然模式：中国互联网信息服务协同治理的理想形态

会和基层等场域发挥着重要的作用。一方面，政党使用组织化嵌入等方式进入互联网平台企业，可以增强党组织的执政合法性基础，中国共产党执政地位的确立和巩固是理解当代中国政治变迁的重要线索，私营企业的党建工作实现了党组织在私营经济部门的拓展和渗透。另一方面，政党是国家治理的重要主体，党建引领社会治理是我国国家治理的新型治理方式。互联网信息服务领域作为公共管理中超大规模的场域，既是重要的被治理对象，又是可以用作治理的重要治理工具，政党在互联网信息服务治理领域发挥作用是其践行党建引领社会治理的重要组成部分。基于上述分析，政党参与互联网信息服务治理一方面是为了增强自身执政合法性基础，另一方面旨在通过提升互联网信息服务治理效果来提升国家全面治理效能。

2. 治理秩序与治理效能追求下的政府主体

首先，从国家安全和长远发展层面，统筹协调各个层级政府、各政府部门对涉及政治、经济、文化、社会等方面的互联网信息及其信息行为进行治理。其次，在提升政府公信力层面，一方面，直接而言，互联网信息内容的标准呈现出从设置"九不准"的高压线到更为关注以治理"三俗"等形式呈现出的互联网信息内容①，从以"负面清单"的形式抑制转变为以"正面生产"的形式实现良币驱逐劣币，但对于互联网信息内容中负面信息的治理依旧是实现网络生态治理现代化的前提与基础。而互联网信息服务治理"九不准"中包含的限制信息内容，均涉及政治安全等方面范畴，该类信息在网络上的传播对社会发展所需要的基本秩序、个体及团体在公共空间的文明、正向的行为方式等，都具有潜移默化的影响，是社会正常发展过程中内容生态建构的重要内容，也是互联网内容治理最重要的对象和领域。对于这类负面信息的治理，直接影响到政府的公信力。另一方面，间接而言，互联网治理作为超大规模的公共领域，这一公共领域的公共属性决定着政府对其治理的正当性与合法性。互联网信息服务领域作为互联网治理中重要组成部分，提升该领域的治理效能，也是治国理政的重要组成部分。

3. "守底线"与"谋发展"导向下的互联网平台企业主体

一方面，互联网平台企业主体通过完成党政系统委托的任务，来维持企

---

① 王四新，王婷宇. 网络内容治理标准的新变化 [J]. 青年记者，2020 (1): 77-78.

业运转。近些年，互联网信息服务领域的实践中出现了公权力主体政府以向互联网平台企业发包任务的形式介入互联网信息内容的治理，有学者将这种治理模式描述为"政企发包"①。在上述前提下，党政系统通过退出机制、声誉机制，将企业的存续与互联网信息服务的治理效果相关联。鉴于此，互联网平台企业参与到互联网信息服务治理的过程中，其重要目标即完成党政系统"发包"的任务。

另一方面，依托"流量"获取企业收益，促动企业发展。现阶段的互联网信息服务产业涵盖五种典型业态，分别是广告利益型、佣金分成型、增值服务型、特定信息收费型以及拓展商业模式型。②依托这些产业发展出的各类互联网信息服务企业，其存在和发展的最主要目的即获取利益。而在当下的数字经济时代，这种利益的获取则依托于"流量"。所谓"流量"，是指网站用户数量以及用户所浏览页面的数量。显而易见，流量具有一定的动态性，会随着信息服务供给者与信息服务使用者的供需匹配程度、用户数量与信息使用频次等方面的相关变量发生变化。对于互联网平台运营者而言，依托流量获取利益以促进自身发展是其根本目标诉求。

4. 维持成员利益与拓展行动空间目标下的互联网行业协会

互联网行业协会是为互联网行业的经营性活动提供一定程度服务的行业性社会组织，具体而言，包括行业治理、运营管理、技术沟通与组织互动等维度。该主体的目标诉求主要集中于：协助政府规范互联网平台企业经营秩序，促进互联网行业稳步健康发展；在一定程度上为网络社会发展、互联网经济建设和公民获取稳定信息等方面提供公共服务。具体而言，其目标诉求集中于以下两方面。

一方面，作为利益集团的互联网行业协会，旨在谋求行业协会成员单位也即互联网信息服务企业的利益。随着社会分化程度益深，在社会冲突不断加剧的宏观背景下，不同类别的利益集团不断涌现，行业协会即极具典型特征的利益集团之一。行业协会的重要性在于，相对于政党与政府，其可以较为灵活、高效且广泛地了解该行业的利益诉求，促进行业和成员单位发展。具体而言，互联网行业协会代表了互联网行业与互联网信息服务企业、平台

---

① 于洋，马婷婷. 政企发包：双重约束下的互联网治理模式——基于互联网信息内容治理的研究 [J]. 公共管理学报，2018（3）：117-128, 159.
② 崔俊杰. 互联网信息内容监管工具的实证分析与法治完善 [J]. 中国行政管理，2020（9）：17-22.

企业的特定利益，贴近企业发展。在开放的政治系统中，利益集团的存在有利于增强公共集团的理性并促进公共决策的利益均衡。

另一方面，作为社会基础的互联网行业协会，旨在拓展行动空间，获取自身发展资源。行业协会作为经济组织再组织的产物，对其进行解释的框架往往置于国家与社会关系的视域下探讨，行业协会即"社会端"重要的构成基础。作为社会基础的互联网行业协会，首先强调自身获取的合法性地位，合法性地位是其明晰自身角色定位，进而参与治理的逻辑起点与前提，其次旨在实现自身组织结构的优化，组织结构的优化是行业协会提高运行效率与治理效能的重要条件；最后强调社会资源的汲取，其合法性地位的奠定与组织结构的优化共同作用于社会资源的汲取，提升自身对于社会资源的获得与汲取能力，是互联网行业协会的重要价值诉求。

5. 理性选择与价值驱动下的公民

在现代治理体系中，为回应国家建设和治理社会治理共同体以及提升治理效能的需要，公民这一治理主体得到了广泛关注。公民的身份应从被治理对象向社会治理主体转变，这有利于实现社会治理中的利益整合与优化。

一方面，从理性选择角度分析，在"经济人"的理论假设下，公民作为自利性的个体，旨在获取高质量的互联网信息服务。各类互联网信息服务是公民获取信息进而实现政治参与等政治行为的基础。互联网负面信息内容以及在此基础上生发的信息行为的频繁出现，将使得"劣币驱逐良币"，高质量的互联网信息服务，特别是官方媒体的信息服务、正向的互联网新闻信息服务等，将会被掩盖。鉴于此，公民为获取高质量的互联网信息服务，将会参与到互联网信息服务治理中，以获取高质量的信息服务。

另一方面，从价值层面分析，在后物质时代，公民旨在获取自身的自我效能感。首先，从马斯洛需要层次理论出发，在后物质时代，公民的生理需要、安全需要等得到满足的幅度与占比提升，公民普遍给予尊重与自我实现等层次的需要以更多的关切。参与互联网信息服务治理，举报违规互联网信息内容及信息行为，可以在一定程度上赋予公民自我实现的效能感。其次，社会资本是影响公民参与的重要因素之一。在公民参与互联网信息服务治理的过程中，认知基础、情感强度与意志持久性构成了公民参与的动力。其中，信任是影响其参与的前提，互动是其具体参与行为的体现，规范是互联网信息服务治理中公民参与的维系与保障，网络则为这种参与提供了发挥空间。

(二) 外部动力机制

1. 政策条件的支持与引导

互联网信息服务协同治理外部动力机制中的政策条件，主要是指互联网信息服务协同治理运行过程的逻辑起点需要现实政策的支持与引导。在互联网信息服务协同治理中，毋庸置疑，党政系统是影响协同治理效能的重要因素之一，有鉴于此，政党主体进行的宏观顶层设计、领导机构调整、组织形态嵌入与政府主体推行的法律、法规等是互联网信息服务治理模式变迁的核心内容。具体而言，一方面，政党、政府主体作为互联网信息服务治理的主导力量，是否制定相关政策、成立特定组织机构、建立相应运行机制，来引导、鼓励或推动跨部门、跨区域、跨层级的政府部门间的合作，将直接作用于政府主体内部的协同效能。而另一方面，政府是否有相应的政策、制度安排，将决定并影响着互联网平台企业、行业协会和公民等主体的参与可能性、参与场域与参与程度等。例如，2019 年颁布的《网络信息内容生态治理规定》就在监督管理板块强调，"各级网信部门会同有关主管部门，建立健全信息共享、会商通报、联合执法、案件督办、信息公开等工作机制，协同开展网络信息生态治理工作"。该规定自 2020 年 3 月 1 日施行以来，各地均以不同形式建立了信息共享、联合执法等协作联动机制。

在互联网信息服务协同治理运行过程中，政策条件主要体现为鼓励、引导与支持政府内部之间、政府与其他治理主体之间、其他治理主体内部之间的政策支持。具体而言，政策条件主要体现为两方面：一方面是在协同治理运行前，出台鼓励性、引导性政策，促动各治理主体在互联网信息服务治理过程中的协作治理，为各主体提供外部动力；另一方面是在协同治理的运行过程中提供合理化的制度安排与支持，为协同行为走向有序化、制度化提供框架支撑与保障。

2. 信任机制的聚合与促动

现代社会中，服务为基本价值，共治与合作则是社会治理的基本手段，在此前提下，信任是必要的资源，其同时也代表了广泛的社会关系。[①] 在网络分析的观点下，各个网络成员分属于不同机构，在不同组织文化的熏陶下，

---

① 汪大海. 公共管理学 [M]. 北京：北京师范大学出版社，2014：199.

第四章 应然模式：中国互联网信息服务协同治理的理想形态

其组织目标、规章制度、价值理念等方面均呈现不同样态，这将影响网络治理的效率，而"信任是将网络联结在一起的黏合剂"[①]。但在协同治理的实践过程中，信任并不容易建立起来。在形成"协同优势"的预期下，往往带来的是"协同惰性"的发生，正是囿于这种"协同惰性"的普遍存在，容易使参与方对其他参与主体形成消极刻板印象，进而在此驱动下出现不信任的行为。[②] 信任是协同治理的重要因素，信任机制是促进协同治理运转的重要外部动力机制。想要发挥"协同优势"，应完善信任机制，促进信任结构转型。

在互联网信息服务治理过程中，面对互联网信息服务治理这一超大规模的公共领域，其可治理性毋庸置疑，且从理论层面的应然推导到实践层面的顶层设计均指向协同，但在具体的各主体的协同实践中，又不约而同地存在不同程度的"协同惰性"。具体而言，如在政府与互联网信息服务平台企业的协同过程中，存在"政府管理重视上线（制约），商业管理重视底线（利润）"[③] 的张力，在此前提下，两者的协同易产生互联网信息服务治理的"寒蝉效应"、互联网平台企业治理负担过重等负面效应，进而使二者关系紧张。信任机制则是缓解协同主体间关系、促进协同有序运转的重要动力机制。

二、协同运行过程："六步三阶"的全景描绘

（一）互联网信息服务协同治理评价环节

互联网信息服务协同治理的评价环节，是指各治理主体在对既有互联网信息服务治理的主体结构、组织网络、过程及结果进行评价的过程中产生的协同方式及行为等的总和。评价环节是互联网信息服务协同治理启动的逻辑起点，只有了解既有互联网信息服务治理体系与治理能力的现代化水平，才能更好地确定协同治理的价值与方向。

[①] Chris Silvia. Collaborative Governance Concepts for Successful Network Leadership [J]. *State and Local Government Review*，2011（1）：66-71.

[②] 鹿斌，金太军. 协同惰性：集体行动困境分析的新视角 [J]. 社会科学研究，2015：72-78.

[③] 詹姆斯·Q. 威尔逊. 官僚机构：政府机构的作为及其原因 [M]. 孙艳，等译. 北京：生活·读书·新知三联书店，2006：44.

在评价环节中，政党、政府、互联网平台企业、互联网行业协会、公民是其中的参与主体，其中，政党与政府应对互联网信息服务评价进行顶层设计。在评价环节中，政党、政府内部要实现顶层设计与各级政府政策执行的结合，也即应由负责互联网内容治理的互联网信息办公室、处理网络犯罪的公安部门等进行。同时，在公共部门进行互联网信息服务治理资源不足的整体形势下，互联网平台企业成为海量信息内容及信息行为的"实际管理者"，掌握着互联网信息行为过程的具体治理情况及技术、数据资料。鉴于此，互联网平台企业应为评价工作提供数据支持与指标、模型等具体参考；互联网行业协会则可以缓冲评价过程中公共部门的"底线思维"与互联网平台企业的"逐利倾向"间的张力，并在一定程度上保障评价的客观性与真实性。公民作为互联网信息服务治理"需求侧"的信息服务使用者，其所接受的互联网信息服务的质量及个人体验是评价的重要依据，公民应尽可能参与评价环节，并广泛、真实地表达自身的体验感受、利益诉求与偏好。高校智库及第三方专业评估机构也应参与其中，以提升评价的科学性与准确性。由此可见，在互联网信息服务协同治理评价的合作机制中，既有政府上下层级组织内的协同，又存在政府与平台企业、政府与行业组织及公民等主体的协同。

（二）互联网信息服务协同治理表达环节

互联网信息服务协同治理的表达环节是指，在互联网信息服务供给及互联网信息服务治理的过程中，政党、政府、互联网平台企业、行业协会、公民等各方主体聚集社会公众对于互联网信息服务及信息服务治理的制度、流程、规则等的诉求的过程。互联网信息服务领域是一个超大规模的公共领域，如此规模庞大的使用量及增长量，无疑彰显了互联网信息服务在社会公众生活场域中的重要性。

在互联网信息服务治理中，公民对于诉求表达的主要途径呈现为直接和间接两种形式。公民的直接表达又可以分为自下而上与自上而下两种形式：前者指通过网络表达（自媒体、网信办等相关部门的网站、政务微博、政务微信等形式）等形式；后者则指政府召开听证会、自上而下的调查访谈等形式。公民的间接表达一般通过人民代表大会制度，或通过线上、线下的社会组织进行。在既往的实践中，公民的直接表达时常呈现出碎片化、无序化和盲目性等倾向，难以取得较好的表达效果。在互联网技术对公民与政府双向

第四章 应然模式：中国互联网信息服务协同治理的理想形态

赋权的背景下，一方面，数字技术、智能化技术降低了信息获取成本，丰富了社会参与渠道，构建了虚拟公共空间，呈现出为社会主体即公民"赋权"的功能。另一方面，信息技术作为政府管理与社会治理的治理技术，亦具有为政府部门"赋能"的功能。[①] 在此前提下，互联网信息服务协同治理表达合作机制的创设与运行主要依托于对多元主体的吸纳与信息技术的嵌入，主要通过自下而上与自上而下两个方面，以及政府—互联网平台企业—公民、公民—网络精英—政府、公民—政府三个维度进行。

1. 政府—互联网平台企业—公民自上而下的诉求汲取路径

在自媒体时代，互联网信息技术不仅赋权于公民，使其表达渠道更畅通，也使政府掌握了更为清晰、精准的精细化治理工具，从而实现了政府对社会公众的诉求与需求的识别与回应，即政府通过借助互联网平台的信息技术为公民提供更好的公共服务供给。这种方式并非单纯的"诉求表达—政策输出—服务供给"方式，而是互联网平台企业通过算法计算、内容分析等方法，主动、精准地发掘并整合社会公众对于互联网信息服务的需求与偏好，以此为互联网信息服务治理系列政策法规的颁行提供方向依循，使互联网信息服务相关政策法规的制定更具针对性、可操作性，能够真正将"制度优势"转化为"治理效能"。

2. 公民—网络精英—政府自下而上的间接表达路径

互联网重塑了国家与社会关系，也通过"技术赋权"的方式改变了城市基层社会的权力结构，涌现出因拥有大量粉丝而进行"自我赋权"的网络精英群体。网络精英群体相对于普通的信息传播者具有更强的议题制造能力、信息传播能力与影响力。有学者曾通过对政治竞选活动中视频博客传播的分析，以博客日浏览量为依据，将博主划分为精英、政治领袖、一般领袖和普通博主四种类型。精英和政治领袖既是信息传播的发起者，又在相当大的程度上决定着信息传播的内容和时间，而一般领袖和普通博主则是信息接收者，仅维系着信息传播的链条。[②] 在公民表达诉求的过程中，网络精英如微博"大V"、抖音或快手等网络平台的头部博主对于互联网信息服务类别、质量的倾

[①] 孟天广，郭凤林. 大数据政治学：新信息时代的政治现象及其探析路径 [J]. 国外理论动态，2015（1）：46-56.

[②] Nahon K, Hemsley J, Walker S, etc. Fifteen Minutes of Fame: The Power of Blogs in the Lifecycle of Viral Political Information [J]. Policy & Internet, 2011 (1): 1-28.

向与偏好，一定程度上值得公共部门在进行互联网信息服务政策制定与互联网信息服务治理中着重考虑。一方面，这类网络精英的倾向与偏好代表了一部分社会公众的诉求；另一方面，其对于信息的引导能力又将接续不断地影响其他社会公众。

3. 公民—政府的有序表达路径

社会公众可以通过早期政务网站中的"留言板"型问政平台，以及Web 2.0时代的微博、微信和手机客户端App等网络问政平台，表达对于互联网信息与互联网信息服务治理政策的偏好。通过此类网络问政平台，搭建起公民—政府有序表达的沟通桥梁，在帮助实现公民—政府优化互联网信息服务与互联网信息服务治理政策的诉求表达与意见传达方面，发挥着汲取理性意见（有效信息）与降低（有效）信息传播成本的良性功能。互联网的本质属性是一种信息传播媒介，在政务舆情信息传递的视角下，政府、网络媒体与社会公众间的基本关系是信息传递关系。[①] 网络问政平台不同于常规网络媒体，常规网络媒体也即互联网信息服务企业或互联网信息服务平台企业，此类企业的核心诉求之一即谋求以"流量"为基础的利益，因此时常呈现出对消极社会情绪的有意煽动与碎片化的负面报道[②]，而网络问政平台的物理属性与管理人员的公共性决定了其与其他常规网络媒体的差异，不存在上述使社会情绪消极化的动机，更利于汲取理性意见及其中的有效信息。此外，从信息论的角度看，信息的传递有三个基本环节，即信源、信道和信宿。主体性作用的偏差使信息在传递过程中会不同程度地受到这三个环节的干扰，而平台的人工审核及社会公众利用网络平台的动机决定了通过网络问政平台可以在一定程度上对这一过程的"噪声"进行降噪。

（三）互联网信息服务协同治理决策环节

互联网信息服务协同治理的决策环节，是指在互联网信息服务供给及互联网信息服务治理的过程中，政党、政府、互联网平台企业、行业协会、公民等各方主体通过一定的流程、方式，依循相应的规则，对互联网信息服务治理的制度政策、过程安排、结果使用等进行共同决策的环节。在探讨互联

---

① 李靖，李慧龙. 政务舆情中的社会情绪生成与治理——基于信息不对称视角的省思 [J]. 东北师范大学学报（哲学社会科学版），2019（1）：77-84.
② 李慧龙. 政务舆情中的社会情绪治理——基于信息不对称视角 [D]. 长春：吉林大学，2019.

第四章 应然模式:中国互联网信息服务协同治理的理想形态

网信息服务协同治理决策环节前,首先应明确互联网信息服务协同治理决策环节的决策对象。

互联网信息服务协同治理决策的背景为决策提供了逻辑起点与前提,而现实中各主体独立决策的困局与偏颇及其资源互赖,决定了协同决策的走向,如互联网平台企业在行政指令下介入互联网信息服务领域进行管理,科层行政指令与企业管理成本之间也存在一定程度的张力。上述张力在互联网信息服务协同治理决策中亦是存在的,行业协会作为弥合此种张力的重要主体,公民作为互联网信息服务提供者与互联网信息服务"需求侧"终端的"检验者",皆应在这一环节中发挥重要作用。

在此基础上,更为重要的是,中国互联网信息服务协同治理合作决策应明确协同治理的决策对象。

一是对互联网负面信息清单的厘定与划分,确定以信息内容为基础的信息行为治理标准。既往对于互联网信息内容的治理多围绕禁止性标准进行,有学者认为中国互联网信息内容治理模式可概括为基于"负面清单"的信息质量监管[①],如《互联网信息服务管理办法》中提出的"九不准",主要包括"反对宪法所确定的基本原则的""危害国家安全,泄露国家秘密,颠覆国家政权,破坏国家统一的"等信息内容。随着此类禁止性规定施行年份的增长,伴随着互联网信息服务企业、互联网平台企业对于此类信息的内容审批、分级管理、设置关键词等技术与机制的日趋完备,网络上也较少出现明显违背各类行政规章中相关禁止性规定的信息内容与信息行为,但与之相对地,低俗、庸俗、媚俗"三俗"负面信息以更为隐蔽的形式被制作与传播。这并非说明"负面清单"形式的禁止性规定不再必要,仅表明互联网信息内容治理,首先应对治理标准予以关切。

二是对互联网新型信息服务形态与特定受众群体的捕捉与关切。近年来,以行业及信息形式的视角审视互联网信息服务,可以发现其呈现出多重样态,如"直播经济"等。因互联网新型信息服务形态新生事物的内在属性,其衍生的诸多产业方兴未艾,不仅拉动经济增长,也在不同程度上对互联网信息服务治理乃至国家安全、公共利益带来挑战。此外,从信息生命周期的视角审视,信息内容的流转与信息行为的发生皆伴随着信息主体进行,青少年等特定信息主体应引起互联网信息服务治理主体的关注。遗憾的是,既往治理模式对于互联网新型信息服务形态与特定受众群体的回应方式较为单一,多

---

① 何明升. 网络内容治理:基于负面清单的信息质量监管[J]. 新视野,2018(4):108-114.

中国互联网信息服务协同治理：应然模式与实践路径

限于"运动式"的专项行动与"制度化"的政策法规制定，前者存在非常态化的特点以及合理性、公共价值缺失的风险，后者则陷于碎片化、滞后性与结构性困境，难以实现治理效能的要求，亟待互联网信息服务协同治理模式予以关切。

三是在互联网信息服务治理过程中，各治理主体及其治理工具的使用组合与适用情形。政策工具是政府治理的手段和途径，是实现政策目标的基本保证，政策工具的正确选择及其有效协同是新型事务治理中需要着重解决的问题。[①] 观测政策工具的变迁，是理解、评估和改善政府在互联网信息服务治理行为的切入点，对提高我国政府的互联网信息服务治理水平具有重要价值。此处探讨的治理工具与上述政策工具有一定重合之处，区别之处则在于治理工具是从各治理主体参与互联网信息服务协同治理的手段出发，其代表的是主体的特性与禀赋，而非工具的可通约性。从信息生命周期的视角审视，在信息内容及以此为基础的生产（发布、上载）、传播（转发、评论、点赞）等信息行为的流转及治理过程中，各类治理工具嵌入于上述双重过程之中，但治理工具的适用情形如何，是"单刀直入"抑或是"组合出击"，则有待于在协同过程中进行多元主体间的协商，以实现工具组合与信息服务协同治理问题的深层契合，实现治理效能最优化。

四是在完成互联网信息服务静态常规治理或完成某项动态协同治理行动后，如何对治理效果进行回溯分析与优化。对互联网信息服务协同治理进行评价并进行回溯分析与优化，是使互联网信息服务治理不断析出问题并持续优化的逻辑起点。近年来，绩效治理的治理对象由既往关注的个体转变为当下更关注的系统与关系，其治理价值则更聚焦于合法性与公共价值。而互联网信息服务协同治理作为超大规模公共领域协同治理的重要体现，也应体现这一倾向。既往对于互联网信息服务治理的相关评价主要围绕两方面进行，一方面是对围绕准确性、真实性和用户满意度等方面的全部[②]或某类信息质量进行评价[③]，另一方面则是对互联网信息服务治理行动过程的评价，实现了向互联网信息服务治理效能评价的转型。[④] 在这一过程中，从绩效价值如何厘

[①] 吴芸, 赵新峰. 京津冀区域大气污染治理政策工具变迁研究——基于 2004—2017 年政策文本数据 [J]. 中国行政管理, 2018 (10): 78-85.
[②] 冯哲. 互联网内容治理评价体系研究 [J]. 信息通信技术与政策, 2019 (10): 17-20.
[③] 刘冰, 张文珏. 基于用户视角的网络健康信息服务质量评价体系构建研究 [J]. 情报科学, 2019 (12): 40-46.
[④] 周毅. 试论网络信息内容治理主体构成及其行动转型 [J]. 电子政务, 2020 (12): 41-51.

第四章 应然模式：中国互联网信息服务协同治理的理想形态

定、绩效评价指标如何合理遴选与科学赋权，到对评估结果的分析，都是互联网信息服务治理合作决策的关注要素。

（四）互联网信息服务协同治理执行环节

互联网信息服务协同治理的执行环节，是指在互联网信息服务供给及互联网信息服务治理的过程中，政党、政府、互联网平台企业、行业协会、公民等各方主体在对既往互联网信息服务治理效能进行评价，以及通过协商决策的方式进行价值判断与行动安排的基础上，运用各自所具备的治理工具，进行互联网信息服务治理具体的执行过程（如图 4-3 所示）。

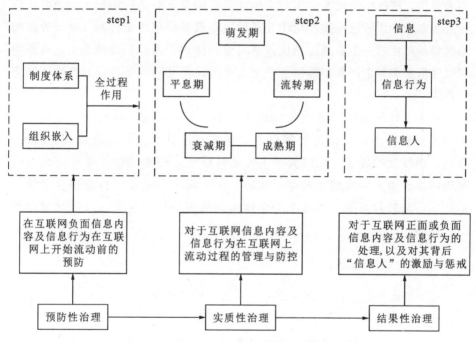

图 4-3　中国互联网信息服务协同治理执行环节

（资料来源：作者自制）

互联网信息内容与互联网信息服务构成了互联网信息概念域的"一体两翼"，互联网信息服务在互联网信息内容的概念基础上更进一步，更加聚焦于对信息加工、传播、接收和反馈过程中的主体角色、主体作用、主体关系等要素的探讨。虽然与互联网信息内容具有内在联系和接续关系，但总体来说探讨的侧重点并不相同：互联网信息内容更多地强调互联网上流动的数据、图片等信息，而互联网信息服务则更关切以信息为基础的信息行为及其背后的信息主体——人的行为。在此基础上，互联网信息服务治理的执行过程主要包括三方面：首先，对互联网负面信息内容及信息行为在互联网上开始流动前的预防，即事前的预防性治理；其次，对互联网信息内容及信息行为在互联网上流动过程的管理与防控，即事中的实质性治理；最后，对互联网正面或负面信息内容及信息行为的处理，以及对其背后"信息人"的激励与惩戒，即事后的结果性治理。

1. 事前的预防性治理

事前的预防性治理，也即常规性、常态化的治理层次。从时间维度的先后来考量，预防性治理发生于对实质性负面信息服务进行治理之前，但从应用层面来看，预防性治理作用于互联网信息服务治理的全过程。这一阶段的治理是基础性的，主要通过制度体系与组织嵌入等发挥长效性作用，对作为互联网信息服务生产者和传播者的个人或组织及互联网平台企业产生预防警示作用。

基于主体部分中对各主体治理工具的分析，政党、政府、互联网平台企业及行业协会均可构建规制程度不同的制度体系，如法律法规、软法、公约、倡议及呼告等，此四大类主体亦可形成不同形式的单维度组织抑或组织网络。这一阶段涉及政党、政府、互联网平台企业及行业协会主体间的协同，其任意两个主体或三个主体间均可发生协同关系，以优化制度与组织网络。

2. 事中的实质性治理

事中的实质性治理，也即即时性、动态化的治理层次，发生在信息演化成的各类信息行为流动的全过程之中。具体而言，有学者将危害国家公共安全的互联网信息演化过程划分为萌芽期、成长期、成熟期、衰减期和平息期五个阶段。[①] 结合信息生态理论，在信息生命周期的视角下，负面信息的生产、传播及使用也会经历一个完整的生命周期历程，而事中的信息演化过程也可以此为依循。在借鉴该学者观点的基础上，本书将互联网负面信息内容及信息行为的生命周期划分为萌发期、流转期、成熟期、衰减期和平息期五个阶段。

---

① 邓建高，齐佳音，方滨兴，等. 面向国家公共安全的互联网信息行为融合治理模式研究 [J]. 江苏社会科学，2018（5）：127-139，275.

第四章　应然模式：中国互联网信息服务协同治理的理想形态

萌发期是指互联网信息内容在互联网上出现的时期，具体而言，是互联网信息服务治理主体（个人或组织）通过各类互联网信息服务平台将信息传输至互联网的阶段。在这一时期，负面信息初步出现，并在一定程度上生成了负面信息行为。

流转期是指负面信息及以此为基础的相关信息行为在互联网上流转、传播的时期。在这一时期，负面信息的基本内容及萌发期的部分信息行为受到了更多信息服务的生产者、传播者和使用者的关注。这一阶段负面信息内容及信息行为的传播频次较高，影响愈深。

成熟期是指互联网负面信息行为演化的高峰期。在这一时期，负面信息内容及信息行为的流向呈现出两方面发展趋势：一方面，负面信息内容及信息行为经由微信群等组织化方式得到传播并引起关注；另一方面，负面信息内容及信息行为可能随着所涉及的事件被自媒体平台"大V"、百万博主等影响力较大但具有偶发性的信息服务治理主体所发掘，进而引起社会各界广泛关注。在这一时期，各类负面信息内容及信息行为将得到一定的判别和处理。

衰减期是以信息内容及信息行为的成熟、判别与处理为基础。但需要注意的是，在这一时期，无论信息内容及信息行为被如何判别，它们都将进入低频传播的阶段，其影响力也趋于微弱，并最终进入平息期。

当然，并非所有的互联网信息都会经历上述五个阶段的演化轨迹，本部分只是从信息生命周期这一较为全面的视角对信息内容及信息行为的流转过程进行了描绘。在互联网信息流转的现实情境中，部分信息可能只会历经其中的某阶段或某几个阶段，或省略了其中某一或某几阶段而直接走向成熟期、衰减期或平息期。

这一阶段的治理作用最为直接，成效最为显著。在这一阶段发挥作用的两大主体为互联网平台企业主体和公民主体。这两大主体的参与度及协同度均较高，互联网平台企业对于互联网信息服务实行全过程监管，互联网信息海量且样态繁多，同样数量众多的公民是对互联网平台企业发挥治理作用的有力补充：一方面，互联网平台企业与公民的协同可以降低治理成本、提高治理效率；另一方面，公民可以发挥监督与评价作用，防止互联网平台企业过于宽泛或过于严苛地进行互联网信息服务治理，使其明晰治理价值，提升治理理性。如在微博客信息服务治理过程中，互联网信息服务平台新浪微博便设立了微博用户通过线上"考试"后方可参与的微博社区委员会，还设立了微博监督员等,通过分级奖励等制度吸纳并激励微博用户参与微博信息服务治理,并取得了相当的成效。

3. 事后的结果性治理

互联网信息服务的结果性治理阶段,也即终端的治理层次,发生在负面信息行为发生后。这一阶段发挥作用的主体即互联网平台企业、公民与政府主体。对于互联网负面信息服务的结果性治理,根据其危害性的不同,可以分为互联网平台企业处理与公权力部门介入治理两种情形。一部分治理行为由互联网平台企业即可处理完成;一部分治理行为则需要互联网平台企业先行处理,再由公权力部门介入治理;还有一部分治理行为须直接由公权力部门进行治理。在不同的治理情形中,需要不同的主体进行协同治理。

一是互联网平台企业与公民间的协同。这两者之间的协同主要发生在互联网平台企业的治理情形中,在这种情形下,由互联网平台对互联网负面信息内容及信息行为进行处理,再对"信息人"投射到互联网上的"虚拟人"(即各类用户的账号)进行处理,公民可以为平台的治理提供证据,参与其仲裁,并对其仲裁行为是否合理提供监督。

二是互联网平台企业、公民与政府主体间的协同。这三者之间的协同主要发生在需要由互联网平台企业先行处理,再由公权力部门介入治理的情形中。在这种情形中,互联网平台企业与公民均可为公权力部门保存材料、进行举证,帮助公权力部门将网络上的"虚拟人""翻译"为现实中的"社会人",其具体形式主要分为两种:其一是由公民将举证信息、信息服务流转记录提供至互联网平台企业,再由平台企业移交至公权力部门,协助公权力部门进行治理;其二是由公民直接通过各类官方、半官方或公益性网站等向公权力部门移交材料。

三是互联网公权力部门内部的协同,包括各行政部门间的协同及行政部门与司法机关间的协同。部分互联网信息服务治理行动涉及不同区域的行政部门间的协同、不同主管部门的行政人员间的协同,以及行政部门与司法部门间的协同。

(五) 互联网信息服务协同治理评估环节

互联网信息服务协同治理评估环节是对互联网信息服务协同治理实施状

况整体效果进行评估的过程，这一过程是对阶段性互联网信息服务各主体间的协同关系的研判，以及对协同结果的满意度测评。评估环节是互联网信息服务协同治理过程中重要的反馈环节，评估环节所得的数据与信息将作为结果运用于后续对协同治理各主体的奖惩与问责，并作为下一轮协同行动展开的重要参考与依循。具体而言，评估环节主要分为过程评估与结果评估两个部分。过程评估是指针对互联网信息服务协同治理的价值取向、权责配置与行动方案的实施进行评估，过程评估亦是对互联网信息服务协同过程中各主体履责情况的监督与制衡：一方面，过程评估环节存在本身是对协同过程的一种先在性制约；另一方面，过程评估通过指标的厘定、协同进度的记录等方式，可以在一定程度上矫正协同治理过程中的偏差和失误。相对于过程评估，结果评估更关注于互联网信息服务协同治理效果与预期效果的偏差，根据其偏差分析原因，并将其反馈至初始的决策等阶段进行回溯与优化。需要特别谈及的是，互联网信息服务协同治理的评估并非某个特定节点的一次性评估，而是分阶段、分层次的评估，可与其他环节交叉进行。具体而言，互联网信息服务协同治理的评估环节应着眼于评估价值、评估标准、评估主体等要素。

1. 互联网信息服务协同治理评估价值

价值取向会对主体的价值选择与排序起决定作用。罗克奇价值观调查表认为，价值取向可以分为终极性价值和工具性价值。具体而言，前者指应然层面的理想状态，后者指达到这一状态的方式或手段。互联网信息服务协同治理评估是促进互联网信息服务协同治理的工具，其价值取向遵循工具性价值的分野。党的十九大报告中，习近平总书记系统阐释了"以人民为中心"的思想，对于协同治理评估的价值取向也应依循"以人民为中心"的价值取向进行重塑，即更为关注公众满意度。

2. 互联网信息服务协同治理评估标准

评估标准是评估价值取向的具体落实，亦是指导评估指标体系搭设的原则层，是连接应然层面的评估价值与实然层面的评估指标的中间项。互联网信息服务协同治理的评估标准，主要分为基本型标准与发展型标准。基本型标准主要强调互联网信息服务协同治理基本条件与要件的满足，即基本主体的在场、权责关系的明朗、决策过程的公开与协同行动的完成；发展型标准强调互联网信息服务协同治理对于原初治理层面的超越意义，关注对于各主体关系的良性形塑、在协同过程中对于公共价值的追求及协同结果的有效性的满足等。

3. 互联网信息服务协同治理评估主体

互联网信息服务评估主体主要代表公民的利益,从这一内涵出发,公民应为最主要的参评主体。公民主体广泛性强,涉及层次宽泛,但囿于公民主体的理性程度与专业化程度有限,所以可吸纳其他群体多多参与,使评估过程更为科学与理性。根据利益相关者理论,直接或间接地参与互联网信息服务协同治理过程,并对协同治理的行为和结果产生重大影响的个体或群体,就是协同治理的利益相关者。将政党、政府、互联网平台企业、互联网行业协会等主体识别为评估主体,能够自主掌握评估结果,各评估主体将获得自我效能感,能使其更为积极地参与到协同治理的其他环节中。同时,多元主体的参与,特别是非营利性的互联网行业协会,以及专业性较强的高校智库、第三方评估机构的介入,也将极大地提升评估的客观性和专业性。

(六)互联网信息服务协同治理问责环节

互联网信息服务协同治理的问责环节是评估结果转化的重要依循,没有问责环节的实施就没有结果转化的保障,质言之,问责环节在互联网信息服务协同过程中起到了重要的监督与约束作用。从系统论的角度分析,对问责环节进行要素解构,最应给予关切的要素就是问责主体与问责情形。

从"以人民为中心"的价值取向出发,互联网信息服务协同治理的问责主体应为公民,但公民直接针对现实情形进行问责的可能性较小且效能较差。结合协同治理的实践情形,如协同行动由政府主体负责(或限于政府内部各部门间的协同,或限于政府行政部门与司法部门间的协同),若对其进行问责,应由其他主体进行。多元主体以不同的决策权参与其中,有利于各方主体间良性制衡局面的形成。如政府主体仅承担导向作用,而由互联网平台企业、互联网行业协会等主体发挥治理的主要功能,推进治理行动,则可以由政府与政党主体代表公民主体对其进行问责,问责程序应严格遵循公权力部门与党内问责的标准与程序。

第四节 中国互联网信息服务协同治理的保障

一、协同制度保障：程序合法性的规约

任何治理工具的运用和治理行动的开展都嵌入于一定的环境当中，特定的制度环境是治理过程有序实施的核心。"制度通过向人们提供一个日常生活的结构来减少不确定性……既包括对人们所从事的某些活动予以禁止的方面，有时也包括允许人们在怎样的条件下可以从事某些活动的方面。"① 特定的制度环境包括两方面内容，即正式的制度环境与非正式的制度环境。协同治理的制度设计通常涉及"对协同过程程序合法性至关重要的基本协议与规则"②。在此前提下，互联网信息服务协同治理过程中的制度体系的保障作用，具体通过制度安排、制度内容与配套制度三方面予以呈现。

一是互联网信息服务协同治理制度安排的有序性。互联网信息服务协同治理的制度安排主要包括协同程序、步骤的框定，即互联网信息服务协同治理在何时以及如何进行启动、实施与输出三大环节，这是互联网信息服务得以有效运转的基础。此外，这一制度安排还包括对于主体行为、行动效果等方面的评价标准的拟定与设置。

二是互联网信息服务协同治理制度内容的协调性。互联网信息服务协同治理涉及各类制度内容，无论是制度形式，抑或是制度文本，均存在不同程度、不同层次的冲突。在互联网信息服务协同治理领域，一方面，由于新型互联网信息服务业态层出不穷，相关政策法规等的更新频次较高，前后出现冲突或不一致的情况时有发生；另一方面，由于互联网负面信息行为发生的广泛性、即时性等特点，互联网信息服务协同治理的制度安排这一常态性制度体系亦面临着非常态化情形的挑战。保证制度内容的协调性是互联网信息服务协同治理重要的保障环节之一。

---

① 道格拉斯·C. 诺斯. 制度、制度变迁与经济绩效 [M]. 刘守英，译. 上海：上海三联书店，1994：4-5.

② Chris Ansell，Alison Gash. Collaborative Governance in Theory and Practice [J]. *Journal of Public Administration Research and Theory*，2008（4）：543-571.

三是互联网信息服务协同治理配套制度的完备性。协同治理的有效运转不仅仰赖其内部行动程序与行动规则的有序、顺畅，更需要依靠外部相关配套制度的紧密咬合，如人事制度等，因为互联网信息服务治理领导体制与人员配置的维度会影响到互联网信息服务协同治理效果。

二、协同组织保障：网络互动度的支持

在协同治理的意义上，作为保障的组织主要包含两个维度的内容，即可以从体系和能力两个维度去解构协同行动的组织保障：在体系维度，协同组织保障体现为协同治理组织体系的完备，即具备清晰的组织架构和明确的领导核心；在能力维度，协同组织保障体现为协同治理组织力的充沛，即兼有合适的网络密度与恰当的动员、统御能力。

协同治理组织体系的完备主要是指各主体的组合方式及其在协同治理不同阶段形成的样态是较为稳定且适宜的。互联网信息服务协同治理运行过程中的决策、落实和产出三个阶段，也采取了不同的组织方式。此外还应有能对其他协同主体产生影响的领导核心，该领导核心在不同的阶段与行动中可由不同主体（单一主体或某几个主体）担任。在决策阶段，政党、政府等公权力主体发挥着更为重要的作用，其他主体主要提供决策咨询；在落实阶段，除公权力主体外，互联网平台企业主体也应被纳入领导核心；在产出阶段，互联网行业协会与公民主体则承担起领导核心的角色责任。

互联网信息服务协同治理能力的完备包括两方面的含义。一方面，各主体间有松紧适宜的网络关系：在需要各主体高频互动的空间场域与时间阶段，主体间网络密度高；在需要各主体各自发挥作用的环节，主体间网络关系呈现松散样态。另一方面，成为领导核心的主体相对于其他主体有更加可靠的影响力。如在决策阶段，公权力主体等能有效吸纳、统一其他主体的决策意见；在落实阶段，公权力主体与互联网平台企业主体等能对互联网行业协会主体与公民主体发挥规约性作用；在产出阶段，互联网行业协会主体与公民主体进行评估、问责时，能有效调配相关公共部门提供其所需要的信息与资源等。

三、协同信息保障：资源失衡裂隙的弥合

信息资源与自然资源、人力资源共同构成了支撑现代经济社会发展的资

第四章 应然模式：中国互联网信息服务协同治理的理想形态

源体系，在资源利用结构中具有不可替代的地位。① 协同治理建立在相互信任的基础上，该过程兼有协作性、互补性等特征，在一定程度上决定了其运作过程对信息资源的强烈需求。信息资源是增强治理主体认同感、满足感的重要保障。就互联网信息服务协同治理过程而言，互联网平台企业主体与政党主体间、政党主体与其他主体间等均存在信息不对称问题，这种信息资源占有的差异性将导致各治理主体地位的不平等，进而产生机会主义现象。因此互联网信息服务协同治理的信息保障在保障环节中显得尤为重要，这不仅有利于降低各主体间的沟通成本，还有利于各主体间建立更加平等、互惠的伙伴关系，从而实现治理目标与利益的高度契合。此外，协同治理的过程正如高度耦合的"齿轮"，顺畅的信息沟通能使协同治理行为在瞬息万变的互联网信息服务情形中实现良性适配和运转。信息论的经典论断认为，信息的典型特点是可传递性，信息的传递经由三个基本环节，即信息源端、信息通道与信息接收端（信源、信道和信宿）。从这三个环节出发，在互联网信息服务场域中，信息发挥的保障作用主要体现在三个方面。

一是信息本身的准确、丰富和即时。信息论中信息传递这一行为本身是信息源对接收者的影响，信息源的准确、即时与否，对信息传递行为的影响不言而喻。就互联网信息服务协同治理过程中所需的信息而言，主要包括两个方面。一方面是广泛、公开，即容易获得的信息，这类信息可通过互联网公共场域、公权力部门信息公开等方式被各类信息服务治理主体所获得。由于信息数量纷繁、庞杂，在信息进入协同治理场域时，就应建立相应的筛选审查机制。另一方面是存在信息壁垒的非公开信息，非公开的信息源部分来自现实的互联网内容场域，亦涵括存在信息壁垒的非公开信息，前者掌握在互联网平台企业（互联网相关行业协会亦在不同程度上有所涉及）主体中，后者则产生于公权力内部。此类信息部分为互联网平台企业和公权力部门的涉密信息，应予以保护，剩余的信息则是互联网信息服务运转过程中所需要的信息，应采取相应措施打破信息壁垒，破除因此类信息资源占有的差异性所带来的治理主体地位不平等的情形。

二是信息流转的低损耗，即信息通道——信息沟通机制的高效、畅通。信息通道把信息源所发生的事件传递给接收者，而在互联网信息服务场域中，信息通道代表的是信息共享的制度与机制，即以制度化的形式来保障信息共享的规范性。在现阶段，这类信息共享机制除设置常规的信息公开、定期信

---

① 刘强，甘仞初. 政府信息资源共享机制的研究 [M]. 北京：北京理工大学出版社，2005：1.

息交流渠道等，还应吸纳大数据技术，打造智能化信息共享平台。

三是信息接收主体的自觉主动与理性分辨。就信息主体而言，到信宿这一环节，信息传递效果的影响因素是双维的，即主体的选择维度与能力维度：在选择维度，各类治理主体应发挥自觉性与主动性，积极获取对自身参与协同行动的有利信息；在能力维度，各类治理主体应提升对于信息的遴选与研判、分析与利用的能力。

第五章
现实困局：中国互联网信息服务协同治理面临的约束条件

随着中国互联网治理工作的持续推进，互联网信息服务领域取得了较为显著的治理成效。通过分析和实践可知，在互联网信息服务协同治理的主体层面、过程层面和保障层面，均存在着不同程度的约束条件。而价值层面存在的问题，由于已经具象化为治理事项中的主体行为、主体互动、运作过程和保障机制等，本书将其融入主体层面、过程层面和保障层面的具体问题之中。接下来从这三个层面梳理、探析中国互联网信息服务协同治理当前存在的约束条件及其成因，以期为系统构建推进路径奠定实践基础。

第一节 主体层面：协同动力有待凝聚与集聚模式内卷

中国互联网信息服务协同治理的关键是各主体在协同治理中的主体定位和主体行为，这意味着各主体对于自身角色、行为和关系的认知和态度，将极大地影响着各主体在协同治理中发挥的作用，这也与互联网信息服务聚焦主体定位、主体行为与主体关系存在内在契合。

一、效能感不强形成公民参与约束

自我效能感影响着公民参与协同治理的意愿，较低的自我效能感导致部分公民参与协同的动力不足。自我效能感最重要的作用，即在于影响个体面对特定目标的投入方向、努力程度及花费的时间和精力，此外，还有个体在面临困难时的态度等。具体到互联网信息服务协同治理中，自我效能感对公民参与协同治理的动力和影响力甚大。一般而言，如果公民主体认为自己有能力参与到与其他主体的合作中，并能对最终的治理结果产生一定影响，则其会在参与过程中获得成就感，并有充足的动力参与到今后的协同治理中；即使遇到时间资源紧张、信息渠道有限等困难，公民主体也会积极想办法予以克服。与之相反，失败的经历会降低主体的自我效能感，尤其是当主体还没有形成一定量的自我效能感的时候，自我效能感更容易被削弱。如果在参与协同治理中，其他主体的反馈并不及时，缺乏必要的尊重，甚至屡屡没有回复，公民主体的自我效能感必然大打折扣，既然无法在参与协同治理中获得成就感，并且公民主体自己的付出也对最终结果没有任何影响，主体将难以形成参与协同治理足够的动力。

第五章 现实困局：中国互联网信息服协同治理面临的约束条件

二、经济逻辑失调致使"政企"协同梗阻

在互联网信息服务中，互联网平台企业主要依循"经济逻辑"，通过提供良好的信息服务来赚取利润、发展产业，并且以有限的平台自律来维持信息服务秩序。在这种"经济逻辑"的作用下，互联网平台企业经营的核心目标是"生存与发展"，即以最小经济成本追求利益最大化。对于互联网平台企业而言，虽然担任信息服务的"守门人"是一项重要的社会责任，但履行责任所带来的成本和利润损失却直接关系到企业能否继续"生存与发展"。具言之，互联网信息服务赚取利润的关键，在于"受众本位"，即以信息服务消费者的认知习惯、兴趣基点和接受偏好等为准绳来开展业务。既有研究表明，"人类本身有一种天生与经验的偏向，更加重视负面性实体"[1]，即对负面信息更感兴趣、更加关注的"负面偏好"。有实验结论显示，在接受新闻类的互联网信息服务过程中，"受众更加关注负面新闻报道，这种负性偏向往往影响了人们信息获取的客观性"[2]。

某互联网平台企业运营部门工作人员在接受访谈时则表示：

> 企业在卖产品的过程当中，就比如说以某个游戏产品为例子，如果你长期对玩家的一些言论或一些行为管得特别严，就会造成用户流失，那其实直接损失的是企业的利益。（访谈记录：2020-09-13/GM-QY-Z017）

而且，由于信息服务涉及的信息流转量十分巨大，企业往往也无法承担得起严格的信息筛查和平台自律所带来的高额成本。如某大型互联网平台企业工作人员表示：

> 像××这样日活（日活跃用户数量）有几亿的企业，还有十几亿用户都在用的××，你想这样大规模的信息（服务）平台企业，把所有的负面信息治理都压到企业内部，对企业来说难度很大。或

---

[1] Rozin P, Royzman E B. Negativity Bias, Negativity Dominance, and Contagion [J]. Personality & Social Psychology Review，2001（4）：296-320.
[2] 李强，苏慧丽. 网络新闻受众负面偏向的关注度研究——基于传播心理学视角 [J]. 当代传播，2014（1）：51-53.

者说有时候企业不是不想做，或者不想做好，是有时候确实能力达不到……（访谈记录：2020-11-04/ZF-WJ-J007）

第二节 过程层面：决策、落实与产出阶段运行偏差

互联网信息服务协同治理中的主要问题，大多数在治理过程中的决策、落实和产出等环节中暴露出来。可以说，过程层面是探讨互联网信息服务协同治理所面临现实问题的重中之重。鉴于此，本书从互联网信息服务协同治理的决策阶段、落实阶段和产出阶段三方面剖析存在的现实问题及其成因，以期明晰互联网信息服务协同治理在具体运作过程中的薄弱环节。

一、决策阶段：前序环节低效与沟通协调不畅

首先，在互联网信息服务协同治理中，各级政府监管部门发挥着主导作用，其对于互联网信息服务现实问题相关信息的获取和确定，是开展协同治理决策的前序环节。在政府监管部门和互联网平台企业的合作中，通过大数据算法计算、内容分析等方法，主动获取关于社会公众对于互联网信息服务的诉求、精准发掘信息服务中的现实问题等事项具备重要的现实意义。但由于某些行动指导理念的影响及部分政府工作人员的错误认知，使部分政府工作人员主要的注意力和精力都聚焦到了如何更好地完成上级交代的政策任务上。而且，随着"内卷化"问题的愈演愈烈，部分政府工作人员即使完成了上级交代的政策目标，但为了体现出工作的用心、精心、细心，依然会花费大量精力和成本在不必要的形式和细节上，即所谓的"留痕式"形式主义。这意味着，他们很难有多余的精力和意愿去联动互联网平台企业运用相关技术去主动发现问题，"关口前移"式的常规网络巡查很难开展，只能以零星式的"专项网络安全巡查"来履行自身的事前监管职能。在这种情况下，不仅部分政府监管部门与互联网平台企业在技术层面的协同水平被大幅削弱，而且也不利于与公众主体在诉求表达环节进行合作，部分政府监管部门获取问题信息的能力因此得到削弱。

其次，沟通协商和利益协调是决策阶段的核心环节，良好的决策将为协同治理的落实奠定坚实基础。当前在决策环节，存在着排斥部分主体合作和协同机制不完善等问题，造成协同治理的决策面临着现实困境。例如，部门

政府监管部门的协商决策过程与社会的意见形成过程相割裂，多元主体之间难以形成有效协同。决策环节中，在地方（基层）各级党委的领导、各级网信办的协调下，各级政府的办公厅（室）、公安厅（局）、工信厅（局）、财政厅（局）、通信管理局等部门进行主体联动，围绕决策议题进行沟通、协调和决策，并形成行动方案、治理规划和行政任务。互联网信息服务协同治理过程中的沟通、协调等环节一般仅局限于政府主体，非但很少涉及相关平台企业，更是缺乏与社会组织和公民等社会力量的有效协同。在利益相关者理论中，只有所有利益相关主体进行充分的沟通、协商和博弈，才能够实现各方利益的协调与整合，形成的行动方案才是使所有相关者利益最大化的最优结果。有学者基于统计数据指出，在微博这一重要的沟通、协商平台上，"政府用户没有出现在 20 位用户中，说明在微博环境中，政府的参与力度仍然不够，缺少一定的影响力"[①]，政府部门、互联网平台企业等主体在沟通、协商和决策过程中的某些情况下缺乏良好的协同合作。

二、落实阶段：重结果轻过程与主体间互惠关系薄弱

（一）部分决策落实过于强调事后处理，缺乏事中监督与纠正环节

在互联网信息服务协同治理的决策落实环节中，存在"重事前、重事后、轻过程"的现象。

首先，在互联网信息服务协同治理的决策落实中，缺乏有效的协同监督。在协同监督中，一般会存在各方主体衔接不良、协同不畅的情况[②]，而在互联网信息服务事中的协同监督中，这一问题表现得更为明显。具体而言，由于互联网信息服务涉及的信息链纵横交错，涵括巨量的行动主体和信息服务，仅凭借部分政府部门的人力、物力，难以完成巨量的信息筛查、线索研判等事中监督工作。部分政府部门工作人员缺乏事中介入的意愿和能力，导致在事中监督工作中缺乏动员、组织协同监督的主导力量，事中监督不仅缺乏人力、物力支持，同时，作为事中监督的专业化主体——互联网平台企业，也在事中监督中存在缺位情况。在当前政府监管部门和互联网平台企业的合作中，一般会以政企合作或服务外包的形式，来强化平台企业的"主体责任"，

---

① 周毅，吉顺权. 网络空间多元主体协同治理模式构建研究 [J]. 电子政务，2016 (7)：2-11.
② 陈希，李靖. 权力协同监督：理论内涵、现实梗阻与实现路径 [J]. 行政论坛，2018 (4)：31-37.

中国互联网信息服务协同治理：应然模式与实践路径

并借助于企业的人才和技术进行事前和事中的"自律性"监督，如果出现较大的监督不力问题，再由政府进行事后问责。然而，除大型互联网平台企业基本具备足够的内容把关能力外，部分中小互联网企业由于技术能力欠缺，无力进行事中的信息监管。①

其次，在互联网信息服务协同治理的决策落实中，缺乏有效的纠正机制。当前问责机制作用方式存在的显著特征，即聚焦于事后阶段的纠偏和问责。同样，在互联网信息服务协同治理中，治理决策的落实也缺乏有效的纠正机制。

与此同时，社会力量参与到事中纠正环节的水平也严重不足。统计数据显示，2020年全国共受理网络违法和不良信息举报1.63亿件。② 面对来自社会主体如此海量的反馈信息，各政府部门在受理反馈信息后，对信息服务治理诉求和举报的审核、汇报、转接、处理、备案和申诉复核等均需要大量的人力和时间成本，导致对于诉求回应的时效性大为降低，这使得社会力量难以参与到互联网信息服务协同治理的事中纠正环节。此外，由于部分公民缺乏足够的规则意识、程序意识，以及缺乏足够的问责知识、技能和实践经验，依托社会力量形成的社会问责，存在大量问责程序不规范等情况。在决策落实的事中环节，由于来自社会主体的反馈信息中存在大量因表达不清、门类错误、明显不实甚至恶意中伤、伪造证据等问题而形成的无效问责，不仅降低了网信部门的工作效率，亦弱化了社会问责的实际效果。而各大互联网平台企业也是受理社会问责的重要主体，海量的无效问责诉求也会导致部分互联网平台企业"不堪重负"。如工信部下属的互联网信息服务投诉平台的统计信息显示，每个月"部分已有多件投诉的企业或服务提供者仍无法取得联系"的企业名单均有数十项，其中不乏知名大型企业。③ 可以看出，事中环节中无效问责情况的存在，大幅降低了政府网信部门及互联网平台企业的受理和处理效率，亦弱化了各方监管主体对决策落实环节的把控，这一现实困境亟待破解。

---

① 许玉镇. 网络治理中的行业自律机制嵌入价值与推进路径 [J]. 吉林大学社会科学学报, 2018 (3): 117-125, 206.

② 2020 年全国受理网络违法和不良信息举报 1.63 亿件 [EB/OL]. (2021-01-19) [2024-01-12]. https://www.gov.cn/xinwen/2021/01/19/content_5580898.htm.

③ 资料来源为工信部下属互联网信息服务投诉平台。

（二）政府与企业间互惠关系较弱，公民与监管主体间缺乏互惠纽带

在压力型体制下，政策指令所带来的层级压力，是中国互联网信息服务协同治理最为重要的动力源。有业内受访者指出，互联网信息服务的治理"一般来说都是政策压力起作用，都是单向指令式的"（访谈记录：2020-11-04/ZF-WJ-J001）。在这种情况下，部分主体间缺乏足够的互惠纽带支持，导致互联网信息服务协同治理的部分决策落实难以为继，存在持续性较弱等问题。

首先，部分政府网信部门和互联网平台企业之间缺乏互惠纽带。互惠关系的本质，在于平等地位基础上的长期互惠合作。然而，在当前互联网信息服务治理的政企发包合作过程中，由于互联网平台企业多聚集在城市的经济开发区（园区），投资开发公司一般负责为互联网平台企业提供相应的园区管理和服务，而园区管委会（党工委）则通过发包方式，领导统筹整个园区的管理工作。在这种情况下，政企发包呈现出突出的"强行政-弱外包"特征，即在市场外包中嵌入更强的科层机制，发包方对承包方的行政控制十分明显，而且缺乏外包制中典型的强激励[1]；而且，各级网信部门亦通过"政企发包"的形式直接将监管任务发包给互联网平台企业，并以"一票否决"式的严格标准，通过各种方式对互联网平台企业进行正反向激励[2]。其中，广泛互惠是指以利他主义为驱动力量、以积极主动的长期交换为特征的互惠形式；负面互惠是指强调即时性的对等回报、纯粹以利益交换为目的的互惠形式，平衡互惠则介于二者之间，只不过会直接按照互惠规范行事，亦很少出现侵犯他人权益、危害社会公平的事情。[3] 在政府监管部门和平台企业之间的互动中，虽然也存在广泛互惠，但更多的是平衡互惠和负面互惠，即部分平台企业为了保全自身的生存和发展空间而与监管部门进行协同，不是为了清正秩序而积极主动进行的长期性互惠。正因为如此，部分互联网平台企业选择长期游走在所谓的"灰色地带"，只要管控放松，一些负面的信息服务即有"卷土重来"之势。

---

[1] 陈永杰. 强行政弱外包：政企统合治理的机制及其影响[J]. 公共管理学报, 2021 (1)：12-20, 166.

[2] 于洋, 马婷婷. 政企发包：双重约束下的互联网治理模式——基于互联网信息内容治理的研究[J]. 公共管理学报, 2018 (3)：117-128, 159.

[3] 邹文篪, 田青, 刘佳. "投桃报李"——互惠理论的组织行为学研究述评[J]. 心理科学进展, 2012 (11)：1879-1888.

其次，公民主体与监管主体间的互惠关系并未有效地建立起来。由于缺乏足够的互惠关系，公民主体参与缺乏外部激励，其更愿意保持"围观"状态而非参与到事中监督当中。在互联网信息服务治理中，部分公民因"旁观者效应"而缺乏参与意愿。所谓"旁观者效应"（亦称责任分散效应），是指在特定场域内面对突发事项时，如果围观、集聚的旁观者越多，则旁观者个体承担责任的意愿越低，越不会有人愿意出手相助；而旁观者越少，个体承担责任的意愿越强烈，其参与帮助的可能性越大。互联网空间是一个容纳巨量用户主体和信息数据的虚拟空间，互联网空间以具体的信息服务为节点，拉近了同场域中所有个体用户的距离。关注相似网络热点事件和信息服务的个体用户数量往往是庞大的，而个体用户自身也明白，同一时段或不同时段内使用相同信息服务的用户数量是庞大的，在这种情况下，面对部分互联网不良信息服务时，部分用户即使自身判断有举报的必要，但由于个人利益与公共利益呈现为模糊相关性，即个人利益与举报不良信息服务所带来的公共利益并非直接相关，而互利互惠的启动也处于缺位状态，正如访谈时所了解到的：

> 原先老百姓还有补贴，现在好像没了，有些老百姓就不稀得参与了（访谈记录：2020-12-25/ZF-WX-L002）。

在这种情况下，互联网信息服务治理的利好与公民利益之间的直接相关度更加弱化，利好激励较弱、互惠关系不足加剧了部分公民的"旁观者效应"[1]。除此之外，在现代社会，对于身兼职业角色、家庭角色、自我角色和社会角色等多重角色的社会公民而言，时间资源愈益成为一种紧缺资源。时间资源已然成为公民生存和发展的重要资源，时间资源的紧张也成为公民积极参与协同治理的重要阻碍。由于在互联网信息服务协同治理的决策落实中，监管主体缺乏对公民的有效激励，部分公民在自身时间资源紧张的情况下，往往将时间应用在其他的生活、工作等领域，而对于协同治理则采取旁观"吃瓜"的态度，不愿承担自身的参与责任，并将履责预期和治理参与寄予其他网民身上。质言之，由于缺乏互利互惠的纽带支持，加之时间资源紧张等原因，部分公民进行监督的意愿就更为微弱了。

---

[1] 利益的模糊相关性是导致"旁观者效应"产生的重要成因。（原珂，齐亮．"旁观者"现象：旁观者介入公共冲突的过程分析及破解策略［J］．社会主义研究，2015（1）：93-100．）

三、产出阶段：问责机制超载和问责非精准化

互联网信息服务协同治理存在着不同的问责渠道，包括党政系统的党内问责和行政问责，以及来自社会主体的社会问责。当前，互联网信息服务协同治理存在党政系统内部问责超载和社会层面问责乏力等困境，严重削弱了问责机制的应有作用，使互联网信息服务协同治理在产出阶段遭遇"末梗阻"。

首先，部分党政系统内部存在问责不精准和问责泛滥等情况，造成部分网信部门工作人员问责超载，不仅偏离了问责机制挽救损失、"治病救人"的初衷，还严重压抑了部分工作人员的履责动机，迫使其从履责转向"避责"，造成部分网信部门工作人员无所作为。基层网信工作的重要特征，就是时间紧、事项多、任务重，互联网信息服务领域的问题线索往往存在即时性特征，而且舆情治理等信息服务的监管均对时效性有较强要求，这意味着工作人员既需要平衡个人的生活时间与工作时间，又需要抓紧时间处理烦琐的监管事务。互联网信息服务领域涉及的事物往往极为庞杂，不仅涉及的利益主体较多，而且互联网信息服务中的身份匿名性、事项琐碎性等问题，也大量消耗着工作人员的时间精力和部门资源。此外，由于互联网信息服务有着覆盖领域广、信息流量大、服务类型多等特征，加之我国互联网信息服务依旧部分存在信息服务质量较低、危害国家网信安全等问题，网信部门工作人员的工作任务量较大。例如，互联网信息服务的重要特征，在于信息传播源的多中心性、信息流转节点的巨量性以及信息流转覆盖的跨区域性，多数的互联网信息服务跨市乃至跨省开展，这就要求治理主体不仅具备特定区域内的联动能力，还要求主体间具备跨区域的协同能力，能够快速联动形成有力决策，以应对互联网纷繁复杂的信息服务协同治理需求和快速变化的网络舆情。然而，当前互联网信息服务依然奉行"属地管理"准则，如陕西省 2017 年出台的《陕西省互联网信息服务提供者属地管理工作制度（试行）》，即强调"切实履行属地管理责任"①。各级网信办作为主导者，秉持"守土有责"的原则，落实互联网信息服务治理的主体责任，固然有其合理性，但这与互联网信息服务具备的多中心性、巨量性和跨区域性等特征及其所带来的治理需求形成

---

① 陕西出台《陕西省互联网信息服务提供者属地管理工作制度（试行）》[EB/OL].（2017-02-08）[2020-09-27]. http://www.cac.gov.cn/2017-02/08/c_1120432319.htm.

内在张力，而且由于不顾权责分离、名实分离的情况，以属地责任为依据进行问责，所以即使将压力通过问责机制层层传导下去，但依然难以解决实际问题。

其次，来自社会层面的社会问责疲软无力，"异体问责"处于缺位状态。社会组织和公民主体的社会问责，是"异体问责"的重要组成部分。在同体的行政问责失灵时，需要社会问责予以补位，这是互联网信息服务治理各主体在问责层面进行协同的主要形式。然而在实践中，社会组织和公民主体在社会问责中均呈现出问责不力的现实问题，这严重阻碍了问责层面的有效协同。甚至有些问责行为是以破坏互联网秩序为代价的，如部分网络"大V"刻意地错误解读事件内涵、煽动对立情绪乃至激化网络社会矛盾[①]，极易诱发网络群体性事件。在这种情况下，公民不但不能精准表达、合理施压，反而容易因问责方向和性质的异化而遭到封禁。社会问责机制也因此难以真正嵌入互联网信息服务协同治理中，亦无法在同体行政问责缺位时发挥"协同补位"的重要作用。

第三节 保障层面：信息维度"共享—研判"机制支撑不敷

在当前互联网信息服务协同治理的保障层面，信息方面存在不同程度的约束条件。治理信息共享机制和硬件支持的限制，造成连接、维系各治理主体间的信息通道出现不畅，严重降低了各主体间的协同效率。

一、"共享—研判"机制有待增强

互联网信息服务协同治理中的信息共享和研判的机制十分匮乏，对主体间协同造成了阻碍。信息对于组织和个体而言，是非常重要的资源，掌握关键性信息者将被赋予权力，即所谓的"信息权力"。掌握了越多的信息权力，就越能人为地强化"信息不对称"状态，进而在政府部门间、公私主体间等主体博弈中"占得先机"，并为掌握信息权力最多的主体赋予最大的主导权力。由于竞争关系和自利思想的存在，部分治理主体刻意控制信息资源和信

[①] 刘兴凯. "大V"的网络生态乱象及其规制 [J]. 内蒙古社会科学（汉文版），2014（5）：155-159.

息渠道，以此在与其他主体的协同合作中掌握一定的"主导权"，并尽可能避免让渡自身的部分权利，即使这种让渡在协同治理中是合理甚至是必要的。互联网信息服务协同治理涉及多个政府部门，如宣传、公安、网信、电信和财政等部门，协同治理在这些部门中的任务目标、绩效考核、资源配给等均不相同。如果互联网信息服务治理及其协同需要消耗大量的人力、物力，或让渡过多的权利或收益，将挤占协同治理参与部门（除主管网信监管的网信部门外）过多的资源、权利乃至收益，这很可能造成部门利益的较大损失。在我国"条块分割"的管理体制和考核机制下，由于上级主管和决定下级部门的工作目标、资源调配和绩效考核，因此，部分政府部门可能会借助控制信息资源的方式，尽量在协同治理中"把握主动""占领先机"，以自身的目标和利益为优先，并以此避免因协同治理而造成自身利益损失。在这种情况下，条块间的重要信息共享、信息共同研判等存在部分失灵乃至部分缺失。此外，政府监管部门等公权力主体与互联网平台企业、公民等私权力主体之间也存在着博弈关系，这导致部分政府监管部门和互联网平台企业之间只是非关键信息和非关键数据的共享，政府只能通过年终检查、动员公众等方式来尽量打破信息不对称[①]，但这也加剧了政府和互联网平台企业之间的不信任，使得二者的协同只能在极其有限的范围内进行。由于对"信息权力"的争夺和占有，部分主体之间既缺乏有效的信息共享和研判的联动机制，又无主观意愿去构建、完善上述机制，导致主体间信息共享和研判的能力较为薄弱。

二、部分信息共享和研判的硬件支撑存在不足

在政府与公民的信息共享方面，由于网信办的网站建设存在不足，部分互联网信息服务治理信息公开不足、缺乏有限的查询途径等。例如，《互联网信息服务管理办法（修订草案征求意见稿）》规定，"网信部门、电信主管部门和其他有关部门应当向社会公开对互联网信息服务的许可、备案情况"，"网信部门、电信主管部门、公安机关和其他有关部门对违反本办法行为依法给予的行政处罚，应当记入信用档案并予以公布"，这些都应当成为网信部门主动公开的重要内容。而且《中华人民共和国政府信息公开条例》《政府网站

---

① 于洋，马婷婷. 政企发包：双重约束下的互联网治理模式——基于互联网信息内容治理的研究 [J]. 公共管理学报，2018（3）：117-128，159.

发展指引》等需要主动公开的各类信息，也应当成为网信办信息公开的重要范畴。虽然部分文件规定尚未发挥法律效力，但这正表征了当前部分网信办信息公开中存在的一些问题。部分地方和基层的网信办连门户网站都没有，信息公开公示缺乏良好平台，这些都导致公民难以进行有效的信息获取和查询，将在一定程度上降低公民参与互联网信息服务协同治理的有效性。

第六章
实践路径：中国互联网信息服务协同治理的实现

以理论层面的运作模式为框架,以实践层面的现实问题为导向,从主体结构、运行过程和协同保障三方面构建推进路径,依托理论和实践相结合的方式,为理论界和实务界提供理论借鉴和智力支持。

第一节 主体结构整合:协同动力接续与集聚模式升级

当前,对于中国互联网信息服务协同治理而言,最大的问题主要出现在主体动力不足和主体集聚弱化。鉴于此,应当从主体动力和主体集聚两方面建构治理对策,提升主体参与协同治理的内在动力,并提高各主体间协同合作的凝聚力与向心力。

一、主体动力:激发公民参与及平台企业履责动力

(一)以型构角色认知与提升自我效能感激发公民参与动力

首先,通过价值排序形塑公民个体的正向角色认知,以此提升公民的参与动力。通过价值排序,可以调适公民自利性角色和公共性角色之间的角色冲突,强化公民个体对于自身角色的认知,以此提升公民个体参与互联网信息服务协同治理的内在动力。各级党委宣传部、网信办,以及街道(乡镇)和社区,应当积极形塑互联网治理文化,着重对相关价值进行对比和排序。针对网民参与互联网信息服务涉及的核心价值,应当系统梳理自利性个体性价值和公共性实现价值、表达自由价值与良好互联网秩序价值的价值内涵和价值排序,并针对不同群体进行价值引导。例如,对于青年网民群体而言,虽然追求新奇、刺激的信息服务的猎奇心理,是其特定年龄所呈现出的特征,但青年也容易受到价值感召,具备接受能力强、社会责任感强、思维富有活力、朋辈号召力强等特征,我们可以在学习强国等各类常用 App 上开辟互联网信息服务治理专栏,定期推介互联网信息服务治理的政策法规,邀请优秀青年拍摄宣传短片,宣扬风清气正、积极向上、丰富多彩的网络信息生态目标,将公正、合作、责任、民主等价值目标排序到感官满足、猎奇等价值目标之前,通过营造青春时尚、风清气正的互联网信息服务治理的文化氛围,来形塑青年网民的价值结构。而对于中年网民群体而言,其网络信息的信息接收能力虽然不如青年群体,但是他们对于社会现实问题依然较为关切。尤

第六章 实践路径：中国互联网信息服务协同治理的实现

其是有子女的中年网民，更加期待建设一个有利于孩子成长、内容积极健康的网络环境。鉴于此，在针对中年网民群体的宣传中，应当强调个人参与责任与网络环境之间的紧密联系，只有大家都承担起信息服务治理的责任，共同积极维护网络信息生态，才能营造出有利于孩子成长的网络环境。

其次，通过替代性经验和模拟实践提升公民个体的自我效能感，以此强化公民的参与动力。替代性经验是指，基于对第三方行为的观察，观察者在一定程度上可以预判甚至感知到自身去尝试这种行为的结果。通过观察，不需亲自体验直接的强化，只需观察他人在特定环境中的行为。

鉴于此，应当从正向激励和反向激励两方面提升公民参与互联网信息服务协同治理的自我效能感，以此对公民个体的参与动力进行强化。具言之，在正向案例中，各级宣传部门和网信部门应当在宣传中展示具有代表性的公民参与互联网信息服务的成功案例，以通俗易懂、简明扼要的形式，重点呈现网民在成功案例中的参与意识、参与行为、良好秩序以及形成的良好成效，并着重凸显良好的网络信息生态给公民带来的网络红利，以此强化公民"有能力参与"和"参与会有反馈"的积极认知。而在反向案例中，应当呈现公民参与失范所造成的不良后果，以此为公民的参与行为画出底线，从具象化纬度形成警示作用。例如，华中师范大学新闻传播学院网站中设置了"媒介伦理案例库"，从信源真实与记者选择、媒体暴力、虚假新闻乃至典型的公众参与等多个栏目，介绍、更新互联网信息服务中的媒介伦理案例，其中包含大量公民参与治理的典型案例。各级宣传部门可以借助融媒体平台，借鉴上述案例库形式，进行标准化建设，如在互联网信息服务治理领域公民参与"产生过广泛的、重大的社会影响，有突出的示范意义或借鉴意义"[1] 的案例，力求抓住要害，深入细致地进行分析，论述时画龙点睛，把问题点明，把道理说清，并揭示主题。自我效能感的提升，离不开治理的积极实践。各级网信部门应当积极联动各大网络社区、媒体平台，开展互联网信息服务治理公民参与的线上和线下体验活动，如安排互联网信息服务不良信息举报、对网信部门行政行为的社会监督、网络舆情的自我纠偏、多方协商治理和治理行为反馈等环节的公民模拟参与，并模拟呈现行为后果，以此强化公民参与互联网信息服务协同治理的正向认知、参与意识和参与能力，形成"认知＋实践"相辅相成的增幅效应。

---

[1] 李理. 媒介伦理案例库建设标准［EB/OL］.（2020-01-05）［2021-02-05］. http://media-ethic.ccnu.edu.cn/info/1022/1082.htm.

(二) 以保护权益与规制"灰色地带"强化平台企业履责动力

首先,以比例原则为依循,将直接性的规制与保护互联网平台企业的合理利益相结合,推动互联网平台企业更好地履责。政府网信监管部门应当根据行政法中的比例原则和个案平衡原则制定监管规章、约束执法行为,以此提升互联网平台企业参与治理、履行责任的内在动力。所谓"比例原则",其本质是狭义的"利益平衡原则","利益平衡原则"即执法人员在做出任何决定时,不能片面追求公益或某一方之利益,必须同时尊重并考虑不同的利益,尤其是公益和私益,必须要予以平衡的考量,并客观地衡量和取舍。而比例原则,则是指行政机关行使自由裁量权时,应在全面衡量公益与私益的基础上选择对相对人侵害最小的适当方式进行,不能超过必要限度。该原则主要包含三个具体原则,即妥当性原则、必要性原则和法益相称性原则,即合理正当的行政手段、选择负面影响最轻微的手段、造成的损害必须轻于达成目的所带来的利益(平衡各种利益)。① 针对各类互联网信息服务形式,在行政法规和规范性文件的制定和落实中,除一以贯之强调互联网平台企业的自律责任外,应当从上述三个原则明晰对互联网平台企业进行监管执法的限度和底线,即以契合行政目的适当的执法手段来进行执法,在达到惩戒作用的前提下,选择对企业影响较为轻微的处罚方式,避免"用牛刀杀鸡",并且应当平衡公共利益和互联网平台企业的合法权益,避免过度侵犯企业正当的生存、发展的可持续性。而且,应当制定对于互联网平台企业合法权利的保护性条款,如国务院办公厅2019年印发的《关于促进平台经济规范健康发展的指导意见》规定,"科学合理界定平台责任……强化政府部门监督执法职责,不得将本该由政府承担的监管责任转嫁给平台"②。在此基础上,各级政府的网络监管部门应当制定针对不同类型互联网信息服务的企业权益保护的实施细则,从适用范围、执行原则、执行标准、实施措施、执行程序和奖惩措施等多环节梳理实施细则,推动政府监管部门运用协同治理的方式来主导互联网信息服务治理。

---

① 许可. 网络平台规制的双重逻辑及其反思 [J]. 网络信息法学研究, 2018 (1): 105-121, 310-311.
② 国务院办公厅关于促进平台经济规范健康发展的指导意见 [EB/OL]. (2019-08-01) [2020-12-17]. http://www.gov.cn/zhengce/content/2019-08/08/content_5419761.htm.

其次，针对标准不明确的内容，应当细化界定标准，并灵活运用治理工具开展治理，应当采取具有针对性的专项监督，以外部压力的方式，与保护合法权益相辅相成，强化互联网平台企业参与治理的内在动力。以互联网信息服务中的"七条底线""九不准"为基础，动态追踪互联网信息服务中存在的标准不明确的内容，并细化不同类型内容的研判标准，形成实时更新的"黑名单"和数据库。针对这类互联网信息服务，可以采取灵活的治理工具箱，包括约谈工具、专项治理工具等。各级监管部门可以在不断更新"黑名单"和数据库的基础上，优先采取约谈工具，以富有亲和力和协商空间的约谈形式来劝服互联网平台企业的领导者和部门负责人，以此弱化被监管市场主体的抵触心理。而在这个治理工具链条的另一端，则是包含惩戒措施在内的专项治理工具。如自2021年3月至2021年11月底开展的"新风2021"集中行动，重点整治包括网络直播、网络游戏、网络文学、网络社交专项整治等五个领域，还包括开展弹窗广告专项整治，加大对低俗、"软色情"弹窗广告的处罚力度，并追查淫秽色情网站等非法弹窗广告源头[①]，即开展专项治理的开端。对于约谈工具、信用工具失灵的情况，应当根据信息服务的"黑名单"和数据库开展不定期专项治理，令失责互联网平台企业承担相应的不利后果，从而遏制其失责信息服务行为。

二、主体集聚：行业协会集聚能力提升与上下合作集聚模式构建

（一）提升互联网行业协会聚集企业主体的主体集聚能力

针对部分互联网行业协会因内部约束力较弱和缺乏独立地位而造成的难以聚集企业主体的情况，可以从提升对企业的约束力和行业协会独立自主地位两方面入手，使互联网行业协会在互联网信息服务协同治理中能够更好地发挥主体集聚作用，并真正被纳入治理链条当中。

首先，建立健全互联网行业协会的理事会、常务理事会和监事会。针对行业协会"精英控制"过强导致自我规制失灵的问题，"必须理顺行业协会的内部治理结构，使得协会内部会员代表大会、理事会、监事会之间达成均衡，

[①] 全国扫黄打非办：加大对软色情等弹窗广告处罚力度[EB/OL]．（2021-03-19）[2021-03-20]．https：//tech.ifeng.com/c/84jc8mY33sJ.

各司其职"[1],以此平衡各方权力,避免"一家独大"的擅专权力、自我庇护等情况发生。第一,各级《互联网协会组织管理办法》应当明确规定,理事会的任期和换届时间常规为3年,应视事项重要程度、紧急程度的不同而分类制定常务理事会的开会事项和周期,由协会秘书处具体承办,并细化牵头单位、启动程序和主体责任。在理事会和常务理事会的准入标准中,应当明确各级别企业的数量规模,按照均等比例配置,并且坚持决议表决中"同票同权"原则,充分保障中小互联网平台企业的话语权。第二,各级互联网行业协会应当建立具有独立话语地位的监事会[2],聘任一定数量的热心网民、业内专业学者、互联网从业者和网警人员担任特约监督员,明确其监督事项、汇报机制和权力范畴,并将行业协会所了解的信息及时对特约监督员进行公示公开。对于理事会,监事会应当建立规范化的考核指标体系,定期对理事会的工作进行考核。对于特约监督员开会探讨后联名提出的质疑和意见,行业协会领导层必须在特定时限内进行答复,核定可行者应予以落实,并及时将结果反馈给特约监督员;如果出现"不作为"的情况,特约监督员则可通过政府开辟的"绿色通道"直接反馈问题,提前引导政府监管权力介入。在这种情况下,由于部分行业协会"精英管理者"的地位被改变,互联网行业协会将更容易对会员单位(特别是较大的互联网平台企业)的潜在不良信息服务行为进行震慑和规制。

其次,完善互联网行业协会的支持机制和法治保障。对于互联网行业协会来说,政府对其发展的影响途径是多方面的,除了以购买公共服务的形式提供资金支持外,亦存在关系到协会生存的行政监管。在这种情况下,为保持并强化行业协会的独立地位,提升协会自身的权威性,第一,地方层级的互联网行业协会应当积极开拓收入来源,避免协会过度依赖来自政府的资金支持。此外,互联网行业协会应当充分发挥自身"合作平台"的巨大优势,解决政府监管部门和互联网平台企业的燃眉之急,促成多方合作,以此来彰显自身价值,并维护自身特殊的独立地位。具体而言,对于政府监管部门而言,缺乏专业人员、网络技术、监管信息和监管精力是其完成互联网信息服务治理任务的巨大阻碍;而对于中小互联网平台企业而言,它们惧怕的是利

---

[1] 任晓春,董海宁.行业协会精英治理的困境及转向:一个组织学的解释框架 [J].江汉论坛,2019(9):140-144.

[2] 监事会与已有的监管支撑部职责并不相同,后者主要是提供互联网信息服务监管的技术性工作,是对信息服务的监督;而监事会主要监督行业协会的行为,是互联网行业协会组织自我监督、自我约束的事务性机构。

润降低，缺乏的是发展机会。互联网行业协会可以确定双方的需求结合点，并促成二者之间的合作，如促动互联网平台企业提供自身的人员、技术和信息，协助监管部门开展信息服务监管，作为回报，政府可给予其一定的合作机会，如以合作项目的方式，向互联网平台企业购买软件维护等更多的公共服务项目，让合作企业有更好的发展。"通过平台机制的搭建，行业协会在过程中并不完全按照政府授意开展活动，政府部门与行业协会之间因管理关系而产生的利益嵌套也被冲破"[1]，在这种互惠的合作过程中，行业协会独特的作用得到彰显，其独立地位亦得到强化，参与协同治理的能力因此得到进一步加强。第二，当前在互联网行业协会管理领域，只有《中国互联网协会章程》《中国互联网协会组织管理办法》等少数协会规章属于软法范围，其法律位阶、力度均不足以让行业协会脱离行政权力的干预。鉴于此，应当由人大尽快制定《行业协会商会法》，并由各级政府尽快制定《互联网行业协会管理条例》等下位法规，"一是明确规定协会的性质、地位、组织结构、基本职能、资产管理、会员管理、行业监管与法律责任；二是在立法中，必须合理配置政府、行业协会与其成员三者之间的权利义务，维护行业协会的独立"[2]，明确政府不当干预互联网行业协会的行为标准、核定程序和惩罚举措等法规要件，并围绕保障互联网行业协会的独立地位和现实功能构建法律法规的支持体系，以国家法律和行政法规等硬法来保障互联网行业协会的独立地位和活动能力，使其能够以更为权威、平等和独立的身份，来履行主体集聚职能。

（二）推动政府部门引导"上下合作"的主体聚集模式

政府部门作为协同治理主体聚集的主导者，应当以多元方式引导主体聚集，辅以合作共治、协同共赢的组织文化，以此主导形成以"上下合作"为内核的主体聚集模式。

首先，政府应当因事而异、因地制宜，灵活运用多种方式引导、鼓励多元主体聚集。各级网信办可以根据辖区内互联网信息服务治理的事项特征，分类编制不同治理事项的协同预案，包括事项是否需要采用协同治理的方式完成，以及协同所需要的主体类别、集聚流程、组织原则、行动协议和备用

---

[1] 赵吉，彭勃. 社会借道行政：后脱钩时代行业协会自我增能的有效机制 [J]. 治理研究，2021（1）：37-46.

[2] 王湘军，刘莉. 从边缘走向中坚：互联网行业协会参与网络治理论析 [J]. 北京行政学院学报，2019（1）：61-70.

方案等,以适用于不同的治理情境。例如,党政系统内部的主体集聚,主要是以各级党委为领导、以网信办为主导、以党政各部门为协同伙伴的集聚,以政治命令和行政指令为主要驱动力。对于处理涉及主体较少、治理效率要求较高、党政系统内部具备足够治理资源的互联网信息服务治理事项,采用"党政系统内部+互联网平台企业"的集聚方式即可完成,协同预案设计也较为简单,没必要为追求协同效率搞"一刀切"。但是,如果治理事项涉及主体众多,甚至是缺乏良好处理预案的"棘手问题",则需要以兼顾高效率和灵活性、"上下合作"的引导式集聚为主要集聚模式。在引导式集聚中,各级政府的重点集聚对象是除了党政系统主体和互联网平台企业主体外的社会组织和公民个体等。为有效进行引导,政府部门需要采取以劝说、引导为主,以行政强制为辅的集聚方式,即由政府相关部门根据制定的预案,直接联系重点行业协会和社区(主要是网络社区)的负责人,为其布置动员任务,并公示治理目标、任务分工、活动原则和各方收益等详细信息,以吸引更多的主体主动参与进来,并为社会主体的活动留下充分空间。为了在主体集聚时能够进行有效引导,各级网信办应当在平日与重点行业协会和社区(主要是网络社区)的负责人建立起密切联系和互惠关系,并以定期举办联谊活动、线上答疑解惑等方式,活跃在网络社区之中,积极与网络社区成员进行互动。与此相辅相成的是,为了在以柔性引导推动合作的同时强调"效率",党政系统应当积极提升公民的政治信任,即由网信办的主管党委做出治理行动简介和治理目标保证,以党组织的政治权威和民众对党的政治认同为治理行动做信用背书,以此来号召社会组织、公民个体参与到治理行动之中。此外,以科学、清晰的规则来对抗棘手问题中的不确定性,是非常有效的。在以政治权威做信用背书的基础上,各级网信办应当在信息公开中公示协同治理的正式协议和行动规则,使整个治理过程真正能做到"有规则可依"。通过灵活软性与刚性多元手段的运用,政府部门可以在不同治理情境中,以兼顾效率和灵活的形式,将各方主体集聚起来。

其次,政府网信部门需要培育合作共治、协同共赢的组织文化。合作共治、协同共赢的组织文化不仅能够在短期内改变部分领导干部和工作人员"全能式"行政的工作思维和工作方式,还能够通过价值共识和文化氛围的作用,长期推动、保持网信部门崇尚合作、谋求系统的组织行为。沙因认为,组织文化主要包括三个层次的内容,即器物层次的组织外显物、深层次的共同拥护的价值观,以及包括人性的本质、人际关系性质、真理和现实的本质、活动的本质等基本信条与假设。① 对于倡导合作共治、协同共赢的政府组织文化而言，亦应当以上述三方面为进路来进行培育。在组织外显物方面，各级网信部门应当在单位展板栏、门户网站、学习强国 App 等宣传平台上，设计、设置关于合作共治、协同共赢的文化符号，并积极举办以此为主题的文化节活动和知识竞赛等主题活动。在价值观方面，各级网信部门应当借助于主题党课、单位培训和工作报告等场景，以宣扬协同共赢典型案例的正面经验和批判"官本位""一言堂"等负面教训的具象化形式，潜移默化地培育部门成员认知中的价值结构，改变部分领导干部和工作人员"全能式"行政的工作思维和工作方式，使其真正认同协同治理中公正、平等、协作、共赢等核心价值理念，并以此作为自身价值标准。在此基础上，各级网信部门应当以上述价值凝聚部门整体共识，发挥其对于组织行为的指导性作用。而在基本信条与假设方面，各级网信部门应当以"协同型政府"的基本信条和行为假设为基准，即"在目标层面，协同型政府是一种使命驱动的政府；在与他人关系层面，协同型政府是一种超越边界的政府；在根据环境调整自身行为层面，协同型政府是一种灵活应变的政府"②，并以这些基准作为各级网信办组织行为的依归，将其内化于部门人员的认知结构中，使部门人员将协同合作、分工协作视为一种"无意识"状态下的行为取向。组织文化的器物、价值和假设三个层次相辅相成，从组织整体目标、组织群体过程和组织个体行为三个层次对组织行为产生影响，从而革新网信部门的价值思维和工作理念，使各级网信部门更为充分地在主体集聚中发挥其积极作用。

第二节 运行过程改进：决策、落实与产出阶段的对标矫正

一、决策阶段：强化"问题导向"与有效协商水平

在互联网信息服务协同治理的决策阶段中，由于问题信息获取和协商决策两个环节之间在内容上存在交叉性，如社会力量参与、多主体间联动等，

---

① 埃德加·H. 沙因. 企业文化与领导 [M]. 朱明伟，罗丽萍，译. 北京：中国友谊出版公司，1989：17.

② 麻宝斌，李辉. 协同型政府：治理时代的政府形态 [J]. 吉林大学社会科学学报，2010（4）：11-16.

为从整体性视角更好地构建系统性治理对策，可以围绕"科学决策"目标，将二者的治理策略整合起来，通过建立坚持问题导向、多方参与的科学决策模式，系统性建构治理对策。

首先，提升网信监管部门获取问题的意识和能力，强化决策环节的"问题导向"。网信办党组织及各级党委领导应系统建设应对举措。第一，接合网信部门职责和国家互联网战略，强化网信部门"以问题为导向"的工作作风，以及"实事求是"的责任感、使命感。各级党组织应当结合主题党日、主题党课、民主生活会等形式，让网信部门涌现的先进人物、业务骨干进行巡回讲座、授课，分享自身和周边优秀人物肩负使命担当、破解现实难题的光辉事迹，不仅能够起到传授有益经验、提升工作人员业务能力的作用，而且可以通过具象化的先进事例，以"润物细无声"的方式，强化网信人"以问题为导向"的工作作风和为人民群众解决现实问题的责任感和使命感，并提升网信工作者对"网信人"群体的归属感。以此为基础，各级网信办应当将"决策前调研"作为网信部门各项决策的必备前序环节和工作考察重点，不仅应当采取社交工具互动、线上调查问卷等线上形式，亦应当结合重点群众访谈等线下形式开展决策调研，并从人员、时限、形式、程序等方面，形成决策调研的行动预案。第二，构建主动获取信息的政企联动机制。针对网信部门业务繁重、缺乏技术支撑的特征，可以建立与技术平台企业的联动合作机制，即强制网信部门以专项经费从区域性互联网平台企业购买技术服务，由互联网平台企业代行部分常规性网络巡查职责，定期运用大数据分析技术，为本地政府提供互联网信息服务领域相关的自动文本分析、社会网络分析、可视化和空间分析等分析手段[1]，筛滤网民关注的互联网治理热点等量化相关信息，如果有重大治理突发问题可以不受时间排期约束，随时形成报告，并由互联网平台企业根据收集到的信息制定出治理现状报告和治理对策方案，以期实现治理资源和治理举措之间的"精准匹配"。与之相匹配的，受到政府委托的互联网平台企业，应当建设治理信息动态监测平台、治理事项数据库、治理事项预警机制等技术平台，并围绕与网信监管部门的快速联动，建立完善统一的数据资源"云共享"平台、政府协同工作小组等硬件条件[2]，逐步提升网信部门的问题信息主动获取能力。

---

[1] 张楠. 公共衍生大数据分析与政府决策过程重构：理论演进与研究展望[J]. 中国行政管理, 2015 (10)：19-24.

[2] 戚阿阳, 王翠萍, 李佳潞. 大数据环境下面向政府决策的信息资源开发路径探析[J]. 图书馆学研究, 2018 (21)：25-30.

第六章 实践路径：中国互联网信息服务协同治理的实现

其次，完善沟通协商和利益协调机制，提升决策中社会力量的参与水平。政策科学理论指出，提升社会力量在决策中参与水平的关键方式，在于从个体维度将社会力量吸纳进来，主要即针对互联网平台企业和专家学者等社会力量。在吸纳过程中，应当依循三条最重要的原则，即科学性原则、公共利益原则和知识赋权原则：① 通过决策主体的科学考察和专业论证，借助大量科学理论和专业技术知识对政策方案进行规划与设计，以保证政策方案遵循科学规律、契合专业标准、符合理性要求；② 以公共利益最大化为目标，在多元社会的治理过程中，推动政府与利益相关者在利益和利益分配问题上所达成的共识；③ 吸纳民间具有专业知识和专业技能的社会力量，如互联网爱好者、互联网从业者乃至互联网领域专家等，让民间智力成为决策环节的重要支撑力量。① 在具体的互联网信息服务的协同决策中，上述三条原则有其具体的体现形式。第一，在政策论证过程中，应当构建由互联网爱好者、互联网从业者乃至互联网领域专家等组成的线上"专家库"，并根据决策议题，遴选相应专家学者参与其中，其中不仅应当包括专业的政策科学家或政策分析师，还应当包含与互联网信息服务治理的政策问题相关的各学科专家。② 在决策环节的议程中，专家学者应当具备足够的表达渠道、协商渠道和话语权重，并鼓励有条件的专家学者根据参与过程形成后续的政策研究。第二，在协商中应当以公共利益最大化凝聚参与者共识。在协调利益过程中，对于利益的平衡和整合最为棘手，这意味着在协商过程中，应当由具有政治权威和权力资源的本级网信部门的党政主官来主持协商，并且在协商中力求以平等地位来对待各方主体特别是利益相关主体的意见。第三，政策的议程和所有议程相同，其本质即为"将所有问题中真正成为关注焦点的问题筛选到列表中的过程"③。这就意味着，为保证形成有效的问题清单和决策方案，整个议程不仅需要吸纳专业性人才，亦需要吸纳包括网络"大V"等具备丰富的非专业知识的社会主体，其所具备的非专业知识与专业性知识共同构成了公共政策的整体性知识需求，从而避免专业知识可能存在的狭隘、激进、片面的意见

---

① 何志武，吕永峰. 科学主导型公共政策的公众参与：逻辑、表征与机制 [J]. 华中师范大学学报（人文社会科学版），2020（4）：53-59.
② 杰伊·沙夫里茨，卡伦·莱恩，克里斯托弗·博里克. 公共政策经典 [M]. 彭云望，译. 北京：北京大学出版社，2008：1-3.
③ 迈克尔·豪利特，M. 拉米什. 公共政策研究：政策循环与政策子系统 [M]. 庞诗，等译. 北京：生活·读书·新知三联书店，2006：181.

以及偏向性的利益等缺陷。[①] 各级网信监管部门在决策中应当根据决策的议题主题和议程设置，积极吸纳与主题领域相关的网络"大V"等列席协商会议，保障其在陈述和协商过程中的表达权、辩论权、质询权等重要权利，并适当给予参与者一定的资金补贴。第四，构建跨地域快速联动决策机制。针对互联网信息服务"属地管理难"的现状，应当由国家网信办牵头、地方网信办协同，建立跨地域快速联动协商决策机制，即某地网信部门研判治理事项存在跨地区治理需求时，可以通过线上协同请求、线上信息共享和线上联席会议等形式，与其他涉事地区的网信办进行合作决策，并形成跨地区联合执法的行动方案。国家网信办应当根据跨地区决策需求，出台《我国互联网信息服务跨地区协同治理规定》等较高位阶文件，并由地方网信办相应制定本地区《互联网信息服务跨地区协同治理实施细则》等文件，重点规定协同治理事项的启动标准、主导者与协同者的职责、问责与处罚情形、决策程序与形式等，以期使跨地域的快速联动决策机制的建立和运行"有规可依"。

二、落实阶段：优化过程控制与重点互惠关系

（一）以强化事中监管和纠偏机制来确保对协同治理的"过程控制"

在互联网信息服务协同治理过程中，需要通过在决策落实阶段构建事中监管机制和事中纠偏机制，强化对决策落实环节的"过程控制"。

首先，建立健全事中监管机制。互联网信息服务协同治理的事中监管机制，其目的是弥合事前行政审批"批后不管"与事后政策结果评估之间的失管鸿沟，以此确保政策落实的"过程控制"。《中华人民共和国行政许可法》第二十条规定，"行政许可的设定机关应当定期对其设定的行政许可进行评价；对已设定的行政许可，认为通过本法第十三条所列方式能够解决的，应当对设定该行政许可的规定及时予以修改或者废止"。这种评价的本质是一种事中评价，其外延十分广泛，包括政府内部的事中评价和公众参与的事中评价。依托《中华人民共和国行政许可法》和其他规范性文件，我们可以根据互联网信息服务的运作特征，分政府内部、政府外部建立完善事中监管机制。从内部监管而言，对于互联网平台企业是否履行协同治理的相应责任，可以

[①] 萨拜因·马森，彼得·魏因加. 专业知识的民主化？[M]. 姜江，马晓琨，秦兰珺，译. 上海：上海交通大学出版社，2010：2-21.

第六章　实践路径：中国互联网信息服务协同治理的实现

立足于企业声誉，从回应性规制的角度构建监管机制。针对特定互联网平台企业，政府可以依托网信办设置专门性直属机构，以联动第三方企业声誉评估机构为抓手，开展日常评估工作。日常评估强调以下几方面：一是互联网信息服务治理中互联网平台企业的政策落实情况；二是对日常的常规性声誉评价和声誉风险进行量化声誉评级，逐渐锚定互联网信息服务的重点监管对象，并借助信息数据手段，将行政执法资源与监管注意力优先投放至风险相对更高的企业领域中。在事中监管中，政府网信监管部门与协同的第三方评价主体需要厘清互联网平台企业在落实协同治理政策中可能存在的问题，监管者需要对被监管企业的政策落实情况和守法情况等进行翔实记录，"并根据被监管者既往的生产经营记录和守法记录圈定重点关注的被监管者，在监管活动中对圈定的被监管者进行监管力量的倾斜；监管者还可以加强与被监管者相关的舆情监控和信息分析，更加切实地研判被监管者的真实动机"[①]。对于失信企业的处理，主要体现在降低其声誉和影响力、削弱其"流量"等弹性、间接性的处罚，这些做法避免了刚性处罚给企业发展造成不可挽回的损失，有助于灵活规约失信企业行为，为其后期挽回声誉保存足够的力量。除政府内部和专业第三方的监管外，事中监管还应大力引入社会主体监督，包括公民个体和社会组织的监督。与此同时，互联网信息服务治理的热点问题，也应当吸纳网络"大V"、互联网从业者和普通网民等公民个体进行积极监督，尤其是在可能侵犯公民的知情权、表达权、隐私权等方面，应当大力引入社会主体监督，以此提升事中监管的有效性。

其次，建立健全事中纠偏机制。对于通过事中监管发现的问题线索，有必要通过特定的纠偏机制来予以纠正，以期将损失遏止在最小状态，并给予监管主体积极反馈。正如 Resnick 所指出的，有效的在线声誉机制应满足以下条件：一是交易主体长期存续，以保证每次交易都能成为对未来交易的期望；二是获取并发布对现有交易的评价反馈；三是应用以往的反馈信息来指导当前的消费决策。[②] 事中监管后的纠偏是互联网平台企业因事中失责而造成声誉损失后的必要环节，只有对于核定问题进行有效纠偏，才能纠正互联网平台企业的失责行为，并对潜在失责行为产生威慑。鉴于此，各级网信办应当联动工商部门、检察院等部门，在事中监管中对失责互联网平台企业展开联合

---

① 刘鹏，王力. 回应性监管理论及其本土适用性分析 [J]. 中国人民大学学报，2016（1）：91-101.

② Paul Resnick, Richard Zeckhauser, Ko Kuwabara, etc. Reputation Systems [J]. Communications of the ACM, 2000 (12): 45-48.

惩戒，灵活使用包括约谈工具、声誉工具和行政处罚等治理工具，并秉持"比例原则"开展纠偏工作。在此基础上，政府网信部门应当将评估结果和整改结果进行存档，以备在治理流程完毕的产出阶段，对协同治理的结果进行总体性评估。"对评估结果的再评估，是评估组织者、参与者对评估结果的分析和协调过程，关系到评估结果能否得到认可，各方的意见建议能否达成一致，评估结果能否得到有效应用。"① 鉴于此，在展开事中监管、评估和整改时，政府网信部门应当责成综合办公室对事项起因、核心变量、治理举措、情势变化和经验教训等详细记录、备存，并作为产出阶段评估的对比组数据。

（二）强化互联网信息服务治理过程中的"政企""政民"互惠合作

在互联网信息服务协同治理中，不同主体之间能否进行互惠基础上的合作，关乎治理政策能否通过协同合作的方式予以落实，互惠关系作为不同主体间协同的"润滑剂"，亦是协同治理的具体体现。基于此，应当强化"网信部门—互联网平台企业"和"公民主体—监管主体"之间的重要互惠关系，使互联网信息服务协同治理能够以互利合作的方式长久持续发展。

首先，强化政府部门和互联网平台企业之间的互利互惠。地方网信部门应从"互联网治理"外的领域提升政企互惠水平，以此积累政企间社会资本。政府监管部门对于互联网平台企业的利好，应当坚持强化互联网平台企业的"造血"功能，让互联网平台企业在付出一定的治理成本后，能够获得心理和发展上的双重补偿。

第一，随着"互联网＋政务服务"领域的快速建设，政府各部门对于互联网产品和服务的需求大为增加，其在网络基础设施、网络政务平台、政务数据终端等方面呈现出大量的硬件、软件需求，并且这种需求随着互联网技术的发展呈现出不断更新的特点。这意味着，互联网平台企业与地方政府各部门之间的合作具有广阔的前景，这可以成为联结"政府扶持企业"与"企业监管信息"互惠链条的关键节点。例如，对于严格落实政府的信息监管要求、与政府紧密合作的互联网平台企业，地方政府可以将其遴选为优质合作伙伴，推动多部门与企业围绕产品采买、技术研发、技术支持和产业升级等方面展开深度合作，不仅能够使企业提升利润水平，还可以为企业的技术研发和产业升级提供不懈动力。特别是在"互联网＋社会治理"方面，由于当

---

① 汤丁，李东. 加强政策事中事后评估的思考 [J]. 宏观经济管理，2020（3）：9-14.

前基层社会治理存在大量需求，地方政府可以与优质企业在智慧城市等领域展开广泛合作。

第二，政府针对不同互联网平台企业的主营业务，可以提供有针对性的业务扶持，使其与政府共享业务红利。如针对信息服务的互联网平台企业，地方政府应当在与企业接洽后，提供企业迫切需要的"流量"资源，即以"官民合作"的形式引入优质卖家资源和客户资源，使其通过平台实现合作共赢；亦可以采取半公益直播等形式，推动优势平台企业参与到涉农、扶贫等领域的电商直播之中，既能够提升平台企业的知名度，实现流量引入，又可以加深政企间的信任和互惠。除此之外，对于在互联网信息服务协同治理中积极参与、严格履责的互联网平台企业，地方政府还可以考虑采取一定的优惠政策，降低这些企业的运营成本，如企业可以享有适当的合理退税政策，或企业在购买企业用地时享有优惠的土地和水电价格等。

第三，政府应当为部分重点互联网平台企业开辟"绿色通道"，为企业的运行和发展提供必要的便利。对于互联网平台企业而言，企业不仅需要与网监部门有业务往来，同时也因不同事项，而要与证监会、工商部门、检察院和法院等不同部门打交道。在这种情况下，中小型互联网平台企业的资源难免会因运营业务庞杂、程序烦琐，以及处理政务、商务和法务等事项而捉襟见肘。对于在协同治理中表现优异的互联网平台企业（特别是中小型企业），各级政府应当制定特定的准入标准、办理流程和权责清单，为这些企业开辟"绿色通道"，精简主营业务、商品采买等方面冗余的审批和办理程序，并建立"一对一"的快速联络渠道，对互联网平台企业提出的必要事项经核定后可"特事特办"、加急办理，如上海市长宁区检察院立足区位特点，"实行案件专办，建立线上线下立体网络服务、重点互联网企业定期沟通联络机制等，为区域内4000多家互联网生活服务类企业健康发展提供高效优质检察保障"[①]，即可以作为政府给企业的运行和发展提供便利的相关经验借鉴。

其次，强化公民主体和监管主体之间的互利互惠。公民主体在互联网信息服务治理政策的落实过程中始终要作为合作主体，与监管主体合作降低政策落实成本，这也是公民主体利好公共利益、惠及监管主体的重要方式。而对于公民主体的利好不仅决定了公民主体和监管主体之间的互惠水平，亦决

---

① 上海长宁区：开辟服务企业绿色通道 多家互联网企收到风险提示［EB/OL］．（2020-07-28）［2021-02-20］．http：//finance.sina.com.cn/china/dfjj/2020-07-28/doc-iivhuipn5433472.shtml.

定着互联网信息服务治理政策的落实效果。因此，在惠及公民主体的过程中，政府需要结合我国网民的实际特点，采取多元化的互惠举措。

第一，以专项补贴对冲网民的时间损失。随着我国社会的快速发展，网民的"主力军"——中青年网民一般都承担着来自工作、家庭、课业等方面的巨大压力，在这种情况下，时间资源已然成为网民生存和发展的重要资源，时间资源的紧张也成为网民参与协同治理的重要阻碍。对于网民时间资源紧张的现状，可以采取项目外包的形式，由网信办根据本部门的业务量，灵活招聘一定数量的兼职特约监督员，在进行一定的线上培训后，由其在自己的业余时间进行分领域的信息服务监督，网信办可采取按条计费的方式给予网民一定的报酬，以此作为对参与网民的报偿。这不仅能够极大地提升互联网信息服务的监督效能，更体现出政府对公民主体贡献的认可和鼓励。

第二，重视"关系"形式在互联网信息服务协同治理中的运用。"一还一报"式的互惠，在华人社会中体现得非常明显，如果一方接受了另一方的帮助或恩惠，那么受惠方就一定要通过特定的时机回报给予的一方，这将维持并提升二者间的互惠程度，以及密切相互间的"关系"。因此，各级网信部门应当设专人专项建设和维护与本地网络社区的负责人、版主等各级管理员的关系，对其给予信息管理、业务指导等方面的便利，并维系好相互间的关系。这样，在信息服务治理中，网络社区中的各级管理员也会基于"人情"与"面子"的作用原理，通过网络社区动员、提供关键信息、约束社区成员等形式惠及监管主体的监管行为，从而使监管主体和公民主体之间的协同变得更加容易。

第三，激发公民的"利他主义"情感与社会责任感。"利他主义"的自我认知为公民做出互惠行为提供了重要动力，高度的"利他主义"认知有利于公民主体在互联网信息服务治理中做出利好公共利益、强化与监管主体合作等相关行为。在后物质时代，众多网民关注的领域已经超越了自身物质利益，更加偏重于公平、公正等公共性价值，且其参与协同治理所在乎的收益，并非直接性的物质收获，而更趋向于价值性评价。[①] 这意味着，许多网民所进行的互惠的利他行为并非谋求短期性的物质回报，而是期待关涉到声誉和地位等方面的间接回报，因此，各级宣传部门和网信办应当充分依托融媒体平台，大力弘扬公民参与到互联网信息服务协同治理这一宏伟任务中的光荣性、价

---

① 齐翔. 互惠利他行为的演化模型与仿真 [D]. 武汉：华中科技大学，2008.

值性，引发公民主体与参与治理典范之间的情感共鸣，凸显参与者的贡献对于网络环境和网络信息生态的长期回报，以此激发公民主体在互联网信息服务协同治理中的"利他主义"情感，并强化其贡献自身力量的社会责任感。

三、产出阶段：建立评估体系与纠正问责异化

（一）建立健全互联网信息服务治理的评估体系

首先，建立专门性的评估指标体系，使评估工作"有据可依"。在建立和完善指标体系方面，对于协同治理效果评估的指标体系，不同学者从不同维度提出了具体思路。国内学者田培杰基于协同优势理论，将协同治理的成功标准归纳为取得成果、获取有效的过程、取得意外的收获、获得其他组织或公众的认可、在支持协同团体的同时实现个体价值等五重维度。[①] 托马斯·冈顿等人指出，评估协同行动的成效主要依据四条标准：成功达成协议、协同过程的效率、利益相关者的满意度、获得额外的社会资本。[②] 田玉麒则基于朱迪思·英尼斯和大卫·布赫的协同治理"三阶效果论"以及对协同治理成效阶段性特征的阐释，将评价协同治理的维度界定为"效果序列"与"效果层级"的九维交叉列表[③]，具体内容如表 6-1 所示：

表 6-1 协同治理成效评价的效果序列与效果层级

效果序列	效果层级		
	公共层面	制度层面	个体层面
一阶效果	一致性	稳定性	参与度
二阶效果	有效性	外部合法性	获得感
三阶效果	持续性	适应性	灵活性

（资料来源：整理自田玉麒. 协同治理的运作逻辑与实践路径——基于中美案例的比较 [D]. 长春：吉林大学，2017.）

综合学界既有研究可知：第一，不同学者对于协同治理评价标准的界分有所差异，但其中一般包括对协同结果的评价、对协同过程的评价、外部认

---

① 田培杰. 协同治理：理论研究框架与分析模型 [D]. 上海：上海交通大学，2013.
② Gunton T G, Day J C. The Theory and Practice of Collaborative Planning in Resource and Environmental Management [J]. *Environments*，2003（2）：5-19.
③ 田玉麒. 协同治理的运作逻辑与实践路径研究——基于中美案例的比较 [D]. 长春：吉林大学，2017.

同的水平、额外的收获等；第二，协同治理的效果具备"短期—中期—长期"的阶段性特征，对协同治理效果的评估必然要契合上述特征。鉴于此，结合我国互联网信息服务协同治理涉及的价值、主体、过程和保障等要素，本书所构建的互联网信息服务协同治理的评价指标体系如表 6-2 所示：

表 6-2 中国互联网信息服务协同治理的评价指标体系

一阶指标	二阶指标	三阶指标
中国互联网信息服务协同治理的价值实现	经济性指标	投入总量
		产出总量
		投入/产出比
	民主性指标	合理表达
		协商沟通
		民主监督
	公正性指标	正向激励
		问责机制
		法益补偿
中国互联网信息服务协同治理的主体参与	主体分布	协同主体人口学特征
		协同主体分类型占比
		协同关系外主体结构
	主体行为	协同主体动机
		协同行为类型
	主体评价	协同治理过程满意度
		协同治理结果满意度
		协同治理未来预期
中国互联网信息服务协同治理的过程成效	短期过程与成效（一阶目标）	治理效率水平
		治理有效性水平
	中期过程与成效（二阶目标）	主体地位实现水平
		社会资本积累水平
	长期过程与成效（三阶目标）	协同治理创新性水平
		协同治理持续性水平

续表

一阶指标	二阶指标	三阶指标
中国互联网信息服务协同治理的外部保障	制度性保障	制度完备度
		制度落实度
		制度更新水平
	组织性保障	组织网络覆盖度
		节点组织力评估
		第三方组织合作水平
	信息性保障	信息"共享—研判"机制完备度
		外部支持水平
		硬件技术水平

（资料来源：作者自制）

其中，价值实现维度及其指标主要包括经济性指标、民主性指标和公正性指标，主要测量的是互联网信息服务协同治理中各主体对于治理资源的利用效率、有无浪费等情况，是否能够进行有效的沟通、协商、说服，是否能够有效保障各主体的合法权益，并促进公共利益最大化。主体参与维度及其指标主要包括主体分布指标、主体行为指标和主体评价指标，即积极参与主体的年龄、职业等人口学特征及其所占比例，主体的行为动机，主体正式性和非正式性的参与行为及其占比，以及参与主体和整个社会对互联网信息服务协同治理政策和结果的评价意见等。过程成效维度及其指标主要是结合协同治理"三阶效果论"，从短期、中期和长期每个阶段最为突出的阶段性目标入手，对其过程和成效进行评价。而外部保障维度及其指标主要包括制度性保障、组织性保障和信息性保障三重指标，即制度的完备水平与落实水平，制度能否快速更新以避免滞后性，党建组织网络的覆盖水平，节点的建设和作用水平，第三方组织的合作水平和效果，以及治理中信息"共享—研判"所涉及的机制建设水平、外部支持力度和技术硬件完备度等。这几方面评价维度及其指标相辅相成、相得益彰，覆盖了互联网信息服务协同治理的价值、主体、过程和保障四大关键性领域，既契合了全文的核心分析框架，又确保了测量的系统性、全面性和有效性，为我国互联网信息服务协同治理工作评估奠定了基础。

其次，在评估形式方面，应当采取多元混合的评估方式。《具有舆论属性或社会动员能力的互联网信息服务安全评估规定》指出，"互联网信息服务提供者可以自行实施安全评估,也可以委托第三方安全评估机构实施"①,除网信部门抽调政府部门业内人士定期进行年中和年末考核外,还应当在评估中引入专业性的第三方评估机构,对政府网信部门、互联网行业协会和互联网平台企业的工作绩效进行评估,以此获得量化水平更高、更为科学化和专业性的评估报告。当前,有众多技术性企业主营政府部门绩效、企业工作评价等评估工作,服务对象亦包括一些大型的律师事务所、会计师事务所和高校科研院所等。在与评估企业合作时,各级政府可重点购买党政部门考核、班子干部考核、财政预算管理、公众评议调查、专项绩效管理、绩效管理培训等多项产品和服务②,以专业性绩效考核对政府网信部门的工作进行评估。而且,依托专业性评估机构的"专家评价"和"公众评价"两方面职能,可以有效吸纳政策科学、绩效管理等领域的专家学者,以及涉及自身利益的公民,从而通过权衡多方利益,使得对政策结果的评估更为科学、民主,能够更精准地回应民众诉求。与此同时,在终期评估时,应当将终期评估与中期评估结合起来对治理举措进行评估,析出治理结果"因变量"和治理举措"自变量",并确定二者之间的关系。这就要求评估具备追踪性,需要将中期评估和终期评估结果进行比较分析。而且,对中期和终期评估结果进行对比分析,有利于进行评估流程再造,以期更为有效地获取并运用治理结果的反馈信息。关于互联网信息服务协同治理评估的流程再造,可以在经济性、顶层设计、工作导向等方面不断对评估工作进行优化,从而提升评估工作的科学性、有效性。

(二) 纠正问责异化现象,强化社会问责作用

在互联网信息服务协同治理中,问责机制的问题主要呈现为"问责机制异化"和"社会问责缺失"两方面。针对这一现状,可以从"纠正问责异化现象"和"强化社会问责"两方面提升对互联网信息服务协同治理结果的问责成效。

首先,纠正问责异化现象,强化问责机制实效。

第一,强化"申诉—论辩"环节,提升问责机制的精准度。对于政府

---

① 《具有舆论属性或社会动员能力的互联网信息服务安全评估规定》发布 规范互联网信息服务行为 [EB/OL]. (2019-03-20) [2020-11-03]. http://www.cac.gov.cn/2019-03/20/c_1124259405. htm.

② 业务项目参考自上海元方政府咨询网站公司解决方案。

第六章 实践路径：中国互联网信息服务协同治理的实现

网信部门而言，互联网信息服务协同治理由于涉及外部利益主体，外部利益主体的合作意愿、参与能力和能力素质等均会对协同治理造成较大影响。此外，由于"属地原则"滥用、权责不匹配和偶发突发情况等造成部分失责，属于外部不可抗力作用。在问责机制中，对于上述失责情形，应当细化研判程序，并完善救济机制，以此提升问责机制的精准度。具言之，对于问责机制而言，问责机构在做出问责处理前，应当允许被问责者针对问责者的质疑和问询，为自己展开申诉和辩护①，这既是问责机制程序性的体现，保证了问责机制的实效性，更是对被问责者的主体地位性的尊重与保护。对于政府网信部门工作人员的党内和行政问责，应当秉持"具体问题具体分析"的求实精神，在问责决定环节后续设置"申诉—辩论"环节，由问责对象上交书面申请，如果是外部利益主体拒不配合或外部存在不可抗力等情况，则应当批准申请。由于互联网信息服务协同治理另外涉及互联网平台企业、互联网行业协会和公民等主体，因此，在申请得到批准后，应当由问责主体、直系领导、利益相关主体代表等组成复核工作组，并在问责对象陈述申辩后，进行公开辩论和讨论，并进行民主投票。而针对已经对问责对象权益产生损害的不当问责，则应当建立健全网信部门工作人员正当权益救济机制，设定、明晰如党员权利救济的主体责任、救济范畴和落实程序等救济规定，并适时启动。

第二，建立科学的问责理念，提升问责机制的有效性。对于地方特别是基层政府网信部门，问责情形泛化、问责简单化无疑是造成其问责麻木、问责超载的重要成因，尤其是互联网信息服务治理有较高的时效性要求，线索庞杂、任务繁重，如果秉持"简单粗暴"的问责理念，以问责机制作为不当施压的"撒手锏"，则不仅问责机制难以达成实效，而且还会扼杀工作人员主导、参与协同治理的积极性。因此，各级问责主体在实施问责时，应当秉持"以问责为推动深刻理解责任、自觉履行责任的目的"的正向问责理念，而非单纯将问责作为推卸责任、强权行政的手段。在协同治理当中，由于涉及多方主体合作，因此在归责时，往往具有模糊性和不确定性。鉴于此，对于问责对象的锚定，应当以部门领导班子和党员干部等对象为重点问责对象，并坚持"同责同问"，避免因归责困境而过度问责"草根"。与此同时，应当根据政府相关职能部门、互联网行业协会和互联网平台企业的权责情况，编制

---

① Bovens M. Two Concepts of Accountability: Accountability as a Virtue and as a Mechanism [J]. *West European Politics*, 2010 (5): 946-967.

不同主体的权责清单,"要明确由谁主管和由谁协管,由谁牵头和由谁协助"①,明确主体责任,明晰责任边界,从而提升问责效率和准确性。

第三,有效的问责机制应当具有均衡激励和约束两种问责功能。由于在互联网信息服务协同治理中,网信部门协调利益较多、处理事项庞杂,导致部门一线工作人员精神压力较大。对于这些工作人员而言,问责不仅是一种惩戒性措施,同时也应当是具备正向激励功能的治理工具。因此,一方面,作为问责机制的重要承诺向度,绩效评价对问责机制的正向激励作用形成重要影响②,应当将正向激励和问责机制结合起来,打破"无过便是功"的思维定式,充分调动工作人员的工作积极性、主动性。另一方面,网信办党委应当建立问责对象关怀机制,"对问责中受到党纪政务处分的人员要进行谈心谈话,了解其思想动态,打消其思想顾虑,让其感受到组织的厚爱和关怀,放下思想包袱"③,从而让问责对象能够痛定思痛、改过自新、将功补过。

其次,规范社会问责行为,提升社会问责实效。无论是社会问责中的无效问责,抑或是非规范性的"闹大式"问责,其根本原因在于公民参与社会问责能力的不足,主要包括语言表达能力不足、认知碎片化、法律知识和意识欠缺、关键信息缺失和自组织能力匮乏等。因此,规范社会问责行为、提升社会问责实效,应当以提升公民参与社会问责能力为切入点,建构具有针对性的治理举措。对应互联网信息服务协同治理中的社会问责,这里面主要呈现出自组织能力匮乏、缺乏正规化的参与渠道、缺乏参与知识和技能三方面问题。基于此,我们可以从上述三方面建构治理对策。

第一,提升公民主体的自组织能力。线上的网络贴吧、微博社区,线下的互联网爱好者协会等,均为自组织的良好载体。各级党组织应当联合提供线上、线下自组织载体的互联网平台企业与社会组织,为互联网平台企业与社会组织提供场地支持、经费支持、骨干人员支持等,为公民主体的社会自组织创造良好的成长空间。例如,各级党委宣传部可以委托本地较为活跃的网络意见领袖作为组织者,召集有志于互联网治理和技术的活动骨干开展互联网治理相关的读书会、文化沙龙等社团活动,建立QQ群、微信群等群组联络方式,并提供一定的启动经费。当读书会、文化沙龙等形成规模、发展成熟后,

---

① 吕永祥,王立峰.属地管理原则在基层党内问责中的滥用及其矫正 [J]. 中南大学学报(社会科学版),2020 (5):148-157.

② 王柳.理解问责制度的三个视角及其相互关系 [J]. 经济社会体制比较,2016 (2):184-194.

③ 蒋来用."问责异化"的形成与矫正机制研究 [J]. 河南社会科学,2019 (7):2-10.

宣传部可以逐步撤出资金支持，并保持和社团的合作关系。线上和线下社团形成规模后，将在"马太效应"的作用下，不断吸纳志同道合的社团成员，社团的自组织能力也在实践中得到提升，从而形成自我管理良好的自组织形式。

第二，提供正规化的参与渠道。无论是线上抑或线下的互联网治理群体，由于具备和党委宣传部的良好合作传统与合作关系，因此，当互联网信息服务治理中出现企业失责等问题时，社会团体会趋向于以理性化、合法化的方式进行社会问责，这种理性、守法、有序的问责态度将影响网络上的其他网民，并将其吸纳到有序问责的轨道中。此外，针对互联网信息服务协同治理等政务事项，可以由地方党委和政府牵头、地方电视台承办，开辟"电视问政"方式，通过公民现场听证、质询，政府负责人现场回应、解释的方式，令公民主体有序地开展社会问责。

第三，提升公民参与社会问责的知识与技能。各级党委宣传部、网信部门可以依托融媒体平台，开辟一系列专项栏目，科普推广互联网信息服务协同治理中公民参与社会问责的制度规定、法治思维、参与渠道和管理办法等，并通过制作短视频、科普动画、短篇网络剧等形式，以生动活泼、平易近人的叙事方式，将参与社会问责的知识和技能呈现出来，供公民进行学习。此外，对于有迫切参与需求但文化水平较低、知识储备较少的公民，地方党委宣传部可以采取联系公益援助律师等方式，为该类公民提供必要的法律支持，从而有效提升社会问责的时效性。

第三节 协同保障加强：夯实制度、组织与信息支撑

对于互联网信息服务协同保障而言，当前其制度体系缺乏专门性规定且存在内在冲突，组织体系存在碎片化和组织弱化的情况，信息支撑存在"信息壁垒"和信息能力较弱等现象，这些均严重弱化了互联网信息服务协同治理的外部保障，从而削弱了互联网信息服务协同治理的最终成效。鉴于此，应当结合实践中呈现出的现实问题，从制度保障、组织保障和信息保障三方面强化互联网信息服务协同治理的外部保障。

一、制度保障：专门性制度规定与权责清单制度建设

制度作为一种复合体，包含正式规则、程序和规范，还包括提供象征系

统、认知模式和道德模板。制度作用的发挥呈现出系统、稳定和有效三个典型特征。[①] 针对当前互联网信息服务协同治理领域缺乏专门性制度规定、"条款打架"的困境，可以通过建立专门性制度、完善制度体系和建立健全权责清单制度等途径，建立健全互联网信息服务协同治理的制度保障。

首先，建立健全关于"协同治理"专门性、系统性的制度规定，并在其他法律规范中增设、细化相关规定。在互联网信息服务的现有制度体系中，不仅设置了《互联网信息服务管理办法》等高位阶行政法规，还有《区块链信息服务管理规定》《互联网新闻信息服务管理规定》《规范互联网信息服务市场秩序若干规定》等部门规章，《互联网直播服务管理规定》等规范性文件，以及《关于加强网络直播规范管理工作的指导意见》等政策性文件，形成了以行政法规为指引、部门规章为主干、规范性文件和政策性文件为辅助的制度规范体系。强化互联网信息服务协同治理的相关规定，应当依托上述制度体系进行。

第一，《互联网信息服务管理办法》的文件精神和原则性规定，是"协同治理"的指导性规定，应当在《互联网信息服务管理办法（修订草案征求意见稿）》中第一章"总则"、第三章"运行"中，加入相应的条款规定：如在总则中，可加入"在互联网信息服务治理中，在各级党委领导下，由各级互联网信息办公室负责组织，积极推进政府各职能部门、互联网平台企业、互联网行业协会、公民等各主体协同合作，共同推动我国互联网信息服务治理相关工作协同开展"；而在第三章中，则可以对各方主体的具体协同原则和途径，包括各方主体如何形成共识、如何开展协同决策和落实，以及具体的政府和企业之间的协同合作、政企主体和社会力量之间的协同合作等进行补充。

第二，在部门规章层面，应当由国家网信办组织制定《互联网信息服务协同治理规定》，作为强化协同治理意识导向、拓展协同治理发展路径，以及规范互联网信息服务领域协同治理行为的核心制度文件。《互联网信息服务协同治理规定》可以分为总则、主体、运行、评估、监管和附则等几方面。其中：总则包括总体定位、基本治理原则、总体适用范围和最重要的负责者等；主体包括主体识别和范畴、主体的权责、主体集聚方式等；运行是指互联网信息服务协同治理的主要程序，包括协同治理的启动、协同决策、协同落实

---

① 马雪松，周云逸. 社会学制度主义的发生路径、内在逻辑及意义评析［J］. 南京师大学报（社会科学版），2011（3）：61-65.

等程序；评估是指对协同治理结果的运用，包括评估原则、评估程序、评估标准等；监管也是协同治理结果运用的方式之一，包括各方主体监督和问责的程序、标准等；附则则包括一些解释性说明。在《互联网信息服务协同治理规定》中，应当合理设置授权性规定、命令性规定、禁止性规定的比例，以授权性规定、原则性倡导为主，在关键领域设置命令性规定，而在可能导致主体间"脱嵌"的自利和避责等领域，则应当明确设置禁止性规定，从而在明确治理底线、工作重点和核心导向的同时，给予制度执行者充分的自由裁量空间。

第三，在规范性文件和政策性文件层面，亦应当根据治理事项的不同领域，适当加入对应性的规定条款，主要聚焦于不同领域的具体治理事项，如主体间如何分工协作、如何功能整合、如何资源互补，以此作为具体操作层面的制度支撑。

其次，建立健全权责清单制度，明晰协同治理中各主体间的权责边界，解决"条款打架"的情况。"条款打架"的情况之所以出现，主要是因为主体间权责边界不清晰，导致制度规定之间出现冲突。"权责清单制度具有权责定位清晰化、权责配置可视化等优势"①，对于明晰治理中各主体间权责和职能配置主体功能，发挥着重要作用。基于此，应当通过建立健全权责清单制度，厘清主体间权责边界。

第一，在互联网信息服务协同治理领域，应当由国家网信办牵头，各级网信办配合，制定各级网信办的权责清单，从本部门职责事项、协同治理事项、监督问责制度三个方面细化权责梳理和职能配置。其中：本部门职责事项，主要包括部门主要职责、具体工作事项、权责依据出处、具体责任处室等规定；协同治理事项，主要包括具体协同事项、协同相关部门、具体职责分工（包括职责边界）、分工合作流程和相关依据，以及具体事项举例等；监督问责制度，则主要包括监督举报方式、处理程序和方式等。通过建立健全上述三方面权责清单，可以有效发挥权责梳理与清理、职责配置与调整、制度执行与监督三方面功能②，以此明晰网信办和党政系统内部各职能部门之间、公私主体之间的权责边界和协同流程。

第二，推进权责清单体系的配套清单建设。"权责清单治理涉及行政制度与公共权力运行的各方面与各环节，涉及各级政府的职能配置、事权财权划

---

① 吕永祥，王立峰.防止党内问责泛化的有效路径探析［J］.中州学刊，2020（2）：11-17.
② 朱光磊，赵志远.政府职责体系视角下的权责清单制度构建逻辑［J］.南开学报（哲学社会科学版），2020（3）：1-9.

分与工作重点区别，涉及行政权力运行的各个机构、组织与岗位职位"[1]，各级政府应当统筹推进互联网信息服务协同治理权责清单的一体化建设，公安、财政、工商等政府部门应当以网信办权责清单的相关规定特别是权责边界为基准，在自身部门权责清单中增订相关内容，主要是在互联网信息服务协同治理中本部门与其他主体之间在分工协作中的主要职责和权责边界，重点要保证本部门权责清单的相关条款与网信办权责清单相关条款的一致性与衔接性。除此之外，互联网行业协会、互联网平台企业和社会团体的组织章程中亦应当围绕党政系统的权责清单增订"协同治理权责清单"，对互联网行业协会和社会团体的权力和责任、互联网平台企业的"准权力"和责任进行梳理、列明，以此作为党政系统权责清单制度的外围支撑制度。在权责清单制度和外围支撑制度的建设中，应做到切中重点、简明扼要、易于阅读和理解，并完善清单公示机制，使公民能够看得到、读得懂、用得好，通过行政权力的规范运行提升政府依法行政能力，使权责清单制度成为民主监督的重要媒介。同时，亦应当强化相关清单制度与"三定"规定[2]有机衔接、推进权责清单的标准化建设，以及推进权责清单的法治化建设、立制后审查和制度动态更新等工作[3]，以此强化互联网信息服务协同治理领域的制度保障。

二、组织保障：党建推动"条块融合"与组织"网络节点"建设

首先，以创新党的组织网络形式统合"条块"资源，将"条块"融合为有机整体。

第一，在政治站位上，网络信息生态和网络安全工作事关国家安全和平稳发展，是新时代互联网飞速发展背景下党领导国家治理的重点政治任务，因此，针对部分网信办在落实环节中缺乏聚合与规约其他部门行为的现状，应当由上级党组织牵头成立常态化运行的网络工作指挥中心，由本级党委书记领衔指挥中心主任，上级网信办主任担任特聘副主任，本级网信办和公安局党政主要负责人任常任副主任，其他相关政府部门党政主要负责人任委员。对于影响较为重大、涉及部门较多的治理事项，可以采取党政联合行文形式

---

[1] 李军鹏.新时代现代政府权责清单制度建设研究[J].行政论坛，2020（3）：41-46.
[2] "三定"规定主要是指对政府部门内部职责、机构、人员的规定。互联网信息服务协同治理的清单制度的相关规定，应当与"三定"规定相一致，各项权责的规定应当紧密衔接。
[3] 赵守东，高洪贵.地方政府权责清单制度的治理进路——以有为政府为分析框架[J].行政论坛，2021（2）：142-146.

第六章　实践路径：中国互联网信息服务协同治理的实现

下达指令，即在同级党组织和各机关部门共同贯彻执行有关方针政策或兴办某些事业的前提下，同级党政部门采取联合发布通知、意见、决定等政策文件的形式。通过党政联合行文，可以在互联网信息服务政策落实中强化党的领导、贯彻党的意志，亦可以统筹整合党政"双轨"资源和执行合力，并且打破政府部门的部门自利性、职能碎片化、政出多门和协同成本过高等问题。① 依托党领导下的网络工作指挥中心，不但可以凸显互联网信息服务治理任务的高度政治站位，亦可以通过各级别、各部门党组织形成的组织网络，将指示层层传导下去，避免部分政府部门抵触协同治理。

第二，依托网络工作指挥中心这一协同治理平台，各方可以在上级党组织的领导下，建立党政联席会议机制，重点在决策形成和政策落实中发挥党组织"统筹决策、协调各方"的领导核心作用，并有效整合各层级、各部门的党政系统资源。而且，依托该平台，党组织可以运用自身政治权威，推动各部门之间的充分沟通和民主协商，并在此基础上有效协调各方利益关系，强化共同目标。在科层制行政体制下，部门间的利益冲突难以具备较为宽容的协调环境，这是部门利益冲突和自利性的重要来源。在这种情况下，可以依托网络工作指挥中心设立部门利益协调申报和协调机制，由网络工作指挥中心综合办公室根据双方意见、矛盾焦点、对策建议等形成正式报告上交党委领导，由后者介入进行协调。由于本级党委具备较高的政治权威，能够做到从整体性思维出发，协调好利益让渡、补偿和整合等事宜，从而保证协同治理所创造的公共利益的最大化。

其次，大幅强化互联网平台企业党建，充分发挥党建组织网络节点作用。

第一，通过"区域化党建"构建多元外部支持系统。互联网平台企业党建不是普通的"两新组织"党建，而是攸关国家网络安全和互联网生态环境的重要党建领域。党建组织网络的重要优势，在于以互联网平台企业党建为重要节点，以外部党建网络为重要支撑系统，共同支持互联网平台企业党建和企业发展。由于互联网平台企业一般呈现出聚集性分布的特征，而且一般选址于离主城区较为偏远的高新园区、工业园区等，周边配套难免存在不同程度上的欠缺。基于此，互联网平台企业党建应当灵活运用好"区域化党建"这一法宝，为互联网平台企业党建提供外部支持。各地方党组织应当纵向建立"市—区—园区楼宇—互联网平台企业"四级组织架构，横向建立"交通—医疗—教育—互联网平台企业"组织架构，形成纵横交错的组织支持网

---

① 封丽霞. 党政联合发文的制度逻辑及其规范化问题 [J]. 法学研究，2021（1）：3-19.

络。例如，积极创新组织网络形式，"发挥互联网企业集聚较多的产业园区、楼宇商圈综合党委领导核心作用，打破传统隶属关系，把党支部或党小组建在创业联盟和功能团队上、建在工作项目和虚拟网络中，提升组织覆盖的有效性"①。此外，在交通、医疗、教育等方面，地方党组织应当积极协调公交公司党组织、医疗机构党组织和教育局党组织等，为表现优异的互联网平台企业提供交通、医疗、教育等相关方面的支持，以此服务互联网平台企业党建相关工作。

第二，推进契合互联网工作者需求和偏好的党建形式，强化党建网络节点建设。在互联网平台企业等"两新组织"中，"如果仅仅要求党员个体依靠政治信仰而没有强有力的支持系统对其权益进行保障，那么在网络舆论风潮中党员个体就会在'党员'和'雇员'的角色冲突中作出现实性的趋利选择——为了自己的生存和发展利益而服从和遵守公司的经营策略"②。因此，针对互联网平台企业青年员工居多、接受偏好多元、追求事业发展等特征，应当积极建立完善互联网平台企业党建形式，提升党建工作与互联网工作者需求和偏好的契合度。如可以由地方党委主办、网信部门党委协办、工业园区党工委和互联网平台企业党组织承办，借鉴浙江省嘉兴市"青春党建"的有益经验，积极创新契合年轻白领需求的"互联网企业青春党建"。如针对互联网平台企业年轻白领人际圈子狭窄、工作任务繁重等特点，可以积极围绕"业缘、趣缘、志缘"为纽带组建业余活动团体，包括人才沙龙、红色团建、英才联谊等活动；在形式上融入时尚青春元素，组织开展摄影赛、观影活动、DV微视频大赛、抖音短视频大赛、青春光影展评、优秀青年风采展示等青春洋溢、富有朝气和感召力的党建活动，并融入时下流行的网络流行语和"爆款文"等内容和形式，让党建活动的内容和形式更为贴近青年党员的接受偏好。除此之外，结合青年群体上进心强、追求事业发展等特点，在"互联网企业青春党建"中，可以通过职业发展培训、职业技能辅导、龙头企业见习等一系列方式，提升青年群体的业务技能。与此同时，各级党组织应当充分展开合作，提供一批精英青年孵化项目（针对企业中级管理者、青年业务骨干等），促进产学研结合，亦可以通过校企平台建设、人才创业创新扶持等方

---

① 王翌. 互联网企业党建工作路径探析 [J]. 学习与实践，2020（8）：33-37.
② 薛小荣. 技术、资本与政治逻辑张力下的互联网企业党建 [J]. 湖湘论坛，2016（6）：47-55.

式，积极培育互联网青年党员人才的"后备军"。①通过多元化的"互联网企业青春党建"，不仅可以提升企业党员和群众对企业党建活动和主流政治价值的认同水平，亦可以强化互联网平台企业党组织的战斗力和组织力，推动互联网平台企业更为深入地参与到党领导下的互联网信息服务协同治理中。

三、信息保障：完善"共享—研判"机制与平台硬件建设

互联网信息服务协同治理中，信息的"共享—研判"是重要的保障性要素。信息的"共享—研判"当前主要存在两方面问题：一是缺乏机制性保障，如共同的"共享—研判"合作与联动机制；二是在部分基层场域，缺乏足够的硬件和技术支持，信息"共享—研判"载体较为匮乏。基于此，可以从完善信息"共享—研判"的机制保障和硬件保障两方面强化互联网信息服务的信息保障。

首先，完善信息"共享—研判"的机制保障。从互联网信息服务治理的实践来看，各级网信部门应当牵头，从信息的"搜集—筛选"子机制、"共享—存储"子机制、"分析—归因"子机制和"报告—预测"子机制四方面构建治理信息的"共享—研判"机制，并在其中融入政企联动等主体协同元素。其中，信息的"搜集—筛选"子机制是指，无论网信监管部门、企业网监部门抑或公民主体，都应当充分发挥自身信息接收端和筛滤端的重要作用，以互联网信息服务中"九不准""七条底线"等为衡量标准，收集不良信息服务证据或线索，并完成信息的初筛工作。信息的"共享—存储"子机制是指公私主体之间、政府部门内部之间的信息共享平台建设，主要体现为政府内部、政府和互联网平台企业、政府和互联网行业协会等主体间的信息共享。各级政府应当充分联动企业，运用区块链技术中的点对点传输、加密算法、分布式数据存储等计算机技术，形成治理信息实时共享、动态更新的精准传输链条，并成立"去中心化"的数据存储、调配平台。各级政府可以采取委托企业开发的形式，将互联网信息服务治理涉及部门、组织的信息账户锁定在区块链之中，以部分公开的"联盟链"形式进行存储与调配，充分运用区块链分布式记账（存储）（distributed ledger）技术，实现对系统中所有参与者共

---

① 引领青春航向 构筑青春堡垒 创新青春模式——嘉兴市大力推进青春党建工作新模式［J］. (2014-12-31)［2020-12-25］. http：//dangjian. people. com. cn/n/2015/0104/c391467-26317973. html.

享、复制和同步的数据管理。① 信息的"分析—归因"子机制是指多重主体（尤其是政府部门内部和政府与企业之间）依托统一的数据平台，对互联网信息服务现象的形成、传播和发展过程加以具体剖析，找出其信息来源、传播路径、利益诉求以及对社会秩序、社会舆情的影响等，并归纳总结信息中核心要素和作用机理的过程。信息的"报告—预测"子机制，则要求具有相关技术资质的主体根据研判结论形成情况分析和预测报告，并为后续决策提供行动方案的建议和思路。其中，在"分析—归因"和"报告—预测"环节，需要政府网信部门与专业性的互联网治理技术企业展开合作。例如，政企合作中，可以依托以 GIS（地理信息系统）等技术为基础的互联网情报分析研判平台，同时运用网络抓取、搜索引擎、信息碰撞、数据挖掘、信息融合等技术，实现对互联网信息中有用情报的快速分析、自动收集及分类检索等，对可能发生的重大互联网治理事件进行预警分析，对重点监控对象的活动轨迹及关联情况的图形进行可视化分析，并以情报动向专题地图的方式对互联网治理情报进行展现。

其次，完善信息"共享—研判"的硬件保障。可以从地方支持机制和自身硬件建设两方面，持续强化信息"共享—研判"的硬件保障。

第一，强化地方支持性机制。地方政府应当积极发挥市域力量的统筹和支持作用，补齐基层政府在信息共享和研判方面的硬件短板。在物质援助方面，各级财政部门应当统筹调配，以项目制形式为基层网信部门提供技术补贴和人才补贴等专项资金，主要用于基层网信部门升级信息技术设备、购买信息技术产品和服务，以及招聘具有较强网络技术、精力较为充沛和互联网治理经验较丰富的中青年专业性人才，地方政府也应当给予基层网信部门以相应支持，比如增设互联网专业性人才编制、为专业性人才提供公租房或集资房福利等，以此提升对于互联网专业性人才的吸引力。在发展支持方面，地方政府可以借助属地较为优良的互联网平台企业和高校（科研院所）的人才资源，促成互联网平台企业、高校（科研院所）与基层网信部门"结对子"，如：互联网平台企业为基层网信部门提供信息技术支持，并将其纳入地方层级的区块链之中；高校（科研院所）可以建设互联网专家库，帮助基层网信部门解决"疑难杂症"，同时可以为基层网信部门输送互联网相关专业的优秀实习生和毕业生。在地方政府的"精准匹配"下，互联网平台企业、高校（科研院所）和基层网信部门实现了双赢，基层网信部门补齐了硬件短板，

---

① 张元林，陈序，赵熙. 区块链+：开启智能新时代 [M]. 北京：人民邮电出版社，2018：6.

互联网平台企业则可以借此发展四线及以下城市的业务，亦可以拓宽自身的客户渠道，高校（科研院所）也可以获得更多的研究课题，并拓展了毕业生的实习和就业渠道。如武汉地方政府充分利用武汉大学、华中科技大学等顶尖名校资源，依托国家网络安全人才与创新基地，斥巨资持续开展"网络安全万人培训资助计划"，这项计划预计在未来三年内培养超过1万名国家网络安全人才[①]，其中相当一部分人才将会下沉到基层网信部门，此即地方政府助力基层网信部门信息技术硬件建设的典型案例，其做法值得其他地方政府借鉴。

第二，强化自身硬件建设。对于基层网信部门而言，网站建设信息"共享—研判"的重要窗口和途径，需要网信部门充分调动人力、物力，做好网站的建设和维护工作。在规范化建设方面，以省为单位，基层网信部门的网站建设应当出台统一标准，如基本的功能区、链接有效性、颜色和布局等，这要求基层网信部门的网站不能出现坏链、死链，功能区设置应科学合理。而且，网站的设计应当注重面向基层群众的接受偏好，提升人性化设计水平，例如：网站导航栏的设计应当简洁、明了，方便用户的搜索；网站信息库检索目录的设计应清晰、分类明确，便于用户的查找；应提升网站的访问速度，尽量减少延迟卡顿的情况；网站的美工设计应当融合民众喜爱的元素，如本地区的风景标识等，提升用户登录浏览时的积极体验。除此之外，根据《中国共产党党务公开条例（试行）》《中华人民共和国政府信息公开条例》《企业信息公示暂行条例》等法律法规，基层网信部门的网站应当及时、详细更新本部门党务信息、本部门工作动态、本部门所属地方工作动态以及转载工商部门的互联网企业公示信息等，以期为社会主体力量的参与和多方主体的协同提供信息资源。

---

① "网络安全万人培训资助计划"在武汉启动［EB/OL］．（2021-03-21）［2021-03-27］．https：//baijiahao．baidu．com/s？id＝16948284553148229028&wfr＝spider&for＝pc．

结 语

中国互联网信息服务协同治理：应然模式与实践路径

中国互联网信息服务协同治理是一个兼具探讨热度、深度与广度的前沿议题，这一议题实践关注度高、理论涉及面广，具有较大的理论与实践意义。从实践层面审度，这一议题与国家顶层设计的排布——对网络安全的高度重视与公众的获得感、满足感息息相关；于理论层面追问，这一议题涉及情报学、法学等学科的知识，更亟待公共管理学科视角的切入。以公共管理学科的视角深入研究这一议题，为实践层面治理难题的破解提供适当的政策建议，不断探索中国互联网信息服务治理的效能优化之道，是笔者择定这一研究议题的"初心"。硕、博七年的研究经历中，笔者始终对国家治理实践中多元主体参与及主体间关系有着浓厚的兴趣，并围绕不同的治理现象形成了部分研究成果。结合自身对上述领域的积淀和思考，经过近三年的实践调研、选题锚定与理论学习，笔者掌握了互联网信息服务协同治理领域部分一手资料、收集并整理了丰富的二手资料，并具备了相关的理论知识，依循"抓主要矛盾"的方法论，力图将所思、所悟和所获呈现在本书中。回顾本书，笔者主要就以下几方面内容进行了梳理、建构与解读。

互联网信息服务协同治理理论体系的明晰，首先表现为互联网信息服务治理概念的明确。笔者将互联网信息服务概念纳入互联网信息的概念域下，互联网信息内容与互联网信息服务共同构成了互联网信息的一体两翼，后者在静态的信息内容的基础上更强调"信息行为"及信息的加工、传播、接收和反馈等具体过程。其次是构建适用于超大规模公共领域——互联网信息服务协同治理场域的协同治理框架，笔者整理并分析了既有研究中协同治理的分析框架，如 SFIC 模型等，以及在协同治理理论引介到中国后，中国学者结合治理理论和治理实践创新发展出的新的理论框架。如田培杰构建了"外部环境—协同动因—协同引擎—协同行为—协同后果"[1] 的分析模型，田玉麒厘清了"系统环境—协同过程—协同效果"[2] 的运作逻辑等。笔者在此基础上，构建了协同"价值—主体—过程—保障"的分析框架。需要特别谈及的是，学者们的既有研究虽有谈及协同价值要素，但并未将其作为协同治理理论模型的重点要素分析。就互联网信息服务治理场域而言，这是一个"争议远大于共识"的领域，而实现"共识最大化"至关重要。笔者以此为逻辑起点，构建了互联网信息服务协同治理的应然模式。

---

[1] 田培杰. 协同治理：理论研究框架与分析模型 [D]. 上海：上海交通大学，2013.
[2] 田玉麒. 协同治理的运作逻辑与实践路径研究——基于中美案例的比较 [D]. 长春：吉林大学，2017.

结语

中国互联网信息服务协同治理的实践检视,以对互联网信息服务治理实现协同所面临阻碍的描述与分析为前提。笔者在构建互联网信息服务协同治理的应然模式后,利用其对标检视实践中存在的问题,但并非僵化地与理论模式一一对应、面面俱到,而是在理论框架的引导下,将实践调研中体会到的各个要素置于实践层面最为痛点的问题上进行剖析。在主体层面,主体动力匮乏、异化的现象在公民主体与互联网平台企业主体中体现得最为深刻;在过程层面,沟通协调不畅与互惠关系薄弱等问题最为棘手;而制度、组织与信息层面的保障不足则直接影响着最终的协同效果。在实践进路层面,笔者一一提出了破解逻辑。

伴随着互联网技术的发展,互联网信息服务样态不断发生变化,这也使中国互联网信息服务协同治理成为一个常议常新的研究主题,需要理论层面的持续关注与及时回应。笔者认为在以下几方面,这一研究主题仍有突破的空间。

第一,既有研究中未有关于互联网信息服务协同治理的系统性研究,所以笔者在本书中对这一议题进行了立题、破题与解题的尝试,在后续研究中,还将以此为基础,对具体的互联网信息服务样态的协同治理进行分析,如对互联网谣言协同治理、互联网直播信息服务协同治理等具体的互联网信息服务样态的协同治理模式进行专门性研究。

第二,笔者将"政企"关系作为主体维度、过程维度中的重要内容进行论证,未来的研究中可以对互联网平台企业参与互联网信息服务治理的角色定位、互联网平台企业与公权力部门关系的类型学划分及二者关系的良性样态进行深度剖析。上述问题可以从不同学科的视角切入,同时亦需要不同学科知识的引介,如在法学视野中关于平台企业法律的定位及其"私权力"[①] 正当性的论辩,在经济学视角下对平台企业所承担的社会责任的关注,以及在情报学学科中关于互联网信息服务治理主体间关系的推演等。

第三,在互联网信息服务领域中,关于互联网信息服务治理中各主体的"协同度"与"协同效能"的评估,笔者构建了三阶指标体系,有待在更为科学化、客观化的设计与实践中对其进行充分的检验,力图使现阶段中国互联网信息服务协同治理中的"亮点""痛点"与"难点"得以清晰呈现,才能做

---

① "私权力"这一概念由学者周辉提出,他认为互联网平台企业通过立法授权、行政委托和平台条约等获得的支配和影响他人(网民用户)的权力,形成了私法主体间的支配关系,打破了"公权力"与"私权利"间的绝对界限。(参考自:周辉. 变革与选择:私权力视角下的网络治理[M]. 北京:北京大学出版社, 2016: 53.)

到"对症下药",真正实现互联网信息服务治理协同优势最大化,提升互联网信息服务治理效能。

互联网信息服务协同治理模式的建构和发展,本质上是协同治理在中国互联网信息服务治理领域的具体应用,也是抽象协同治理理念和具象网络治理实践的有机融合。在中国语境下,协同治理在本土化的发展趋向主要体现为回应治理张力而呈现的政党力量整合嵌入及回应现代性扩张而被赋予复合的价值属性。强调党的全面领导、高度的包容性和国家治理现代化目标等突出特征[1],是协同治理理念适应中国治理情境的具体呈现,标志着协同治理中国化的不断发展。当前,中国互联网信息服务协同治理的模式虽然还在初期创构阶段,但强调政党中心的协同治理模式,在我国国家治理中的应用趋势和重大意义则是显而易见的。构建以党的全面领导为根本特征的、具有中国特色的协同治理理论和各领域的协同治理模式,是中国实现国家治理体系和治理能力现代化的重要途径和未来导向。基于这一角度审视,推动中国互联网信息服务协同治理模式的不断完善,使各治理主体更好地履行自身责任,既是当下中国互联网领域治理模式的重要革新,又为探索具有中国特色的协同治理理论和治理模式提供了鲜活的资源。

---

① 单学鹏. 中国语境下的"协同治理"概念有什么不同?——基于概念史的考察[J]. 公共管理评论, 2021 (1): 5-24.

参 考 文 献

一、著作类

（一）马列主义经典著作和马克思主义中国化著作

[1] 中共中央马克思恩格斯列宁斯大林著作编译局. 马克思恩格斯文集（1—10卷）[M]. 北京：人民出版社，2009.

[2] 中共中央马克思恩格斯列宁斯大林著作编译局. 列宁选集（1—4卷）[M]. 北京：人民出版社，1995.

[3] 毛泽东. 毛泽东选集[M]（1—4卷）[M]. 北京：人民出版社，1991.

[4] 习近平. 习近平谈治国理政第一卷[M]. 北京：外文出版社，2014.

[5] 习近平. 习近平谈治国理政第二卷[M]. 北京：外文出版社，2017.

[6] 习近平. 习近平关于网络强国论述摘编[M]. 北京：中央文献出版社，2021.

[7] 中共中央文献研究室. 十八大以来重要文献选编（上）[G]. 北京：中央文献出版社，2014.

[8] 中共中央文献研究室. 十八大以来重要文献选编（中）[G]. 北京：中央文献出版社，2016.

[9] 中共中央文献研究室. 十八大以来重要文献选编（下）[G]. 北京：中央文献出版社，2018.

（二）中文译著

[1] H. 哈肯. 高等协同学[M]. 郭治安，译. 北京：科学出版社，1989.

[2] 戴维·米勒，韦农·波格丹诺. 布莱克维尔政治学百科全书[M]. 邓正来，译. 北京：中国政法大学出版社，1992.

[3] 埃莉诺·奥斯特罗姆. 公共事务的治理之道——集体行动制度的演进 [M]. 余逊达, 陈旭东, 译. 上海: 上海三联书店, 2000.

[4] 詹姆斯·N. 罗西瑙. 没有政府的治理 [M]. 张胜军, 刘小林, 等译. 南昌: 江西人民出版社, 2001.

[5] E.S. 萨瓦斯. 民营化与公私部门的伙伴关系 [M]. 周志忍, 等译. 北京: 中国人民大学出版社, 2002.

[6] 皮埃尔·卡蓝默. 破碎的民主: 试论治理的革命 [M]. 高凌瀚, 译. 北京: 生活·读书·新知三联书店, 2005.

[7] 斯蒂芬·戈德史密斯, 威廉·D. 埃格斯. 网络化治理: 公共部门的新形态 [M]. 孙迎春, 译. 北京: 北京大学出版社, 2008.

[8] 劳伦斯·莱斯格. 代码 [M]. 李旭, 姜丽楼, 王文英, 译. 北京: 中信出版社, 2004.

[9] 劳伦斯·莱斯格. 代码2.0: 网络空间中的法律 [M]. 李旭, 沈伟伟, 译. 北京: 清华大学出版社, 2009.

[10] 曼纽尔·卡斯特. 网络社会的崛起 [M]. 夏铸九, 等译. 北京: 社会科学文献出版社, 2001.

[11] 曼纽尔·卡斯特. 网络社会——跨文化的视角 [M]. 周凯, 译. 北京: 社会科学文献出版社, 2009.

[12] 凯斯·桑斯坦. 网络共和国: 网络社会中的民主问题 [M]. 黄维明, 译. 上海: 上海人民出版社, 2003.

[13] 杰弗里·菲佛, 杰勒尔德·R. 萨兰基克. 组织的外部控制——对组织资源依赖的分析 [M]. 闫蕊, 译. 北京: 东方出版社, 2006.

[14] 尼葛洛庞帝. 数字化生存 [M]. 3版. 胡泳, 范海燕, 译. 海口: 海南出版社, 1997.

[15] 克莱·舍基. 认知盈余 [M]. 胡泳, 哈丽丝, 译. 北京: 中国人民大学出版社, 2011.

[16] 詹姆斯·博曼. 公共协商: 多元主义、复杂性与民主 [M]. 黄相怀, 译. 北京: 中央编译出版社, 2006.

[17] 乔万尼·萨托利. 民主新论 [M]. 冯克利, 阎克文, 译. 上海: 上海人民出版社, 2009.

[18] 卡尔·帕顿, 大卫·沙维齐. 政策分析和规划的初步方法 [M]. 孙兰芝, 胡启生, 等译. 北京: 华夏出版社, 2001.

［19］亚里士多德．政治学［M］．吴寿彭，译．北京：商务印书馆，1983．

［20］詹姆斯·Q.威尔逊．官僚机构：政府机构的作为及其原因［M］．孙艳，等译．北京：生活·读书·新知三联书店，2006．

［21］道格拉斯·C.诺斯．制度、制度变迁与经济绩效［M］．刘守英，译．上海：上海三联书店，1994．

［22］曼瑟尔·奥尔森．集体行动的逻辑［M］．陈郁，郭宇峰，李崇新，译．上海：格致出版社，2011．

［23］塞缪尔·P.亨廷顿．第三波——20世纪后期的民主化浪潮［M］．刘军宁，译．上海：上海三联书店，1998．

［24］迈克尔·豪利特，M.拉米什．公共政策研究：政策循环与政策子系统［M］．庞诗．等译．北京：生活·读书·新知三联书店，2006．

（三）中文著作

［1］俞可平．治理与善治［M］．北京：社会科学文献出版社，2000．

［2］华东师范大学哲学系逻辑学教研室．形式逻辑［M］．4版．上海：华东师范大学出版社，2009．

［3］刘京希．政治生态论——政治发展的生态学考察［M］．济南：山东大学出版社，2007．

［4］中国社会科学院语言研究所词典编辑室．现代汉语词典［M］．修订本．北京：商务印书馆，1996．

［5］罗昕，支庭荣．中国网络社会治理研究报告（2019）［M］．北京：社会科学文献出版社，2019．

［6］王贵友．从混沌到有序——协同学简介［M］．武汉：湖北人民出版社，1987．

［7］景跃进，陈明明，肖滨．当代中国政府与政治［M］．北京：中国人民大学出版社，2016．

［8］沈宗灵．法理学［M］．2版．北京：高等教育出版社，2004．

［9］刘强，甘仞初．政府信息资源共享机制的研究［M］．北京：北京理工大学出版社，2005．

［10］侯瑞雪．网络治理与公民网络参与权的实现［M］．北京：中国法制出版社，2020．

［11］周辉. 变革与选择：私权力视角下的网络治理［M］. 北京：北京大学出版社，2016.

（四）英文著作

［1］Dryzek J S. *Deliberative Democracy and Beyond：Liberals，Critics，Contestations*［M］. Oxford：Oxford University Press，2000.

［2］Hammer M，Champy J. *Reengineering the Corporation：A Manifesto for Business Revolution*［M］. London：Nicholas Brealey Publishing，1993.

［3］Harrison E F. *The Managerial Decision-Making Process*［M］. Boston：Houghton，1975.

二、中英文期刊

（一）英文期刊

［1］Bo Rothstein. The Chinese Paradox of High Growth and Low Quality of Government：The Cadre Organization Meets Max Weber［J］. *Governance*，2015（4）.

［2］Klein H. ICANN and Internet Governance：Leveraging Technical Coordination To Realize Global Public Policy［J］. *The Information Society*，2002（8）.

［3］Leaffer M. Domain Names，Globalization and Internet Governance［J］. *Indiana Journal of Global Legal Studies*，1998（1）.

［4］Mueller M，Mathiason J，Klein H. The Internet and Global Governance：Principles and Norms for a New Regime［J］. *Global Governance*，2007（2）.

［5］Zimain J. Internet Points of Control［J］. *Boston College Law Review*，2003（4）.

［6］Hoffman D，Novak T，Schlosser A. Locus of Control，Web Use and Consumer Attitudes toward Internet Regulation［J］. *Journal of Public Policy & Marketing*，2003（1）.

参考文献

[7] Henn J. Targeting Transnational Internet Content Regulation [J]. *Boston University International Law Journal*, 2003 (1).

[8] Gomez J. Dumbing Down Democracy: Trends in Internet Regulation, Surveillance and Control in Asia [J]. *Pacific Journalism Review*, 2004 (2).

[9] Li C. Internet Content Control in China [J]. *International Journal of Communications Law and Policy*, 2004 (8).

[10] Cooper T L, Bryer T A, Meek J W. Citizen-Centered Collaborative Public Management [J]. *Public Administration Review*, 2006 (6).

[11] Wood D J, Gray B. Toward a Comprehensive Theory of Collaboration [J]. *The Journal of Applied Behavioral Science*, 1991 (2).

[12] Ring P S, Andrew H V. Developmental Processes of Cooperative Interorganizational Relationships [J]. *The Academy of Management Review*, 1994 (1).

[13] Provan K G, Beyer J M, Kruytbosch C. Environmental Linkages and Power in Resrource-dependence Relations between Organizations [J]. *Administrative Science Quarterly*, 1980 (5).

[14] Gray B. Conditions Facilitating Interorganizational Collaboration [J]. *Human Relations*, 1985 (10).

[15] Bryson J M, Crosby B C, Stone M M. The Design and Implementation of Cross-Sector Collaborations: Propositions from the Literature [J]. *Public Administration Review*, 2006 (11).

[16] Tansley A G. The Use and Abuse of Vegetational Concepts and Terms [J]. *Ecology*, 1935 (3).

[17] Hillman A J, Withers M C, Collins B J. Resource Dependence Theory: A Review [J]. *Journal of Management*, 2009 (5).

[18] Baker W E. Market Networks and Corporate Behavior [J]. *American Journal of Sociology*, 1990 (6).

[19] Ulrich D, Barney J B. Perspectives in Organizations: Resource Dependence, Efficiency and Population [J]. *Academy of Management Review*, 1984 (9).

(二) 中文期刊

[1] 李靖，陈希. "三不腐"机制中的社会关系嵌入研究 [J]. 理论探讨，2020 (6)：176-182.

[2] 王雪梅，教军章. 依共生而共治：政府生态化治理的价值阐释 [J]. 理论探讨，2020 (6)：183-190.

[3] 汪旭晖，乌云，卢星彤. 融媒体环境下互联网平台型企业现代治理模式研究 [J]. 财贸研究，2020 (12)：72-84.

[4] 崔俊杰. 互联网信息内容监管工具的实证分析与法治完善 [J]. 中国行政管理，2020 (9)：17-22.

[5] 周毅. 总体国家安全观视域的网络信息内容治理：进展、内涵与研究逻辑 [J]. 情报理论与实践，2020 (8)：44-50.

[6] 樊宇航，何华沙. 综合治理视角下网络社会组织建设研究——以上海网络治理实践为例 [J]. 山西社会主义学院学报，2019 (2)：61-66.

[7] 贾开. 从"互联网＋"到"智能＋"变革：意义、内涵与治理创新 [J]. 电子政务，2019 (5)：57-64.

[8] 肖红军，李平. 平台型企业社会责任的生态化治理 [J]. 管理世界，2019 (4)：120-144，196.

[9] 黄丽娜，黄璐，邵晓. 基于共词分析的中国互联网政策变迁：历史、逻辑与未来 [J]. 情报杂志，2019 (5)：83-91，70.

[10] 意娜. 数字时代大平台的文化政策与伦理关切 [J]. 清华大学学报（哲学社会科学版），2019 (2)：194-197，203.

[11] 陈兵. 互联网平台经济发展的法治进路 [J]. 社会科学辑刊，2019 (2)：155-159.

[12] 伏创宇. 我国电子商务平台经营者的公法审查义务及其界限 [J]. 中国社会科学院研究生院学报，2019 (2)：113-123.

[13] 段传龙. 中国互联网立法的成就、问题与完善 [J]. 河北大学学报（哲学社会科学版），2019 (2)：156-160.

[14] 魏小雨. 政府主体在互联网平台经济治理中的功能转型 [J]. 电子政务，2019 (3)：46-56.

[15] 林振. 突发公共事件网络舆情协同治理机制建构研究 [J]. 华中科技大学学报（社会科学版），2019 (2)：38-44.

[16] 卢超. 互联网信息内容监管约谈工具研究 [J]. 中国行政管理, 2019（2）: 41-46.

[17] 郑振宇. 改革开放以来我国互联网治理的演变历程与基本经验 [J]. 马克思主义研究, 2019（1）: 58-67.

[18] 王湘军, 刘莉. 从边缘走向中坚: 互联网行业协会参与网络治理论析 [J]. 北京行政学院学报, 2019（1）: 61-70.

[19] 喻国明. 人工智能与算法推荐下的网络治理之道 [J]. 新闻与写作, 2019（1）: 61-64.

[20] 冉高苒. 公共选择视角下的网络平台治理——现状、反思与借鉴 [J]. 成都行政学院学报, 2018（6）: 12-19.

[21] 赵京文. 以"综合治理"引领行业行稳致远——中国网络视听规制的历程与经验分析 [J]. 传媒, 2018（24）: 50-52.

[22] 王彬彬, 李晓燕. 互联网平台组织的源起、本质、缺陷与制度重构 [J]. 马克思主义研究, 2018（12）: 65-73.

[23] 陈昌凤, 陈凯宁. 网络视频中的虚假信息偏向及其治理 [J]. 新闻与写作, 2018（12）: 59-63.

[24] 高一村. 用行业自律破解互联网求助平台困境 [J]. 中国社会组织, 2018（21）: 1.

[25] 魏小雨. 互联网平台经济中的合作治理 [J]. 行政与法, 2018（10）: 43-50.

[26] 叶逸群. 互联网平台责任: 从监管到治理 [J]. 财经法学, 2018（5）: 49-63.

[27] 陈万球, 何雨歆. 论网络治理体系现代化的构建逻辑 [J]. 治理现代化研究, 2018（5）: 73-77.

[28] 周建青. "网络空间命运共同体"的困境与路径探析 [J]. 中国行政管理, 2018（9）: 46-51.

[29] 卜亚, 印梦婷. P2P网络借贷行业自律: 理论模型与跨国经验 [J]. 金融监管研究, 2018（8）: 93-110.

[30] 陈曦. 互联网匿名空间: 涌现秩序与治理逻辑 [J]. 重庆社会科学, 2018（8）: 26-34, 114.

[31] 石佑启, 陈可翔. 论互联网公共领域的软法治理 [J]. 行政法学研究, 2018（4）: 51-60.

[32] 陈剩勇, 卢志朋. 互联网平台企业的网络垄断与公民隐私权保

护——兼论互联网时代公民隐私权的新发展与维权困境 [J]. 学术界, 2018 (7): 38-51.

[33] 王益民. 网络强国背景下互联网治理策略研究 [J]. 电子政务, 2018 (7): 39-46.

[34] 林仲轩. 中国特色互联网治理体系: 主张、路径、实践与启示 [J]. 广州大学学报 (社会科学版), 2018 (6): 32-37.

[35] 黄金, 李乃青. 互联网平台企业参与社会治理的价值、制约因素与对策建议 [J]. 信息通信技术与政策, 2018 (6): 10-13.

[36] 许可. 网络平台规制的双重逻辑及其反思 [J]. 网络信息法学研究, 2018 (1): 105-121, 310-311.

[37] 于洋, 马婷婷. 政企发包: 双重约束下的互联网治理模式——基于互联网信息内容治理的研究 [J]. 公共管理学报, 2018 (3): 117-128, 159.

[38] 许玉镇. 网络治理中的行业自律机制嵌入价值与推进路径 [J]. 吉林大学社会科学学报, 2018 (3): 117-125, 206.

[39] 唐兴军. 嵌入性治理: 国家与社会关系视阈下的行业协会研究 [J]. 公共行政评论, 2018 (2): 187-188.

[40] 李明发, 胡安琪. 论互联网社会自治在规则层面的实现 [J]. 电子政务, 2018 (3): 92-101.

[41] 杨立新, 刘凯湘, 姚欢庆, 等. 互联网平台治理规则之司法创制 [J]. 中国应用法学, 2018 (2): 162-175.

[42] 丁文阁. 新时代互联网治理发展逻辑与路径探索 [J]. 学术交流, 2018 (3): 116-120.

[43] 叶晓丹, 周文康. 网络治理中的法律规制路径——以习近平互联网法治思想为基点 [J]. 东北农业大学学报 (社会科学版), 2018 (1): 6-11.

[44] 黄靖. 重构互联网与国家治理分析框架: 由公民中心向国家中心的现实回归 [J]. 安徽行政学院学报, 2018 (1): 17-22.

[45] 徐汉明, 张新平. 网络社会治理的法治模式 [J]. 中国社会科学, 2018 (2): 48-71, 205.

[46] 申尊焕, 龙建成. 网络平台企业治理机制探析 [J]. 西安电子科技大学学报 (社会科学版), 2017 (4): 66-72.

[47] 张化冰. 中国互联网治理的困局与逻辑重构 [J]. 学术研究, 2017 (12): 84-89, 177-178.

[48] 陈氚. 网络社会治理中的时间冲突 [J]. 中共中央党校学报, 2017 (6): 93-99.

[49] 苗伟山, 汪炳华, 盛阳. 互联网治理：全球脉络与本土挑战 [J]. 新闻界, 2017 (11): 67-73.

[50] 许凤, 戚湧. 基于贝叶斯网络的互联网协同治理研究 [J]. 管理学报, 2017 (11): 1718-1727.

[51] 汪旭晖, 张其林. 平台型网络市场中的"柠檬问题"形成机理与治理机制——基于阿里巴巴的案例研究 [J]. 中国软科学, 2017 (10): 31-52.

[52] 解志勇, 修青华. 互联网治理视域中的平台责任研究 [J]. 国家行政学院学报, 2017 (5): 102-106, 147.

[53] 邓小兵, 刘晓思. 中英网络治理的行业自律比较研究 [J]. 甘肃行政学院学报, 2017 (5): 114-125, 128.

[54] 黄春蕾. 协同治理视角下我国网络募捐监管体系研究 [J]. 东岳论丛, 2017 (10): 181-187.

[55] 岳爱武, 苑芳江. 从权威管理到共同治理：中国互联网管理体制的演变及趋向——学习习近平关于互联网治理思想的重要论述 [J]. 行政论坛, 2017 (5): 61-66.

[56] 高伟. 网络视听文艺治理：从野蛮生长到规范引导 [J]. 红旗文稿, 2017 (18): 12-14.

[57] 王莹, 孟宪平. 论"互联网＋社会治理"背景下国家治理能力现代化的建设 [J]. 电子政务, 2017 (9): 93-100.

[58] 皮勇. 论网络服务提供者的管理义务及刑事责任 [J]. 法商研究, 2017 (5): 14-25.

[59] 徐俊. 网络仇恨言论治理的平台责任研究 [J]. 汕头大学学报（人文社会科学版）, 2017 (9): 93-97.

[60] 唐登芸, 吴满意. 网民问题：网络社会治理的切入点 [J]. 求实, 2017 (9): 56-58.

[61] 马英才. 呼唤社会共治的互联网责任治理体系 [J]. 互联网经济, 2017 (8): 46-51.

[62] 姚志伟. 平台之治：论网络时代的广告法 [J]. 浙江大学学报（人文社会科学版）, 2017 (6): 121-133.

[63] 刘涛. 互联网时代的社会治理——以社会系统理论为分析框架 [J]. 社会学评论, 2017 (4): 17-31.

[64] 林华. 从社会组织形态看互联网平台治理 [J]. 汕头大学学报（人文社会科学版），2017（7）：75-78，5.

[65] 徐家力. 论网络治理法治化的正当性、路径及建议 [J]. 东北师大学报（哲学社会科学版），2017（4）：115-120.

[66] 熊光清. 网络社会的兴起与治理变革：中国的问题与出路 [J]. 学习与探索，2017（9）：36-44.

[67] 赵玉林. 协同整合：互联网治理碎片化问题的解决路径分析——整体性治理视角下的国际经验和本土实践 [J]. 电子政务，2017（5）：52-60.

[68] 王建民. 转型期中国网络社会治理：内涵与主要议题 [J]. 科学社会主义，2017（2）：103-108.

[69] 王芳. 论政府主导下的网络社会治理 [J]. 人民论坛·学术前沿，2017（7）：42-53，95.

[70] 彭兰. 自组织与网络治理理论视角下的互联网治理 [J]. 社会科学战线，2017（4）：168-175.

[71] 宋晓清，沈永东. 技术赋能：互联网时代行业协会商会的组织强化与功能重构 [J]. 中共浙江省委党校学报，2017（2）：14-23.

[72] 熊光清. 十八大以来党对网络社会治理的探索 [J]. 理论与改革，2017（2）：9-14.

[73] 杨唯希. 法律规制和文化塑造：网络社会治理的并行路径 [J]. 社会科学家，2017（3）：106-110.

[74] 邹军. 从个人管理到全球共治：互联网治理的历史变迁与未来趋势 [J]. 现代传播（中国传媒大学学报），2017（1）：80-84.

[75] 匡亚林，马健. 网络公共空间的"净化"与秩序建构 [J]. 科学社会主义，2016（6）：83-87.

[76] 郭镇之. 新型电视：中国网络视频的传播 [J]. 兰州大学学报（社会科学版），2016（6）：29-39.

[77] 陈琴. 简议网络治理与平台责任 [J]. 网络安全技术与应用，2016（11）：5.

[78] 刘少杰. 网络社会的时空扩展、时空矛盾与社会治理 [J]. 社会科学战线，2016（11）：197-203.

[79] 戴昕，申欣旺. 规范如何"落地"——法律实施的未来与互联网平台治理的现实 [J]. 中国法律评论，2016（4）：89-106.

[80] 刘艳红. 互联网治理的形式法治与实质法治——基于场所、产品、媒介的网络空间三维度的展开 [J]. 理论视野, 2016 (9): 41-44.

[81] 刘恩东. 新加坡网络监管与治理的组织机制 [J]. 理论导报, 2016 (9): 46-47.

[82] 闵婉. 法治视域下网络治理的价值平衡模式 [J]. 湖北社会科学, 2016 (9): 52-58.

[83] 白锐. 略论互联网与国家治理逻辑的再建构 [J]. 社会科学战线, 2016 (9): 178-183.

[84] 苗国厚, 谢霄男. 互联网社会特征分析及系统治理策略 [J]. 中国行政管理, 2016 (8): 153-155.

[85] 高薇. 互联网时代的公共承运人规制 [J]. 政法论坛, 2016 (4): 83-95.

[86] 何明升. 中国网络治理的定位及现实路径 [J]. 中国社会科学, 2016 (7): 112-119.

[87] 王晓红, 谢妍. 中国网络视频产业: 历史、现状及挑战 [J]. 现代传播 (中国传媒大学学报), 2016 (6): 1-8.

[88] 马铨, 董小染. 中国网络视频行业的现状和未来——中国网络视频年度高峰论坛综述 [J]. 现代传播 (中国传媒大学学报), 2016 (6): 153, 168.

[89] 于施洋, 童楠楠, 王建冬. 中国互联网治理"失序"的负面效应分析 [J]. 电子政务, 2016 (5): 42-46.

[90] 郎劲松, 樊攀. 视听内容规制的新困境: 公共性与商业化的重构 [J]. 新闻界, 2016 (8): 36-41.

[91] 方兴东, 张静. 中国特色的网络治理演进历程和治网之道——中国网络治理史纲要和中国路径模式的选择 [J]. 汕头大学学报 (人文社会科学版), 2016 (2): 5-18, 2, 94.

[92] 王斌. 我国网络社会的个体化及其治理 [J]. 人文杂志, 2016 (2): 118-124.

[93] 熊光清. 中国网络社会治理与国家政治安全 [J]. 社会科学家, 2015 (12): 29-33.

[94] 张燕, 徐继强. 论网络表达自由的规制——以国家与社会治理为视角 [J]. 法学论坛, 2015 (6): 78-84.

[95] 熊光清. 推进中国网络社会治理能力建设 [J]. 社会治理, 2015 (2): 65-72.

[96] 何明升, 白淑英. 网络治理: 政策工具与推进逻辑 [J]. 兰州大学学报 (社会科学版), 2015 (3): 72-81.

[97] 陆地, 胡馨木. 中国网络视频行业发展的新视点 [J]. 当代传播, 2015 (2): 8-10.

[98] 陈然. 网络视频内容监管困局与解决路径 [J]. 新闻世界, 2015 (3): 49-50.

[99] 田维钢, 顾洁, 杨蒙. 中国网络视频行业竞争现状与战略分析 [J]. 当代传播, 2015 (1): 77-79.

[100] 李一. 网络社会治理的目标取向和行动原则 [J]. 浙江社会科学, 2014 (12): 87-93, 157-158.

[101] 周晓丽, 布勒格. 论社会治理中的网络民意表达 [J]. 行政论坛, 2014 (4): 28-31.

[102] 陈崇林. 中国互联网管理的部门协同问题研究 [J]. 贵州社会科学, 2014 (5): 50-53.

[103] 李洪雷. 论互联网的规制体制——在政府规制与自我规制之间 [J]. 环球法律评论, 2014 (1): 118-133.

[104] 刘文杰. 网络服务提供者的安全保障义务 [J]. 中外法学, 2012 (2): 395-410.

[105] 徐敬宏. 美国网络隐私权的行业自律保护及其对我国的启示 [J]. 情报理论与实践, 2008 (6): 955-957, 907.

[106] 田培杰. 协同治理概念考辨 [J]. 上海大学学报 (社会科学版), 2014 (1): 124-140.

[107] 张贤明, 田玉麒. 论协同治理的内涵、价值及发展趋向 [J]. 湖北社会科学, 2016 (1): 30-37.

[108] 魏娜, 范梓腾, 孟庆国. 中国互联网信息服务治理机构网络关系演化与变迁——基于政策文献的量化考察 [J]. 公共管理学报, 2019 (2): 91-104, 172-173.

[109] 程妮, 崔建海, 王军. 国外信息过滤系统的研究综述 [J]. 现代图书情报技术, 2005 (6): 30-38.

[110] 蒋耀平. 我国网络空间安全评价指标体系的研究 [J]. 管理世界, 2005 (4): 1-4, 11.

[111] 何明升. 网络内容治理的概念建构和形态细分 [J]. 浙江社会科学, 2020 (9): 64-72, 158.

[112] 何悦, 郑文娟. 我国网络信息安全立法研究 [J]. 科技与法律, 2011 (1): 70-74.

[113] 冯建华. 网络信息安全的辩证观 [J]. 现代传播, 2018 (10): 151-154.

[114] 张克成. 略论网络信息时代的中国国家信息安全 [J]. 社会科学战线, 2016 (8): 270-273.

[115] 吉鹏, 许开轶. 政治安全视阈下网络边疆协同治理的困境及其突破路径 [J]. 当代世界与社会主义, 2019 (4): 170-177.

[116] 刘茜芸. 法国网络空间安全建设特点及其对我国的启示 [J]. 情报杂志, 2020 (10): 32-37, 44.

[117] 王瑞平. 中欧网络空间治理合作: 进展、挑战及应对思考 [J]. 现代国际关系, 2019 (6): 51-56, 34.

[118] 唐庆鹏. 网络空间政治安全治理中的国际合作: 缘由、脆弱性及中国理念 [J]. 教学与研究, 2020 (9): 65-74.

[119] 阚天舒, 李虹. 网络空间命运共同体: 构建全球网络治理新秩序的中国方案 [J]. 当代世界与社会主义, 2019 (3): 172-179.

[120] 虞崇胜, 邹旭怡. 秩序重构与合作共治: 中国网络空间治理创新的路径选择 [J]. 理论探讨, 2014 (4): 28-32.

[121] 华涛. 网络空间合作治理: 政府治理的拓展与重构 [J]. 江苏行政学院学报, 2016 (6): 113-117.

[122] 周毅, 吉顺权. 网络空间多元主体协同治理模式构建研究 [J]. 电子政务, 2016 (7): 2-11.

[123] 熊光清. 中国网络社会多中心协同治理模式探索 [J]. 哈尔滨工业大学学报 (社会科学版), 2017 (6): 30-35.

[124] 高建华. 网络空间中重建青年主体性价值的可能路径 [J]. 新闻界, 2016 (6): 59-64.

[125] 闫翠娟, 徐思涵. 网络空间青年亚文化的诉求、影响与发展 [J]. 思想理论教育, 2017 (7): 74-78.

[126] 彭兰. 网络社会的层级化: 现实阶层与虚拟层级的交织 [J]. 现代传播, 2020 (3): 9-15.

[127] 李文明,吕福玉. 网络出版产业化内容建设与优化路径 [J]. 重庆社会科学, 2013 (6): 120-126.

[128] 刘轩,平力群. 网络时代下内容产业的均衡治理: 基于日本的启示 [J]. 学习与实践, 2014 (10): 122-127.

[129] 罗昕. 网络内容的技术控制模式建构与评析 [J]. 中国地质大学学报(社会科学版), 2020 (2): 71-75.

[130] 罗昕. 网络内容的编辑控制技术与策略 [J]. 中国出版, 2020 (8): 50-52.

[131] 刘少华. 互联网信息内容监管执法的难题及其破解 [J]. 中国行政管理, 2018 (12): 25-30.

[132] 谢新洲,杜燕. 政治与经济: 网络内容治理的价值矛盾 [J]. 新闻与写作, 2020 (9): 69-77.

[133] 黄先蓉,储鹏. 新加坡网络内容治理及对我国的启示 [J]. 数字图书馆论坛, 2019 (4): 2-8.

[134] 黄先蓉,程梦瑶. 澳大利亚网络内容监管及对我国的启示 [J]. 出版科学, 2019 (3): 104-109.

[135] 李小宇. 中国互联网内容监管策略结构与演化研究 [J]. 情报科学, 2014 (6).

[136] 何明升. 网络内容治理: 基于负面清单的信息质量监管 [J]. 新视野, 2018 (4): 108-114.

[137] 许玉镇,肖成俊. 网络言论失范及其多中心治理 [J]. 当代法学, 2016 (3): 52-59.

[138] 陈璐颖. 互联网内容治理中的平台责任研究 [J]. 出版发行研究, 2020 (6): 12-18.

[139] 涂龙科. 网络内容管理义务与网络服务提供者的刑事责任 [J]. 法学评论, 2016 (3): 66-73.

[140] 王四新. 互联网负面内容治理需各方合力共举 [J]. 人民论坛, 2016 (19): 32-34.

[141] 谭九生,杨建武. 网络谣言的协同治理机制构建: 基础、过程及实现 [J]. 吉首大学学报(社会科学版), 2015 (2): 27-33.

[142] 周卫华,朱一红. 图书馆网络信息服务的国内研究势态——基于CNKI研究性论文的实证分析 [J]. 图书馆学研究, 2012 (2): 6-11.

[143] 彭春林. 图书馆网络信息服务体系研究 [J]. 图书馆学研究, 2012（2）: 63-65.

[144] 郑志刚, 陆杰华. 我国涉老互联网信息服务企业现状研究 [J]. 人口与发展, 2016（4）: 70-78.

[145] 柳铭心, 雷雳. 青少年的人格特征与互联网信息服务使用的关系 [J]. 应用心理学, 2005（3）: 57-63.

[146] 彭杰波. Web 2.0 环境下互联网信息服务的创新 [J]. 图书馆, 2010（4）: 97-98, 115.

[147] 张继东. 基于情景化偏好的移动社交网络信息服务自适应建模研究 [J]. 现代情报, 2017（12）: 70-73, 78.

[148] 李秀. 推送技术——完善网络信息服务的关键技术 [J]. 现代图书情报技术, 2001（5）: 56-58.

[149] 张立彬, 赵麟. 个性化网络信息服务技术发展的新走向 [J]. 情报科学, 2007（7）: 1103-1108.

[150] 张燕. 网络信息服务中用户的心理分析 [J]. 图书情报工作, 2004（3）: 36-38, 47.

[151] 焦玉英, 雷雪. 基于用户满意度的网络信息服务质量评价模型及调查分析 [J]. 图书情报工作, 2008（2）: 81-84.

[152] 毕强, 史海燕. 网络信息服务现状分析 [J]. 情报科学, 2003（5）: 452-454.

[153] 刘霞, 邱均平. 信息资源网络化对信息服务业的影响分析 [J]. 图书情报工作, 2000（2）: 57-60.

[154] 卢涛, 雷雪. 网络信息服务质量评价及其实证研究 [J]. 图书·情报·知识, 2008（1）: 35-40.

[155] 娄策群, 娄冬, 程彩虹. 网络信息生态链协同管理概念解析 [J]. 情报科学, 2017（3）: 19-23.

三、学位论文类

[1] 田培杰. 协同治理：理论研究框架与分析模型 [D]. 上海：上海交通大学, 2013.

[2] 田玉麒. 协同治理的运作逻辑与实践路径研究——基于中美案例的比较 [D]. 长春：吉林大学, 2017.

[3] 国晓光. 秩序、吸纳与权力重构——20世纪90年代以来国家对私营企业主的政治整合研究 [D]. 长春：吉林大学，2016.

[4] 李小宇. 中国互联网内容监管机制研究 [D]. 武汉：武汉大学，2014.

[5] 康镇. 基层政治发展中的协商空间——基于对章丘市新型社区的调查研究 [D]. 济南：山东师范大学，2016.

[6] 陈旭. 城市社区协商治理的价值共识、场域重构与路径优化 [D]. 长春：吉林大学，2020.

[7] 刘玉拴. 网络文化安全治理体系研究 [D]. 北京：中共中央党校，2019.

[8] 刘娟. 跨行政区环境治理中地方政府合作研究——基于利益分析的视角 [D]. 长春：吉林大学，2019.

[9] 孙乔乔. 基于SFIC模型的网约车协同治理研究 [D]. 杭州：浙江大学，2019.

[10] 陈新明. 我国流域水资源治理协同绩效及实现机制研究 [D]. 北京：中央财经大学，2018.

[11] 刘晓思. 中英网络治理的行业自律比较研究 [D]. 兰州：兰州大学，2017.

[12] 郑志平. 国家与社会关系视角下的中国虚拟社会治理方式创新研究 [D]. 湘潭：湘潭大学，2016.

[13] 林静时. 互联网治理中行业自律机制研究 [D]. 北京：北京邮电大学，2011.

[14] 唐兴军. 嵌入性治理：国家与社会关系视域下的行业协会研究——以上海有色金属行业协会为个案 [D]. 上海：华东师范大学，2016.

[15] 李慧龙. 政务舆情中的社会情绪治理——基于信息不对称视角 [D]. 长春：吉林大学，2019.

四、网络资源类

[1] 习近平关于互联网的重要论断 [EB/OL]. （2019-03-06）[2021-01-03]. http：//www.cac.gov.cn/2019-03/06/c_1124198981.htm.

[2] 腾讯成立中国互联网首家研究院 主攻六大核心技术 [EB/OL]. （2007-10-15）[2021-03-02]. https：//www.tencent.com/zh-cn/articles/80155.html.

［3］构建网络空间命运共同体 习近平这样表达中国态度［EB/OL］.（2021-02-01）［2021-04-15］. http：//politics.people.com.cn/n1/2021/0201/c1001-32018936.html? form=rect.

［4］习近平在网络安全和信息化工作座谈会上的讲话［EB/OL］.（2016-04-26）［2021-03-02］. http：//www.cac.gov.cn/2018-04/21/c_1122719824.htm.

［5］张理想.5起自媒体传播有害信息典型案例被通报［EB/OL］.（2018-07-06）［2020-09-04］. http：//m.xinhuanet.com/ah/2018/07/06/c_1123086783.htm.

［6］2020年全国受理网络违法和不良信息举报1.63亿件［EB/OL］.（2021-01-19）［2021-01-20］. https：//baijiahao.baidu.com/s? id=16892 41004480273939&wfr=spider&for=pc.

［7］互联网竞价医疗广告"卷土重来"引发思考，监管该如何破局［EB/OL］.（2018-05-19）［2020-09-14］. https：//www.sohu.com/a/232161024_161795.

［8］报告显示我国网民规模接近10亿 互联网普及率达70.4%［EB/OL］.（2021-02-03）［2021-02-04］. https：//baijiahao.baidu.com/s? id=16906635732902604028&wfr=spider&for=pc.

［9］省委网信办考核组到鲁网进行年度考核［EB/OL］.（2021-01-21）［2021-02-03］. http：//www.sdnews.com.cn/sd/2018/nilaiwowang/wowang/202101/t20210121_2854834.htm.

［10］王岳林.互联网企业党建工作存在的主要问题及对策［EB/OL］.（2020-04-10）［2020-10-26］. http：//ddjs.gscn.com.cn/system/2020/04/10/012363046.shtml.

［11］黄佳敏.以"郭美美炫富事件"为例看网络场阈下的失序新闻与失范媒体［EB/OL］.（2016-11-29）［2020-11-19］. http：//media-ethic.ccnu.edu.cn/info/1001/1180.htm.

［12］李理.媒介伦理案例库建设标准［EB/OL］.（2020-01-05）［2021-02-05］. http：//media-ethic.ccnu.edu.cn/info/1022/1082.htm.

［13］国务院办公厅关于促进平台经济规范健康发展的指导意见［EB/OL］.（2019-08-01）［2020-12-17］. http：//www.gov.cn/zhengce/content/2019-08/08/content_5419761.htm.

［14］全国扫黄打非办：加大对软色情等弹窗广告处罚力度［EB/OL］.（2021-03-19）［2021-03-20］. https：//tech.ifeng.com/c/84jc8mY33sJ.

［15］中国互联网协会组织管理办法［EB/OL］.（2009-12-01）［2020-10-05］. https：//www.isc.org.cn/xhgk/glbf/listinfo-13428.html.

[16] 上海长宁区：开辟服务企业绿色通道 多家互联网企收到风险提示 [EB/OL]. (2020-07-28) [2021-02-20]. http://finance.sina.com.cn/china/dfjj/2020-07-28/doc-iivhuipn5433472.shtml/.

[17] 《具有舆论属性或社会动员能力的互联网信息服务安全评估规定》发布 规范互联网信息服务行为 [EB/OL]. (2019-03-20) [2020-11-03]. http://www.cac.gov.cn/2019-03/20/c_1124259405.htm/.

[18] "网络安全万人培训资助计划"在武汉启动 [EB/OL]. (2021-03-21) [2021-04-07]. ttps://baijiahao.baidu.com/s?id=16948284553148229 02&wfr=spider&for=pc.

[19] 中国自媒体产业分析报告（2018）[EB/OL]. (2018-11-14) [2020-09-03]. https://www.sohu.com/a/275455651_651182.

[20] 引领青春航向 构筑青春堡垒 创新青春模式——嘉兴市大力推进青春党建工作新模式 [EB/OL]. (2014-12-31) [2020-12-25]. http://dangjian.people.com.cn/n/2015/0104/c391467-26317973.html.

五、报纸文章类

[1] 习近平在全国网络安全和信息化工作会议上强调：敏锐抓住信息化发展历史机遇 自主创新推进网络强国建设 [N]. 人民日报，2018-04-22（1）.

[2] 俞可平. 什么造成社会的官本位文化 [N]. 社会科学报，2013-09-26（1）.

六、报告类

[1] 中国互联网络信息中心. 第47次《中国互联网发展状况统计报告》[R/OL]. (2021-02-03) [2022-03-01]. http://www.cac.gov.cn/2020-04/27/c_1589535470378587.htm.

附录：
访谈纲要

第一部分 前提与注意事项

（一）前提

1. 中国互联网信息服务协同治理包含要素众多、协同过程复杂，协同的现实困境会在过程中的各环节予以呈现，本研究中进行的访谈围绕协同过程进行，以期打开协同治理过程的"黑箱"。

2. 鉴于研究对象的特点，本书列举访谈纲要的方式是分别列出对多个主体、双方主体及单方主体的访谈纲要。

（二）注意事项

1. 不同职业回答的题目不同，需在访谈结束后列明人员、职业。
2. 因为问题涉及领域较多，核心目标是发挥专业专长、运用实践经验。
3. 欢迎多谈、详谈、具体谈、发散谈。

非常感谢！

第二部分 具体访谈纲要目录

一、涉及多方主体的访谈纲要

1. 据您所了解的，资金、人力等因素是否影响了协同治理的效果？是如何影响的？
2. 根据您的了解，在互联网信息服务治理中，政府、企业、社会组织、公民参与到协同当中的意愿如何？
3. 根据您的了解，在互联网信息服务治理中，政府、企业、社会组织、公民等参与主体，分别都是因为哪些原因推动协同形成、参与落实协同呢？
4. 当前互联网信息服务治理十分强调民主参与，但是有效的民主参与是需要成本的，那么这种民主参与是否存在因为追求决策和执行效率而被挤压甚至架空的情况？您认为有什么好的解决方式吗？

5. 上级一般都在什么情况下对下级形成政策压力呢？下级一般都会严格贯彻执行吗？

6. 约谈、下架、问责等一些政策工具，能否让平台企业真正发挥监管作用，并且让行业协会严格落实自律机制？企业、协会是否有抵触行为？

7. 当前互联网技术发展十分迅速，可否请您举一些例子，来具体说明技术更新是如何影响互联网信息服务及其治理的？

8. 根据您的了解，在互联网信息服务治理中，不同主体间的合作多吗？主要集中于哪些主体间的合作，可否请您列举几项主要的合作现象？

9. 您刚才所提到的合作，主要是因为什么形成的，是政策指令、技术更新等外部压力？还是基于互利互惠？如果是后者，那么这种互利互惠是长期并不断发展的吗？

10. 您觉得互联网信息服务治理中的这些主体之间是否互相信任？如果有，是各主体都有，还是特定主体间较多？能请您分别列举一些信任水平比较高和信任水平比较低的例子吗？您认为，信任水平比较低的原因是什么？

11. 根据您的了解，政府内部门之间、其他各主体之间，在获取和使用信息数据资源和信息传播渠道等方面的行为是怎样的？能请您举一些例子吗？

12. 您认为，当前中国互联网信息服务及其治理的相关制度体系是否完善？存在哪些问题？如何完善？

13. 根据您了解的情况，在互联网信息服务治理中，政府和企业主要有哪些考核的方式方法？在协同合作方面，是否有单独的考核体系或指标？

14. 当前互联网平台企业、互联网行业协会等"两新组织"的党建情况如何？存在哪些问题？

15. 据您了解的情况，地方、基层网信办党委与其他政府部门党组成员间的关系如何？

16. 在互联网信息服务治理中，是否具备常规化、制度化的动员、组织和协商平台？您认为理想化的平台形式应当是怎样的？

17. 您认为，在互联网信息服务治理中，当前政府内部、政府与企业间对于一些重要信息或者数据的公开、共享水平如何？企业向社会公开信息时，有造假行为吗？

18. 在互联网信息服务治理中，是否建设了信息共享、信息研判的平台和机制？您认为在理想状态下，这种平台和机制应该是什么样的呢？

19. 您认为，当前"灰色地带"的信息服务都包括哪些形式？这些信息服务形式的负面影响大吗？您怎么看待违法信息与不良信息？

二、涉及双方主体的访谈纲要

1. 根据您的了解，政府和企业在互联网信息服务治理中，有什么常见的合作方式吗？合作存在哪些问题？原因是什么？
2. 您认为当前政府与互联网平台企业间的权责分配合理吗？
3. 公民对于互联网信息服务的举报、投诉等，主要是面向协会、平台企业还是政府？

三、涉及单方主体的访谈纲要

1. 根据您的了解，在互联网信息服务治理中，横向的市、区县、街道等政府部门，与网信办、新闻出版、公安等部门的合作关系如何？
2. 地方、基层网信部门的工作人员的考核情况如何？
3. 您认为，行业协会和平台企业现有的资源足够它们履行责任吗？
4. 您认为，公民如果面对一些很吸引眼球、比较受用，但是却"打擦边球"、对社会造成一定负面影响的信息服务，他们更倾向于向外传播、自身"消化"，还是进行举报？
5. 当前部分信息平台广泛吸纳公民进行投稿，这意味着这些投稿者既是内容生产者、信息传播者，亦是信息接收者。在这种情况下，为了自身获利而突破道德乃至法律底线来投稿、传播一些不良信息的情况多吗？您认为如何解决这些问题？
6. 您认为，公民在参与互联网信息服务治理的过程时，参与水平与能力如何？可以请您详细列举一些例子吗？